KB115526

로컬리티 담론과 인문학

필자

문재원(Jaewon Mun) 부산대학교 한국민족문화연구소 HK교수
이명수(Myungsu Rhee) 부산대학교 한국민족문화연구소 HK교수
조명기(Myungki Cho) 부산대학교 한국민족문화연구소 HK교수
차윤정(Yunjung Cha) 부산대학교 한국민족문화연구소 HK교수
박규택(Kyutaeg Park) 부산대학교 한국민족문화연구소 HK교수
이상봉(Sangbong Lee) 부산대학교 한국민족문화연구소 HK교수
차철욱(Chulwook Cha) 부산대학교 한국민족문화연구소 교수
조관연(Gwanyeon Cho) 부산대학교 한국민족문화연구소 HK교수
장세룡(Syeyong Jang) 부산대학교 한국민족문화연구소 HK교수

부산대학교 한국민족문화연구소 로컬리티 연구총서 27

로컬리티 담론과 인문학

초판인쇄 2017년 5월 25일 **초판발행** 2017년 5월 30일
지은이 문재원 이명수 조명기 차윤정 박규택 이상봉 차철욱 조관연 장세룡
펴낸이 박성모 **펴낸곳** 소명출판 **출판등록** 제13-522호
주소 서울시 서초구 서초중앙로6길 15, 1층
전화 02-585-7840 **팩스** 02-585-/848 **전자우편** somyungbooks@daum.net **홈페이지** www.somyong.co.kr

값 20,000원 ⓒ 부산대학교 한국민족문화연구소, 2017
ISBN 979-11-5905-187-6 94300
ISBN 978-89-5626-802-6(세트)

이 저서는 2007년 정부(교육과학기술부)의 재원으로 한국연구재단의 지원을 받아 연구되었음(NRF-2007-361-AL0001).

부산대학교 한국민족문화연구소
로컬리티 연구총서 27

로컬리티
담론과 인문학

Discourses of Locality and Humanities

문재원 이명수 조명기 차윤정 박규택
이상봉 차철욱 조관연 장세룡 지음

소명출판

로컬리티 인문학의 현재적 좌표와 비전

1.

이 책은 로컬리티 연구와 인문학의 접점으로 생성된 로컬리티의 인문학이 기존의 로컬리티 연구와 어떤 차이가 있으며 이것이 인문학의 영역에 어떻게 개입하여 인문학의 새로운 지평으로 확장했는가, 그리고 이를 통해 우리는 어떤 인문적 비전을 제시했는가를 살펴보는 데 목적이 있다.

지속적으로 삶의 가치와 인간다움의 의미, 존재의 가치와 의미를 묻는 일이 인문학적 수행영역이라면, 현행적인 것과 잠재적인 것의 역학을 로컬리티의 관점에서 종합적으로 고찰하는 것이 로컬리티의 인문학 자리이다. 이에 로컬리티 연구가 인문학의 새로운 지평이라는 수사적 선언에 머물지 않고 로컬리티 개념이나 방법론을 인문학적으로 재개념화하면서 로컬리티 인문학의 영역을 확장하고자 했다.

그동안 로컬리티의 인문학은 지리학 등 기존 로컬리티 연구의 연구대상, 방법론, 지향점 등을 재조정하면서 연구의 프레임을 재조직화해 나갔다. 사회과학 영역에서 주로 진행된 기존의 로컬리티 연구가 사회경제적 변화와 그 공간적 전개과정에 주목하면서 외부적 변화 및 자극의 결과로 나타난 로컬의 공간적 변화에 초점을 맞추었고, 이에 로컬리티는 경제적 재편과 그 국지적 효과를 분석하기 위한 개념적 틀로 도구화되는 경향이 있었다. 한편, 인문학적 관점의 로컬리티 연구는 국가 및 자본의 시각이 아니라 다양한 층위와의 연계를 고려하면서 무엇보다 로컬의 시각에서 자율적 공간 재구성을 탐색하고 실천하는 종합학문을 추구해 왔다.

기존의 분과학문에서 이미 통용되고 있는 로컬리티를 인문학적으로 고찰하고자 한 것은, 로컬리티를 내가 있는 '지금-여기'의 성찰과 연결시키고, 나아가 로컬리티를 인간의 근원적인 동력의 장으로 주목한 데 있다. 하여, 인문학 영역으로 소환된 로컬리티 연구는 거시적 구조가 안착되는 확인지로서의 로컬, 로컬리티의 위치성에 대해 문제를 제기하고, 새로운 담론적 배치로 로컬리티를 이동시켜 내는 작업 영역이다. 이 과정에서 근대 공간질서 안에서 왜곡되거나 배제되었던 로컬리티의 가치를 탐문하고, 로컬리티의 역동성을 발견하여 로컬 주체성을 정위하고자 하는 작업으로 구체화되었다.

로컬리티는 글로벌-내셔널-로컬이라는 다중적 스케일의 구조적 맥락 속에서 일정한 공통의 장소를 근간으로 다양한 행위자들에 의해 구성되는 사회적(담론적) 구축물이다. 다시 말해 로컬리티는 일정한 로컬에서 정치경제적 진행이 우연적이며 복합적으로 경합하는 체험적 질문의 대상이 되기도 하고, 현실에서 담론적 실천으로 생산 및 유지되는 매우 유동적인 공간 지식체계이기도 하다. 이러한 로컬리티에 대한 이해는 기존의 현상적-구조적 차원으로만 접근하기에는 한계를 드러내었다. 왜냐하면 삶의 터로서의 장소와 거기에 살고 있는 사람들이 역사적 경험(시간)을 통해 만들어가는 다양한 관계성의 총체이며, 유동적이고 중층적이며, 권력적이고 가치지향적인 것으로 파악되는 로컬리티 개념은 인간 삶의 본질과 정체성의 문제와도 밀접하게 연결되어 있기에, 인문학이 갖는 근원적이고 통합적 시각에서 해결책을 찾아야 할 문제가 되었다. 다시 말해 로컬리티는 다양한 주름들과 차이들이 공존하거나 혹은 무수한 잠재력들이 얽혀있는 장field이며, 이러한 잠재성들이 관계맺는 역동적 현장이다. 그러므로 로컬리티 연구는 현상적인 파악으로는 일정 한계를 노출할 수밖에 없다. 여기에서 로컬리티의 인문학의 필연성이 탄생한다.

인문학은 로컬리티에 대한 정치경제적, 사회제도적 차원에서의 비판이나 대안들만이 아니라, 그 대안들이 오늘날의 위험사회에 대항할 수 있는 인문적 가치를 수반하도록 요청한다. 뿐만 아니라 이것이 우리의 삶 속에서 정향될 수 있도록 하는 자기성찰과 비판을 수행하도록 앎-삶의 정치를 전망한다. 인간 삶의 근원성과 역동적으로 교접하는 장소에 대한 연구는 삶에 대한 윤리적 질문들을 만나는 자리이다. 하여, 로컬리티의 인문학은 인간의 다양한 가치와 권리가 역동적 로컬리티를 형성하는 근원이라는 점을 주목하면서, 기존의 분과학문에서 이미 통용되고 있는 현행적인 사회-공간으로서 로컬리티를 뛰어넘는 문제의식을 담고자 했다.

그러므로 인문학과의 교섭과정을 통해 새로운 의미형식으로 드러난 로컬리티의 인문학은 단순히 기존의 가치와 대립하는 내용이나 적대적 전통들 사이의 분쟁을 단순히 재현할 수 없다. 지식의 지반을 옮기거나 진지전을 수행할 수 있는 능력은 단지 개념들을 반박하고 대체하는 것에만 매달려 있는 것이 아니기 때문이다. 담론적 변형을 요구받은 로컬리티의 인문학은 다의적으로 사용되고 있는 로컬, 로컬리티의 개념을 보다 정교하게 정의하고, 이와 관련된 다양한 하위개념을 개발하여야 하며, 나아가 로컬의 다양한 양상을 설명하고 로컬의 새로운 가치를 확인하는 보편적인 논리 틀을 도출해야 한다.

이 책은 이러한 수행과정의 한 부분이며, 특히 기존의 로컬리티 개념이나 연구방법론을 비판적으로 고찰하고 인문학적 영역에서 새로운 개념적 접근이나 방법론에 대한 고민의 결과를 묶은 것이다. 많은 논의 끝에 이 책을 2부로 구성했다. 1부는 로컬리티 개념의 재정의, 확장 등을 중심으로 구성했다. 연구를 진행해 오면서 숱하게 받아온 "로컬리티가 무엇인가"라는 질문에 대한 응답으로서, 연구의 과정에서 인문학적으로 재의미화한 로컬리티 개념을 중심으로 로컬리티 연구의 방향성을 전망하고자 했다. 2부는 이렇게 재정의된 로컬리티의 개념이 어떻게 새로운 연구의 지평을 확장해 나가는지를 인접 연구들과의 접점을 통해 그 차이를 진단하고 있다.

2.

우선, 1부 전체의 방향은 주변적 타자의 위치에 한정되었던 로컬리티의 존재적 물음에서 출발하고 있다. 로컬리티가 무엇이다. 혹은 로컬리티의 자명성(당위성)을 규정하는 것이 무엇이고 또 무엇이 되어야 하는지에 대한 성찰은 그 자체로 로컬리티 연구의 거점을 묻는 자기성찰의 출발점인 동시에 로컬리티인문학의 현재 좌표와 비전을 새롭게 구성하는 작업과도 무관하지 않다. 그 현재적 좌표와 비전이 중요한 것은 로컬리티 연구를 통해 이미 죽어버린 과거 전통의 잔해를 뒤져 과거의 모습을 복원하거나 그 의미를 역사주의적으로 재구성하는 것으로 한정될 수 없기 때문이다. 로컬리티의 인문학에서 요구되는 덕목은 오히려 과거의 잔해들에 개입해 지금-여기의 로컬리티에 대한 새로운 지식을 생산하는 것이다. 이러한 방향성에 동의하면서 1부의 필자들은 경계, 존재론, 주체 / 타자, 개체의 개념들을 관통하면서 로컬리티의 개념을 재의미화하고, 이를 통해 인문학에서 로컬리티 연구의 방향성을 제시하고 있다. 구체적으로 살펴보면 다음과 같다.

「경계의 재인식과 로컬리티의 인문학」은 물리적 경계로서의 로컬 / 로컬리티 뿐만 아니라 인식 경계에 대한 재인식을 통해 로컬리티의 개념을 인문학적으로 전유, 확장하고 있다. 필자는 근대적 문화장치 안에서 위계적 스케일을 만들어내고, 통치와 배제의 선긋기로 작동했던 경계(성)에 대한 비판적 성찰을 통해 이를 고착화한 질서·제도를 탐문하고, 그것을 해체하고자 하는 작업을 '로컬리티의 인문학'과 연결 짓고 있다. 필자는 로컬리티의 인문학의 궁극적 의도가 국가 중심주의나 신자유주의 글로벌화에 의해 주변화되었던 로컬(리티)을 타자적, 수동적 위치에서 벗어나 주체성과 능동성을 발견하고 의미화하는 데 있다고 전제하면서, 이분법적 경계에 대한 의문과 경계성에 대한 새로운 사유가 우선적으로 요청된다고 진단한다. 장벽으로서의 경계, 위계로서의 경계, 포섭과 배제로서의 경계에 대한 사유의 전환을 시도하고, 거기에 내재되어 있는 '창조적 잠재성'을 발견하고, 재의미화하고자 하는 작업은, 근대국민국가 안에서 공간적 경계인식에 의해 배제되고 삭제되었던 로컬리티의 잠재성을 회복하고자 하는 작업과 연결된다. 이때 로컬리티는 체계의 바깥과 관계하는 영역, 외부의 새로움을 먼저 접하는 장소, 변화의 시발점이 되는 장소가 될 수 있음을 강조하면서, 필자는 로컬, 로컬리티를 새로운 가치를 생산할 수 있는 잠재적 주체로 복원시키고, (주체의) 담론 너머의 세계를 전망하고 있다.

「로컬리티에 관한 존재와 인식의 문제」는 로컬리티의 존재와 그것에 대한 인식의 차원을 논한 글이다. 플라톤이나 아리스토텔레스의 공간, 장소, 경계를 살펴보자면, 그들에게는 사물이 점유하는 공간이 장소이고 그 점유에 의해 경계가 발생하는 것이 된다. 따라서 사물의 점유가 없으면 공간, 장소, 경계란 역시 없다. 이런 공간의 경계를 흔히 지역이나 지방 차원을 의미하는 '로컬' 또는 '로컬리티'라고 말할 수 있을지 모른다. 이와 달리 동아시아 사유에서 공간의 의미는 물리적인 장소나 경계의 의미를 넘어 사물의 '존재'와 생성의 근원이 된다. 또한 그것들에는 내재적 잠재성, 운동성, 역동성이 있는 것으로 여겨진다. 그런 맥락에서 우리는 인간이 점유하여 살아가는 공간이나 장소로서 로컬리티를 상정해 보고 그 의미 또한 확장할 필요가 있다. 아울러 개별자 인간(그것도 하나의 로컬)의 욕망이 생산하는 관계적 공간을 생각해볼 필요가 있다. 지역이나 지방이라는 공간에서 사람의 욕망이 보태져 생기는 '관계'의 현장 또한 로컬리티의 중요 의미 요소일 수 있기 때문이다. 그 같은 '실재'로서 로컬리티가 자칫 인간의 '인식' 과정에 배제되는 면모를 이 글은 지적한다.

「로컬리티의 인식 층위와 주체-타자의 변주」는 비판적·대안적 로컬(리티) 연구가 기존의 타자성 담론을 어떻게 전유하여 로컬(리티)의 주체성/타자성 문제를 재사유할지를 검토하고 있다. 로컬리티는 국가중심주의와 글로벌 신자유주의의 대타개념으로 재발견되었다. 하지만 로컬리티를 타자성으로 곧바로 치환하는 태도는 기존 질서의 인정과 모방, 로컬리티의 왜소화와 물화를 초래할 위험이 있다. 이에 로컬을 타자성과 주체성이 교차하는 결절지, 경합·타협하는 장으로 이해해야 한다. 주체성 회복은 개인이 로컬(리티)을 매개로 삼아 이 투쟁의 양상에 개입하고 방향성을 통제할 수 있는 주체로 재정위됨을 의미한다. 글로벌과 내셔널 공간인식 층위의 절대적인 위력으로 인해 로컬에서 진행되고 있는 공간인식 층위들 사이의 균열이 비대칭적·상상적으로 봉합되어 있지만 이 공간인식 층위들은 근원적으로 균열되어 있는데, 로컬리티 연구는 이 균열 지점이 인간 개인이 로컬리티의 재구성에 개입할 수 있는 틈새임을 증명하는 데 초점을 맞추어야 한다고 주장한다.

「로컬리티의 개념적 이해와 언어표상」은 로컬리티의 연구과정을 통해 구체화 되고 재해석 되어온 로컬과 로컬리티의 개념을 종합하여 새롭게 이해하고, 이를 통해 로컬리티 연구의 출발점이자 문제점으로 제기되었던 '중심-주변'의 이분법적 사고로부터 벗어나는 길을 모색하는 한편, 다양한 편차를 가지고 해석 되어온 로컬리티를 체계적으로 포괄하여 설명할 수 있는 개념을 제시하고자 하였다. 또한 로컬리티의 생성을 이해하기 위해 로컬리티를 잠재된 로컬리티와 발현된 로컬리티로 구분하여 제시하고, 이를 통해 로컬리티의 유동성과 차이에 대해 설명하였다. 그리고 구성요소를 통한 로컬리티의 이해를 위해, 구성요소이자 연구범주로 설정된 표상에 대해 논의하고 표상이 특정한 로컬리티로 의미화 되는 과정에 대한 경로를 제시하였다. 복합적·중층적·추상적인 로컬리티에 대한 이해를 높이기 위해, 언어표상 연구사례를 물리적, 위계적, 인식적 로컬리티에 따라 잠정적으로 유형화함으로써 로컬리티를 구체화 하였다.

3.

2부의 글들은 로컬리티 연구의 새로운 맥락이라는 측면에서 로컬리티 연구와 인접한 지리학의 스케일이나 도시연구 등에서 방법론, 시각 등을 비교하면서 로컬리티 연구의 안팎을 살펴보고 있다. 여기에 그치지 않고 인문학적 가치 지향이라는 점에 초점을 맞추어 장소성, 혼종성 등의 기존의 개념들이 로컬리티의 인문학 안에서 어떻게 변용, 확장될 수 있는지 살피고 있다. 이 연구들은 로컬리티 인문학의 독자적이고 다의적인 하위범주들을 개발하고, 확장시켜 나가면서 로컬리티 인문학의 보편적 논리적 타당성을 확인하고, 확장하고자 하는 작업과 연결되어 있다.

「재현과 물질의 교차지대로서 로컬리티」에서는 물질과 비물질의 힘(요인)들이 교차하는 지대 혹은 영역을 통해 로컬리티를 새롭게 이해할 것을 주문한다. 이때 로컬리티에 대한 새로운 이해 방식은 두 가지 측면에서 논의될 수 있다. 하나는 언어, 기호, 이미지를 통한 로컬리티의 재현에 관한 논의이다. 다른 하나는 재현이 아닌 몸과 물질을 통한 로컬리티의 존재와 인식이다. 여기에서 문제는 재현과 로컬리티의 구성물 간에 그리고 물질과 로컬리티의 인식 간에 지속적인 틈새 혹은 사이가 발생한다는 점이다. 이것은 특정한 맥락 하에서 작동하는 재현과 물질의 교차지대로서 로컬리티의 개념적 틀을 통해 해결의 실마리를 찾을 수 있다. 재현과 물질의 교차지대는 언어, 기호, 이미지, 몸, 물질, 제도, 기술을 매개로 역동적으로 상호작용하는 힘forces들이 접촉하는 지대로 로컬리티를 이해할 것을 제안하고 있다. 이러한 관점은 다양한 매개체를 통한 인간, 물질, 공간의 상호작용에 의한 로컬리티의 생성과 변화를 새롭게 고찰 가능하게 한다.

「스케일의 측면에서 본 로컬공간의 대안적 의미와 가능성」은 국가공간의 탈-재영역화를 수반하는 이른바 글로컬화가 국가공간과 '스케일'이나 '원리'를 달리하는 로컬공간의 의미와 가능성에 대한 관심을 증대시키고 나아가 근대적 공간인식 자체에 대해서도 재사유하는 계기가 되었다는 점에 주목한다. 이러한 입장에서 먼저 국가 공간 영역성의 기반이 되던 스케일, 경계, 장소 등과 같은 근대적 공간인식이나 개념에 대한 탈근대적 재해석과 재구성을 모색하며, 이를 바탕으로 국가공간의 안티테제라 볼 수 있는 로컬공간이 가진 새로운 의미와 가능성을 '대의제 민주주의의 위기', '공공성의 위기', '장소 상실의 위기'라는 현실의 세 가지 당면 위기에 대해 어떠한 구체적인 대안을 제시할 수 있는가? 라는 관점에서 분석하고 있다.

「장소성과 로컬리티」는 인문지리학자들이 발견한 '장소성' 개념을 로컬리티 연구에서 개념적 확장을 시도해 보기 위해 계획된 것이다. 필자는 인문지리학자들이 장소성을 내적 동일성의 논리인 장소정체성과 등치시킨 것에 문제를 제기한다. 장소정체성은 장소를 움직이는 동력으로 기능하며 장소에 의존하며 살아가는 인간의 안전망으로서의 가치를 지닌다는 점에서 로컬리티와 유사한 측면을 지니고 있다. 하지만 동일성 논리는 장소를 매개로 만들어지는 차이의 가치와 가능성을 배제하는 한계가 있다. 이러한 한계를 극복하기 위해 이글은 장소성의 의미와 읽는 방법을 동일성의 논리에만 두지 않고, 차이와 공감으로 확대할 것을 제안한다. 그런데 차이는 동일화 논리에서 관심 갖지 못한 가치를 발견할 수 있다는 장점이 있으나, 다양한 차이만의 존재가 부각될 우려가 있다. 그래서 이러한 차이의 한계를 극복할 장치로 공감을 제안하였다. 공감은 이성보다 앞서는 본능적인 감정으로 우리 시대 또 다른 에너지로서의 가능성을 보여주기 때문이다.

「혼종성 담론과 로컬리티 : 월경越境과 전복?」은 포스트모던 후기 자본주의 시기 혼종성에서 가장 주목받는 특성은 문화적, 국가적 경계를 뛰어넘어, 대항적 문화 영역을 혁신적으로 번역하고, 표현한다는 점이다. 미디어와 국제적인 스포츠 행사 등에서 투사되는 혼종성은 대부분 주류사회에 의해 제시된 미와 매력 그리고 건강함에 들어맞으면서도 적당히 오락적이고 대표성을 지닌 사람들만 선택된다는 점에서 문제가 된다. 이런 맥락에서 복잡성 패러다임과 혼종성 문제의 접합은 의미 있다. 이성으로 환원되지 않는 감정과 무의식 그리고 감각적인 것이 함께하며, 수많은 상호작용을 통해 형성되는 혼종적 활동은 결코 단순하고 명백하지도 않을 뿐만 아니라 종종 우연과 불확실함의 지배를 받기 때문이다. 특히 지구화된 환경에서 혼종성 문제는 특정 공간과 장소를 기반으로 만들어지는 경향이 강하다. 혼종성의 측면에서 공간과 장소를 진지하게 분석함으로써 일상생활에 영향을 주고, 이를 만들어내는 힘을 탈신비화하고, 이해할 수 있는 또 다른 접근방식을 획득할 수 있다. 이런 맥락에서 혼종성 연구는 로컬리티에 대해 이해를 확장한다.

「도시이론과 로컬리티 연구의 계보학적 관계」는 도시연구와 로컬리티 연구의 상호접합관계를 드러내어 로컬리티 연구의 논리적 타당성 확보를 모색했다. 세계도시 개념은 과학기술공학에 기반 한 발전전략에서 장소 만들기, 도시브랜드화, 상업적 교류 강화와 같은 도시정책의 관철 과정에서 로컬의 내부적 층위와 갈등과 균열을 드러내는 측면을 중요시한다. 그리고 자본의 정치경제학적 공간 재구성을 새로운 공간으로 진술해온 탈근대도시론은 비평담론적 성격이 강한 것을 확인한다. 한편 탈식민주의적 '일반도시들' 개념은 특히 제3세계도시에서 영위되는 일상적 삶과 행정관리의 역사적 차이와 다양성을 강조하며 호미 바바가 말한 협상하는 개별성의 강조는 로컬리티 개념의 운용에 유용성을 기대하게 만든다. 그럼에도 도시 내부에서 작동하는 갈등과 균열을 '차이'와 '다양성'으로 설명하는 것은 사회적 모순과 갈등을 제대로 드러내지 못하는 한계와 직면한다. 세계도시론과 일반도시론의 상호교섭을 거치며 권력과 의미 및 정체성이 작용하는 로컬로서 도시에서 초국적 관계망의 절합이 갈등과 모순을 생성하는 장소의 정치를 드러내는 것이 바람직하다고 판단한다.

4.

　"로컬리티의 인문학"이 첫발을 내딛을 당시 인문학 영역에서 생소하기만 했던 로컬리티 개념은 이제 아주 익숙한 학문적 용어이자 담론으로 정착했음을 학계의 로컬리티 담론들이 증명하고 있다. 그럼에도 이 책이 발간되기까지 많은 난관이 있었다. 로컬리티 담론이 확장되었지만, 각각의 분과학문 영역에서 그 개념이 작의적이고 파편적으로 활용되고 있어서 오히려 많은 혼선을 야기하기도 했다. 그럴수록 애초에 깃발을 든 로컬리티의인문학 연구단에서 그간의 연구결과들을 종합하고 유형화하면서 개념과 방법론들을 정교하게 정의하고 보편적 논리틀을 제시해야 한다는 중압감은 더욱 거셌다.

　우선, 로컬리티 연구의 쟁점들을 부각하여 그것을 통해 로컬리티 개념을 재정의하고자 하는 시도로 "로컬리티 연구의 쟁점과 전망"의 주제로 워크숍을 진행했다.(2013.3) 이후 토론을 거쳐 쟁점의 부각만으로 로컬리티의 총체적인 면을 담아내기에는 한계가 있다는 데 비판적 성찰을 하면서, 인문학의 영역으로 소환한 로컬리티의 개념을 어떻게 정교하게 정의할 것인가를 두고 책의 구성과 내용에 대한 세미나를 진행했다. "로컬리티의 인문학, 10년"(2017.3)이라는 주제로 개최한 국내학술대회는 이 책 기획과정의 고민을 고스란히 반영했다. 개념을 어떻게 확장했는가, 연구의 맥락들을 어떻게 넓혀가며 로컬리티인문학의 내외연을 확장했는가를 살피는 일은, 제한된 시공간 안에서 또다시 선택과 집중을 통해 드러내어야 했다. 그래서 로컬리티에 대한 개념적 인식을 다각도에서 살피면서 특히 인문학 안에서 로컬리티 개념의 정위를 강조하기로 했다.

이 책에 참여한 필자들은 문학, 철학, 언어학, 지리학, 역사학, 인류학 등 다양한 분과학문을 아우르고 있다. 이 분과 학문의 영역은 다시 로컬리티 연구 영역으로 범주화할 때, 문화, 사유, 표상, 공간, 시간으로 나뉜다. 로컬리티의 구성요소를 무엇으로 볼 것인가에 대해서는 다소 논란의 여지가 있을 수 있지만, 일반적으로 기후, 지리적 여건 등의 자연 환경적 요소, 특정지역에 살고 있는 사람들의 공유된 역사적 경험이나 기억에 근거한 공통인식, 의사소통의 수단으로서의 언어 등의 인문적 요소, 그리고 사람들의 사회적 관계나 생활방식의 반영으로서의 제도 등을 들 수 있다. 이를 다시 추상화하여 '공간', '시간', '사유', '표상', '문화'의 다섯 가지로 범주화했다. 이 책에 참여한 필자들은 이러한 범주에서 접근했다. 각각의 범주들은 나름대로 고유한 영역을 형성하되 서로 연계되고 순환하며, 서로가 공유되는 상호의존적인 성격을 가지듯이, 필자들 역시 각각의 영역에서 로컬리티에 접근하면서 상호 토론과 인식들을 공유하며 집필을 진행했다. 모쪼록 이러한 협동연구가 로컬리티 연구의 구체적 실천 현장이기를 기대한다.

나아가 학문의 분화가 심각한 현실에 맞서 파편적 지식을 종합하고 삶에 대한 총체적 이해와 감각을 길러주며 현재의 삶에 대한 비평의 역할을 감당하는 인문학을 이끄는 자리에 이 책이 놓여지기를 기대한다.

2017년 5월
부산대학교 한국민족문화연구소
로컬리티의인문학연구단 문재원

차례

로컬리티의 개념과
담론적 실천

경계의 재인식과
로컬리티의 인문학

문재원

1. 왜 로컬리티의 인문학인가

전지구화가 가속화될수록 로컬local, 로컬문화local culture, 로컬리티lo-
cality 등은 정치, 사회, 문화 전반적인 영역에서 활발하게 소비되는 기호
로 등장했다. 뿐만 아니라, 기존의 지리학 중심의 분과학문 영역에서 주
로 연구되었던 로컬리티 연구는 인문학 영역에서도 활발하게 연구가 진
행되고 있다. 이러한 로컬리티(담론)의 부상은 우리 사회의 변동과 긴밀
히 연관되어 있다.[1]

---

[1] 우리나라에서 로컬리티의 부상을 촉진한 최근의 사회정치문화적 요인을 몇 가지로 정리할
수 있다. ① 정치적으로는 산업사회 시기의 중앙정부 중심적이고 위계적이며 권위적인 관
계의 해체 및 새로운 거버넌스의 창출을 요구하고 있으며, ② 경제적으로는 신자유주의적
경제질서의 부상에 따른 세계경제에 대한 지역사회의 관계적 민감성을 한층 더 강화시키고
있으며 ③ 사회문화적으로는 정보화의 확산에 따라 지역사회 구성원들에게 새로운 사고와
생활패턴을 강요하고 있으며 ④ 공간적으로는 지역사회를 세계사회의 새로운 단위로 등장

딜릭A. Dirlik은 이러한 로컬리티의 변동에 주목하면서 그것의 이중성을 설명하고 있다. 그에 의하면 지구화 안에서 새롭게 부상하는 로컬리티에 대해 '해방과 조작'[2]이 가능한 이중성의 공간으로 바라본다. 해방의 측면은 근대국민국가의 반성기제와 맞물려 자율적이고 역동적인 로컬리티의 가능성이고, 조작의 측면은 세계화의 흐름에 무방비하게 노출되어 자본 흐름의 논리에 흡수당할 수 있는 공간을 지적한 것이다. 특히 조작의 측면에서 다시 살펴보면, 로컬이 세계의 새로운 단위로 등장하였지만, 세계화가 또 다른 규범과 종속적 관계들을 만들어내면서 로컬(리티)을 위협하고 있다는 것이다.

로컬리티의 종속성과 관련하여 하비D. Harvey는 공간적 장벽의 중요성이 줄어들수록 공간 내 장소의 다양화에 대한 자본의 민감성은 더욱 커지고, 자본을 위해 매력적인 방식으로 차별화된 장소가 가져오는 인센티브는 더욱 커진다는 지점을 설명한다.[3] 이는 신자유주의 경쟁 안에서 무차별적으로 포섭된 로컬리티의 현재를 적확하게 드러내고 있다. 신자유주의 글로벌 체제 안으로 포섭된 로컬리티는 서구 중심의 전통적이고 근대적 균질화가 더욱 가속화되는 현장을 드러내는가 하면, 종족적이고 문화적인 파편화가 진행되고 있음을 확인시켜 준다. 이러한 과정들을 보건대, 오늘날 로컬리티는 국가 / 로컬, 세계 / 로컬의 이분법적 질서로부터 벗어나려는 움직임을 보이지만, 한편으로 유연화된 글로벌 체제의

시키고 있다. 이러한 지역사회의 공간적 재구성 논의와 관련하여 주목을 받고 있는 개념이 로컬리티(locality)이다.(김용철·안영진, 「로컬리티 재구성 과정에 대한 이론적 분석틀」, 『한국경제지리학회지』 17-2, 한국경제지리학회, 2014, 421쪽)

2 A. Dirlik, "The Global in the Local", R. Wilson & W. Dissanayake(eds.), *Global / Local : Culture Production and the Transnational Imaginary*, Durham : Duke Uni. press, 1996, pp.31~42 참조.

3 D. Harvey, 구동회·박영민 역, 『포스트모더니티의 조건』, 한울, 344쪽.

그물에 종속되어 오히려 글로벌 자본주의를 더욱 강화시키는 도구로 전락할 위험에서 자유롭지 못하다는 점을 예의 주시하게 한다.

그래서 나름의 독자성과 역동성을 추구하고자 하는 로컬의 시대적 역할과 의미에 대한 탐구는[4] 더욱 절실하게 되었다. 특히 로컬-네이션-글로벌의 복잡한 관계가 교차되고, 착종되면서 글로벌화가 진행되는 최종 귀착점이 되기도 하고, 이에 저항할 수 있는 출발점이 되기도 한다. 글로벌-로컬은 다양한 관계망들에 의해 교차, 경합, 포섭, 저항의 관계들이 만들어지며, 나아가 로컬(리티)의 위치성은 포섭 ─ 저항의 관계항으로만 파악할 수 없고, 다양한 역학적 관계들이 얽혀 있는 가운데서 파악될 수 있다. 이러한 과정에서 로컬은 세계 ─ 국가의 힘들이 관통하고 경합하는 현장이 되면서 일방적, 수직적 포섭의 관계로만 설정될 수 없다.

로컬리티가 발현되는 실질적 장으로서의 로컬은 다중적이고 이질적인 주체들이 직접적으로 관계 맺고 상호 교류하는 공간인 동시에 각종 정보매체를 통해 외부로 설명되고 외부의 개입에 노출된 공간이다. 국가나 세계는 로컬이라는 공간에 규범화, 추상화된 기표들을 이식하거나(되거나) 기입하려 하지만, 한편으로 로컬 공간은 '위로부터 실행되는' '텅 빈' 규범성에 직접적인 의문을 가할 수 있는 지점이다. 이러한 길항이 일어나는 현장인 로컬에서 구체적인 개인이나 집단은 저항이나 주체화의 양상을 일관되게 견지하는 것이 아니라, 사안별로 구분하여 진행하는 다중정체성을 보인다.[5] 이러한 점은 하나의 기표로 드러나는 추상화된 로컬이 아니라, 다양하고 구체적 실천들이 부딪치는 로컬을

---

4 류지석, 「로컬리톨로지를 위한 시론-로컬, 로컬리티, 로컬리톨로지」, 혜안, 2009, 19쪽.
5 조명기, 「로컬 주도적 다문화주의의 의미와 가능성-윤리와 문화를 중심으로」, 『로컬리티인문학』 12, 부산대 한국민족문화연구소, 2014, 68쪽.

상정하도록 한다. 다시 말해 로컬리티는 글로벌-내셔널-로컬이라는 다중적 스케일의 구조적 맥락 속에서 일정한 공통의 장소를 근간으로 다양한 행위자들에 의해 구성되는 사회적인 구축물이다.

이러한 사회적 구축물로서의 로컬리티는 현상적이고 통계적인 수치를 넘어선다. 왜냐하면 로컬리티는 삶의 터전으로서 구체적 공간local에서 살고 있는 사람들의 역사적 경험을 통해 만들어 가는 다양한 관계망들의 교차 및 상호작용에 의한 구성물이기 때문이다. "삶의 터로서의 로컬(공간)과 거기에 살고 있는 사람들이 역사적 경험(시간)을 통해 만들어가는 다양한 관계성의 총체이며, 이는 매우 유동적이고 중층적이며, 권력적이고 가치지향적인 것"으로 파악되는 로컬리티는 인간 삶의 본질과 정체성의 문제와도 밀접하게 연결되어 있기에 인문학이 갖는 근원적이고 통합적 시각에서 해결책을 찾아야 할 문제가 되었다.

그래서 인문학의 관점에서 로컬리티의 문제를 사유하고자 하는 시도가 확장되었다. 이러한 논의 안에서 로컬리티를 기존의 담론적 배치에서 벗어나 새로운 담론적 배치에 재편하고자 했다. 그렇다면 그것의 방향은 어디를 지향하고 있는가? 아래의 인용문은 기존의 로컬리티 연구 방향과[6] 인문학적 관점에서 접근하는 로컬리티 연구의 방향성의 출발지가 어떻게 다른가를 보여준다.

6　영국을 중심으로 진행된 로컬리티 연구는 영국의 급속한 사회경제적 변화와 그 공간적 전개과정을 파악하기 위한 것이었으며, 특히 사회변동을 지역 혹은 국지 차원에서 그 실상을 파악하려고 시도한 점에서 의의를 부여할 수 있다. 외부적 변화 및 자극의 결과로 나타나는 로컬의 공간적 변화에 초점을 맞추다 보니 로컬을 일종의 내부적 동질성을 지닌 것으로 그리고 외부의 자극에 대해 수동적으로 반응하는 지역 공동체 정도로 간주하였다. 이는 개념적으로도 로컬리티의 상대적 자율성, 정책적 선제성 혹은 능동성은 배제되는 결과를 초래하였다. 그래서 로컬리티는 사회변화 과정에서 데이터를 입수하기 위한 개념적 도구로 활용되거나 경제적 재편과 그 국지적 효과를 분석하기 위한 개념적 틀에 그치게 되었다.(김용철 · 안영진, 앞의 글, 423쪽)

"로컬리티의 인문학"은 인간에 대한 물음에서 출발한다. 우리는 인간 존재에 대한 끊임없는 질문들이 놓여있는 곳을 로컬로 포착했다. 다양한 질감의 흔적과 주름들이 엉켜 시간과 장소들을 의미화시켜 나가는 로컬의 주체로서 인간을 생각한다. 이러한 인간의 가치와 권리가 로컬의 역동적 로컬리티를 형성하는 근원이라는 점에 착목하여, 인문학적 담론으로 로컬리티를 구성하고자 한다. 우리는 지금, 여기의 구체적 당사자성에서 출발한 로컬의 개별적 사실들의 근원적 본질과 내재적 가치를 탐색함으로 구체와 추상, 개별과 보편을 아우르는 로컬리티 연구를 진행할 것이다. 그리하여 현실 문제에 대한 인문학적인 성찰과 대안을 제시하고 기존 인문학의 한계를 극복할 가능성을 탐색한다.[7]

사회과학 영역에서 주로 진행된 기존의 로컬리티 연구가 '사회경제적 변화와 그 공간적 전개과정'에 주목하면서 '외부적 변화 및 지극의 결과로 나타난 로컬의 공간적 변화'에 초점을 맞추었고, 로컬리티는 '경제적 재편과 그 국지적 효과를 분석하기 위한 개념적 틀'로 도구화되는 경향이 있었다. 그런데 인문학적 관점에서 로컬리티 연구는 국가 및 자본의 시각이 아니라 다양한 층위와의 연계를 고려하면서 로컬의 시각에서 자율적 공간 재구성을 탐색, 실천하는 종합학문을 추구해야 한다고 했다. 왜냐하면 특히 로컬에서 맞닥뜨리는 여러 문제들은 인간 삶의 본질과 정체성의 문제와도 밀접하게 연결되어 있기에 인문학이 갖는 근원적이고 통합적 시각에서 해결책을 찾아야 할 문제이기 때문이다.

---

7 부산대학교 한국민족문화연구소 편, 『로컬리티, 인문학의 새로운 지평』, 혜안, 2009, 5쪽.

다시 말해서 인문학 영역으로 소환된 로컬리티 연구는 무엇보다 거시적 구조 안에서 계서화되거나, 동일화되면서 왜곡되거나 배제되었던 로컬(리티)의 가치를 탐문하고, 로컬리티의 역동성을 발견할 수 있는 자리가 된다. 이는 기존의 거시적 구조가 안착되는 확인지로서의 로컬(리티)의 위치성에 대한 문제를 제기하고, 새로운 담론적 배치로 로컬리티를 이동시켜 내는 작업과 연결된다. 물론 이 자리가 다시 국가 / 로컬, 세계 / 로컬의 이분법적 논리가 자리바꿈되는 자리도 아니고, 훼손되지 않은 순수한 시원을 확인하는 자리는 결코 아니다. 다만, '인간 존재에 대한 다양한 질문들이 놓여있는 곳을 로컬로 포착하고' 다양한 질감의 흔적과 주름들이 엉켜 시간과 장소들을 의미화시켜 나가는 로컬의 주체로서 인간의 자리를 사유하겠다는 의미이다.

그러므로 기존의 분과학문에서 이미 통용되고 있는 로컬리티를 인문학적으로 고찰하고자 한 것은, 로컬리티를 내가 있는 '지금-여기'의 성찰과 연결시키고 로컬리티를 인간의 근원적인 동력의 장으로 주목한 데 있다. 물론 이러한 선언적 수사가 절대적 긍정이나 본질성으로 고정화하려는 의도는 아니다. 로컬리티는 다양한 주름들과 '차이소le diffe-rent'들이 공존하거나 혹은 무수한 '잠재력'들이 얽혀있는 장field이다. 그러므로 로컬리티 연구는 현상적인 파악으로는 일정 한계를 노출할 수밖에 없다. 여기에서 '로컬리티의 인문학'의 필연성이 탄생한다.

최근 인문학 영역에서 로컬리티라는 개념이 활성화된 데에는 부산대학교 한국민족문화연구소 로컬리티의인문학 연구단의 연구 성과를 주목해 볼 수 있다.[8] 로컬이 당면한 문제들에 대한 인문학적 성찰을 바탕으로 인간과 삶의 터인 로컬에 내재된 다양한 가치와 소통, 공생의 실천적 가치를 찾아내고 이를 바탕으로 로컬리티 연구를 인문학적 담론의 영역으로 확장하려는 작업을 진행해 왔다.[9] 나아가 '현실 문제에

8 한국교육학술정보원(KERIS)에서 제공하는 논문자료에서 로컬리티를 키워드로 검색해 보면, 다음의 결과를 확인할 수 있다. (아래 도표) 계량적 수치의 분명한 변곡점은 2008년 부터임을 알 수 있는데, 이 무렵이 로컬리티에 대한 관심이 급증할 수밖에 없는 세계사적 흐름을 감안한다하더라도, 2007년 11월 부산대 한국민족문화연구소 로컬리티 인문학연 구단의 출발(2007.11) 전후의 선명한 대비를 확인할 수 있다. 이를 통해 이 연구단에서 발신한 로컬리티 담론의 확산력을 짐작해 볼 수 있다.

〈학술지 논문〉(1239건 : 1989~2016)

1989	1993	1998	1999	2000	2001	2002	2003	2004	2005	2006	2007
1	1	1	1	2	3	3	2	4	2	4	7

2008	2009	2010	2011	2012	2013	2014	2015	2016
73	104	138	118	138	135	161	171	156

〈학위논문〉(201건 : 1974~2016)

1974	1982	1986	1992	1993	1994	1995	1997	2000	2001	2002	2004
1	1	1	1	1	1	3	1	3	3	3	4

2005	2006	2007	2008	2009	2010	2011	2012	2013	2014	2015	2016
7	12	12	15	15	10	13	20	14	14	19	18

9 부산대학교 한국민족문화연구소는 '로컬리티의 인문학(Locality and Humanities)'이라 는 아젠다로 2007년부터 인문한국사업을 진행해 왔다. 연구를 시작하면서 다음과 같은 문 제설정을 했다. ① 왜 로컬리티에 주목했는가 ② 로컬리티 연구는 무엇을 지향하는가 ③ 무 엇을 연구할 것인가 ④ 어떻게 연구할 것인가 ⑤ 사회적 요구에 부응할 수 있는가. 특히 궁극 적으로 로컬리티학(localitology) 수립을 목표하면서, 이론과 실천을 종합하고자 하는 의지 를 피력했다. 로컬리티 연구를 새로운 담론으로 만들어 가고, 나아가 로컬리톨로지라는 새로 운 학 체계를 수립하기 위해서는 로컬리티 연구의 대상과 방법에 관한 이론적 성찰이 반드시 필요했다. 그래서 우선 로컬 관련 연구들을 비판적으로 수렴, 종합하면서 로컬리티의 새로운 담론을 만들고자 했다. 그리고 로컬과 로컬리티의 개념 및 인간과 로컬과의 관계를 어떻게 규정하고, 또 이를 어떤 방식으로 적용해 나갈 것인가를 담아내는, 로컬리티의 개념적 이론 틀에 대한 토대연구가 진행되었다. 로컬리티 인문학을 위한 방향설정과 로컬리톨로지 수립 을 위한 이론적 정초작업을 중심으로 진행되었다. 이를 유형화해 보면, ① 로컬리티와 인문 학 ② 로컬의 규모나 스케일 ③ 로컬리티의 개념(로컬리티의 형상과 발현, 로컬리티의 속성 과 유형) ④ 국가-로컬-세계의 중층성과 로컬리티의 위상 ⑤ 로컬리티 연구 방법론 등으로 분류된다. 이러한 논의진행 과정에서 연구의 방향성과 이에 따른 연구대상의 범주와 연구방 법론에 대한 고민이 컸다. 이를 통해 기존의 로컬리티 연구와의 차이를 생산하고, 이를 통해 독자적 학문영역으로서의 '로컬리티(인문)학'을 수립하고자 했다.(부산대 한국민족문화연

대한 인문학적인 성찰'을 통해 '인문학적인 성찰과 대안을 제시'하여 상아탑 인문학의 경계에 대한 균열작업도 동시에 병행하겠다는 의지를 비치고 있다. 지속적으로 삶의 가치와 인간다움의 의미, 존재의 가치와 의미를 묻는 일이 인문학적 수행영역[10]이라면, 현행적인 것과 잠재적인 것의 역학을 주목하면서 로컬리티의 문제를 성찰하는 일이야말로 로컬리티의 인문학 자리이다.

2. 로컬리티, 근대적 시선에 대한 비판적 성찰

로컬리티의 인문학은 로컬을 일차적으로 "물리적 · 사회적 공간단위로서의 로컬, 즉 지역 또는 지방으로 불리는 국가 하부의 국지적 단위"로 파악하였다. 근대의 시간 중심적 세계관은 근대 / 전근대, 문명 / 야만 등으로 전제되는 편향적 가치평가를 기준으로 수립된 교육, 미디어 체계, 제도정치 등을 통해 개인들을 개발과 발전의 이데올로기로 동원하는 시스템을 구축해왔다. 이때 오른쪽의 항에 배치된 로컬 역시 계몽의 대상으로 위치하면서 중심화의 기제를 강화하는데 호출되었다. 국민국가의 공간적 위계에서 벗어나는 공간적 전략으로 로컬리티를 설정한다 하더라도 더욱 확장된 글로벌(국가)-로컬의 이분법적 공간 위계 안으로 포획될 수 있는 지점은 농후하다.

구소, 2007년도 인문한국지원사업 인문분야 신청서(Ⅰ) 자료집『로컬리티의 인문학(*Locality and Humanities*)』, 2007)

10 박영균, 「로컬리티와 인문학의 만남」, 『대동철학』 53, 대동철학회, 2010, 372쪽.

더욱이 최근 글로벌화로 인한 로컬의 부상은 오히려 배타적인 로컬리즘으로 변신할 가능성이 도처에 편재되어 있다. 특히 규모나 층위의 스케일에서 접근할 경우 글로벌-국가-로컬의 깔대기 형에서 로컬의 위치는 맨 하위에 배치될 수밖에 없으며, 이는 여전히 중심 / 주변의 구도를 내재화하고 있음을 입증한다. 이때 로컬리티를 기층적 물질성에 근거한 주변부의 특징적 성향 정도로 규정하는 것은 로컬리티의 문제를 축소하거나 왜곡시킬 수 있는 오류를 내장하고 있다. 또한 기왕의 중심 / 주변의 표상체계에 의존하여 설명해낼 수밖에 없는 중심 / 주변 담론이 갖는 한계 안에서 주변부의 반복적 환기는 결국 기존의 표상체계를 더욱 강화시키는 역할에 공모하게 된다.[11] 위계적인 구도가 갖는 위험성은 중심-악, 주변-선, 중심-근대, 주변-탈근대라는 도식에서 벗어나지 못하며 이때 로컬은 이미 구체성과 복잡성을 상실하고 추상화되고 고착된 한 방향만을 지정한다. 그래서 로컬리티 연구가 로컬을 '타자에서 주체로 전환시키기 위한 담론적 실천'[12]이라는 방향성을 내재하고 있다는 지점이 간혹 '상상적 동일시'를 통한 욕망을 내부에 투사함으로서 로컬리즘의 고착으로 이어지는 병폐로 연결되기도 하였다.

담론적 이동의 전환을 내세운 로컬티의 인문학은 '지역', '지역성'이

---

11 하나의 내러티브가 구조될 때 항상 어떤 것은 지워지고 생략된다는 마셔레이의 논지를 참조. 작품의 담론은 결정되어 있으면서 동시에 끝이 없고, 완성되어 있으나 끝없이 다시 시작하며, 산만하면서 동시에 응축되어 있고, 그것이 감추지도 드러내지도 못할 어떤 부재하는 중심의 주위를 감싸고 있다. 이러한 불완전성과 해체된 중심, 그 의미의 다양성에 텍스트의 필연성이 토대하고 있다.(Pierre Macherey, *A Theory of Literey Production*, tr. Geoffrey Wall(London : Routledge & Kegan Paul, 1978, p.3) 마셔레이가 강조하는 텍스트의 지점은 로컬리티를 읽어내는 데 유효하다.

12 조명기, 「로컬 재현의 양상」, 제9회 부산대 한국민족문화연구소 로컬리티인문학연구단 워크숍 자료집, 2013, 100쪽.

라는 명령법으로[13] 기존의 담론적 지평을 넘어설 수 없다는 점을 주목했다. 그리고 특정 지역을 연구대상으로 재한할 경우 자칫 지역사의 재구성이나 지역의 성례화를 초래할 우려가 있다는 지적이 제기 되었다. 그러므로 로컬, 로컬리티라는 용어는 이러한 지역연구의 폐쇄성을 담론적으로 넘어서려는 시도를 포함한다. 로컬은 행위의 반복으로 구조화되는 동시에 끊임없는 행위 변화가 그 구조를 변화시킬 수 있다. 권력과 담론의 매트릭스가 복합적으로 작동하며 서로 수렴하고 충돌하는 가운데 로컬의 주체는 능동적 주체화subjectivation의 과정에 참여한다.

주체화의 과정은 최초의 원본과정을 반복, 복제하면서도 지속적으로 새로운 맥락에서 탈주체화-재주체화의 과정을 반복하며 정치화하는 '구성적' 과정으로[14] 이해한다. 이때 로컬의 주체화는 기존의 경계 짓기 방식을 극복하면서 다른 층위나 새로운 방식으로 자기 존재를 구성해야 한다. 로컬리티에 내재한 주변의 위계적 구도 자체가 전적으로 부인되는 것은 아니나, 이러한 구도 안에서는 여전히 근대화담론을 벗어날 수 있는 여지가 빈약하다는 것이다. 맥락이 생략된 채 로컬리티와 주변성 그 자체가 곧바로 진보적이고 비판적인 가치와 동일시되는 것 역시 중심 / 주변의 구도가 더욱 공고화되면서 중심에 대한 모방담론에 기여하게 된다. 이때 외부의 시선에 의해 규정된 지역성이나 내부의 '비난의 수사학'으로 가득찬 오독誤讀의 로컬리즘을 경계해야 할 것이다.[15]

---

13 S. Lee, "Six Theses of Understanding the Agenda "Locality and Humanities", *Localities* 4, 2014.

14 장세룡, 「로컬리톨로지를 향한 여정 : 로컬리티연구에서 나타난 몇 가지 개념들에 관한 회고적 비평」, 제9회 부산대 한국민족문화연구소 로컬리티의인문학연구단 워크숍자료집, 2013, 18쪽.

15 이러한 논의에 대해서는 문재원, 「한국문학과 로컬리즘-고향의 발견과 서울, 지방의

로컬은 계급이나 계층, 젠더, 인종, 민족, 문화 등 각 측면에서 통약 불가능한 이질성들의 혼종화가 진행되고 있는 공간이며, 자본과 국가의 로컬 규정력에 저항하는 개인과 집단뿐만 아니라 각종 지배이데올로기를 주체화한 개인이나 집단이 존재하면서 다양한 가치와 문화적 투쟁과 갈등을 빚는 공간이다. 그러므로 로컬은 '불협화음이 없는 매끈한 화음의 텍스트'가 불가능한[16] 곳이며, '상이한 음역'(이질적 다양화)의 내러티브들이 생산되는 곳이다. 이질적이고 혼성적인 것들이 중층적으로 드러나는 장으로서 로컬이, 폐쇄적인 자기완결성으로 강조될 때, 여전히 근대적 표상구조에 머물 수밖에 없다. 지역학 안에서 지역성locality은 이러한 근대적 표상구조를 벗어나야 했다.

그러므로 로컬리티 연구는 고정적이고 정태적인 특정 공간과 장소를 다루는 것이 아니라, 그 내부에 모순과 갈등이 상존하는 역동적인 관계에 대한 이론적 연구[17]로 인식할 필요가 있다. 왜냐하면 '최소한'의 로컬리티는 내적으로 균일하게 경계 지어진 통합체는 아니며, 로컬리티는 로컬리티들을 보다 더 넓은 세계와 다른 장소들과 불가분하게 이어주는 일련의 사회적 관계들을 통해 구축될[18] 수 있기 때문이다.

일례로, 최근 한국문학 연구 안에서 '로컬리티'라는 키워드는 낯설지 않다. 한국문학 연구 안에서 로컬리티가 특정 장소나, 중심 / 주변의 관계성을 성찰하는 방법론적 시각 등으로 호출되면서, 국가 / 민족문학 담론에 대한 비판적 인식지평을 확장한 것은 사실이다. 네이션이라는

(탈)구축」, 『한국문예비평연구』 38, 한국현대문예비평학회, 2012, 57~60쪽 참조.
16 폴 리쾨르, 김한식 역, 『시간과 이야기 3 – 이야기된 시간』, 문학과지성사, 2004, 329쪽.
17 D. Massey, 정현주 역, 『공간 장소 젠더』, 서울대 출판부, 2015, 249쪽.
18 위의 책, 257쪽.

균질화의 공동체를 전제로 생성되는(근대적인) 로컬리티는 또한 중심과 주변의 관계성에 기반하는[19] 개념이다. 특히 '한국' 문학이라는 프레임 안에서 로컬리티는 그 경계에 대한 사유와 함께 소환되었다. 이 과정에서 로컬리티는 중심 / 주변의 지정학을[20] 선명하게 드러내는 기호이자, 한편으로 관계에 대한 비판적 성찰을 요구하는 기호로 배치되었다. 이러한 논의들은 중심 / 주변의 위계질서를 전복하기 위한 탈-중심의 기획에 대한 전망으로까지 이어졌다.

그러나 이러한 전망은 중심 / 주변의 전복에 방점을 찍고, 그 과정에 대한 기술을 삭제함으로 중심 / 주변의 이원적 공간에 함몰하거나, 저 멀리 고착된 보편의 세계를 환상하도록 했다. 한편, 국가 / 세계의 추상화된 질서가 기입하는 폭력성에 대한 대안으로 '자기충족적적이고 독립적이며 본질주의적인'[21] 저곳의 로컬을 호출하였으나, 그것은 관계성의 메커니즘과 중심성을 괄호치고 추상화된 로컬리티로, 장소성, 고유성, 향토성 등으로 치환되기 일쑤였다.

예를 들어 보자. 근대 국민국가를 구성하는 '외부'에 위치 지워져 있던 지역에 대한 발견은 근대성에 대한 비판적 성찰이 되었으며, 기왕의 지역문학에 대한 문제제기도 이와 상관있다. '지역문학은 근대적 제도와 그것이 낳은 문화적 시스템에 의해 형성된 하위의 문화 형식이며, 일방적 소통 구조에서 동일화의 논리에 강제된 타자로 남겨지는 문학이며, 서열과 표준을 생성해 온 제도와 자본주의적 생산 방식에 문제를 제기하는'[22] 형식이다.

---

19 정종현, 「한국 근대소설과 '평양'이라는 로컬리티」, 『사이』 4, 국제한국문학문화학회, 2008.
20 정주아, 『한국 서북문인의 로컬리티와 보편지향성 연구』, 서울대 박사논문, 2011.
21 김동현, 『로컬리티의 발견과 내부식민지로서의 '제주'』, 국민대 박사논문, 2014.

지역문학의 위상을 구명하는 과정에서 중요한 준거가 되는 차이로서의 지역성은 오히려 중앙 / 지역 간의 위계를 은폐하고 지역을 탈정치화할 수 있다. 다시말해, '지역의 특수성'[23]을 구현하는 것이 지역문학이라면, 이때 가장 중점이 되는 것은 이곳과 저곳의 차이를 발견하는 일이될 것이다. 이러한 차이가 놓이게 되는 배치 전략은(의도와 무관하게) 차이를 통해 이곳의 중심성(고유성)을 강화하는 데 기여할 것이다. 이는 '이미 특정한 방식으로 분배되어 있는 정치 세력의 장 안에서 하나의 세력을 재현하는 방식'과 다르지 않다. 여기가 지역(문학) 연구가 또 다른 중심의 서사를 쉽게 수락하는 지점이다.

　　그렇다면 이러한 딜레마를 어떻게 극복할 것인가? 로컬리티와 주변성이 로컬 주체들에 의해 중심의 논리를 비판하기 위한 가치로 구성되기 이전에 '항상-이미always already 긍정적이고 진보적인 가치'인가에 대한 질문은 계속 되어야 한다. 이를 통해 로컬리티 연구가 결국 중심 / 주변의 위계를 추인하고 고정시키는 데 기여하거나, 반대로 중심 / 주변의 역전을 통해 로컬리티의 낭만화에 기울어질 수 있는 여지를 차단해야 한다. 결국 문제는 이러한 근대적 패러다임에 대한 인식적 틀을 해체하고 다른 경로들을 제시함으로 로컬리티의 다양한 형상과 다층성을 드러내고 로컬리티의 잠재성이나 역동성을 확인하는데 있다. 로컬리티 연구가 탈근대담론과 공유할 수 있는 부분은 로컬의 다양성과 그 잠재적 중요성을 인식한 것일 것이다.[24]

22　송기섭, 「지역문학의 정체와 전망」, 『현대문학이론연구』 24, 현대문학이론학회, 2005, 7~15쪽.
23　남송우, 「지역문학 연구의 현황과 과제」, 『국어국문학』 144, 국어국문학회, 2007, 18쪽.
24　D. Massey, 앞의 책, 2015, 238쪽.

3. 경계의 재인식과 로컬리티의 역능

1) 경계의 재인식과 로컬리티의 역능

근대적 문화장치의 과정은 한편으로 전근대적 장소와 관계의 속박
으로부터 공간과 개인의 '자유', 다른 한편으로 해방되고 확대된 민족-
국가의 공간과 민족사의 시간으로 표준화되는 위치로의 개인의 '귀속'
이라는 동시적 과정으로 정의될 수 있다. 근대의 언어는 시공을 초월하
여 실재한다고 가정되는 보편적 이념과 그것을 잣대로 현실을 이항대
립의 가치구도에 대입함으로써 그 정당성을 확보해왔다. 그렇다면, 삶
을 초월함으로써 생활과 사유에서 인간(성)의 본질에 이르기까지 삶 그
자체를 거주하는 관계로부터 분리 및 소외시키는 근대적 언어를 역으
로 상대화할 수 있는 시공간을 발견하고 의미화하는 작업은 인식적 근
대의 공간질서에서 벗어날 수 있다.[25]

그런데 탈근대 방법론과 접목한 로컬리티 연구는 로컬 자체에 내장된
소수성, 주변성, 소수성, 다양성의 가치나 이질성, 혼종성에 주목하였고,
이때 로컬이 곧 하위주체로 대체되는 과정에서 '도대체 로컬리티 연구
에 해당되지 않는 것이 무엇인가'라는 논의는 오히려 '모든 연구대상은
로컬리티 연구'라는 자기방어의 힘을 얻게 되었다. 이러한 방어는 논리
석 힘을 얻기보다는 윤리적 자기위안의 벽을 형성하면서 한편으로 연구
의 출발점이 되었던 로컬의 의미를 희석시켜 버리고 '모든 텍스트가 방

---

25 배윤기, 「경계, 근대적 공간, 그리고 그 너머-로컬리티 연구에서 로컬리티-기반의 이해
와 관련하여」, 『인문과학연구』 34, 강원대 인문과학연구소, 2012.

법론에 의해 무차별화될'[26] 수 있다는 점을 경계해야 한다[27]는 비판을 맞닥뜨리기도 했다. 이러한 작업과 관련하여 로컬리티 연구가 문화연구의 방법론을[28] 단편적으로 적용하는 데 그치면서, 기존의 지역연구와 차별화되지 못했다. 그렇다면 남은 일은, 글로벌화 된 지금 여기의 잔해를 뒤져서 그 지층을 확인하며 개별적 텍스트가 국가나 혹은 타 지역과 절합, 분절되는 지점을 분석하는 작업으로 이어져야 한다.[29] 즉, 현재적 현상을 로컬리티 연구의 출발점으로 삼아 로컬의 문화적 정체성이나 사회, 경제적 구조가 파괴되는 '과정'을 분석하고 그 과정에 개입된 부당한 집합적 가치 체계를 가려냄으로써 글로벌 문화와 이를 뒷받침하는 세계 자본의 식민화 전략을 노출시켜야 한다. 특히 구체적 시공간을 초월하는 추상적 시공간의 압도적 역량이 발휘되는 로컬리티의 (재)생산의 미시적 과정들에 대한 해명은 오랫동안의 착취와 배제로 인하여 경제적, 정치적, 제도적 권력을 가질 수 없었던 사람(집단)의 자기 입장과 시선을

---

26 김명훈, 「한국 문학 로컬리티 연구의 전개 양상과 남은 과제들」, 『어문논총』 68, 한국문학언어학회, 2016.

27 이러한 지점은 탈중심성, 타자성, 주변성 등 탈근대담론과 연결하면서 집중화되었는데, 이 연구의 과정에서 가장 곤혹스러움이 방법론적으로 차용한 탈근대담론이 로컬리티연구를 어떻게 경유하는지 적극적으로 해명하지 못했다. 또한 문화연구방법론을 원용하면서도 로컬의 미시적인 것이 그보다 상위의 혹은 종/횡으로 정치·사회체계와 어떻게 관계맺는지 구체적으로 그 과정과 결락의 지점을 보완해야 했다. 가령, 다문화공간이나, 특정 마을, 도시, 문화공간 등등 이들은 각기 다른 결락지점들을 노정하고 있을 터인데 동일한 결론을 도출함으로 방법론만 남고 대상은 무차별화되는 연구경향들이 나타난다.

28 지역문화정치학은 사회적 관계와 제도 그리고 공간과 장소의 의미와 구조를 둘러싼 투쟁의 영역으로 문화를 규정하는데, 다시 말해 문화정치의 관점을 수용한다. 이무용은 공간의 문화정치를 공간의 생성, 변천, 소멸의 과정을 공간—주체—권력의 상호작용의 관점에서 종합적으로 연구하는 분야라고 정의하고, 공간을 둘러싼 물리적, 상징적, 문화적 권력관계와 갈등, 경합의 다양한 과정과 그 지리적 맥락을 탐구하는 비판지리학의 핵심이라고 규정했다.(이무용, 『공간의 문화정치학』, 논형, 2005, 14쪽)

29 김명훈, 앞의 글, 151쪽.

만들어나갈 수 있는 토대가 되고 창조적 참여의 문을 열어준다고 말할 수 있다.[30]

이런 점에서 비판적 로컬리티 연구는 '체계의 문법' 안팎에 대한 비판적 성찰을 통해 자기존재 방식에 질문을 구성해 나가야 한다. 여기에는 물리적 공간의 경계에 그치는 것이 아니라, 중심 / 주변, 위 / 아래, 안 / 밖을 나누는 인식적 경계를 포함한다. 인식의 경계로서의 로컬리티 연구는 공간 경계에 의해 구획되고 포섭되고 배제된 로컬 공간에서의 타자성, 소수성, 혼종성 등의 문제에 주목하면서 한편으로는 이러한 개념(이론)들과 로컬리티 연구 간의 담론적 유비성에 근거한 전유가능성의 문제에 주목하였다. 그러므로 인식 경계를 포함하는 로컬리티의 개념은 기존의 사회과학이나 지역학에서 사용되는 로컬리티의 개념 정의보다 확장된 의미이며, 또한 메타이론으로서의 로컬리티 연구와도 상통하는 작업이다.[31]

그러므로 로컬리티 인문학은 바로, 로컬이 배치되어 왔던 자리에 대한 비판적 성찰을 토대로 기획되었다. 다시 말해, 인문학적 관찰은 물리적 경계로서의 로컬 / 로컬리티 뿐만 아니라 인식적 경계에 대한 고찰로서 로컬 / 로컬리티를 소환하고, 특히 이 경계를 고착화한 질서, 제도를 탐문하고, 그것을 해체하고자 했다. 이 과정에서 로컬 / 로컬리티의 가능성은 '국가 중심적 패러다임에 가려져 있던 로컬리티를 재발견'하고 '로컬이 능동적으로 세계화를 주도하는 로컬 주도권local initiative'

---

30 조명기·배윤기, 「로컬 지배 카르텔과 로컬 정체성 형성의 주체 투쟁」, 『인문연구』 62, 영남대 인문과학연구소, 2011.
31 이상봉, 「인문학의 새로운 지평으로서 '로컬리티 인문학' 연구의 전망」, 『로컬리티의 인문학』 창간호, 부산대 한국민족문화연구소, 2009, 52쪽.

의 계기로 나타난다고 진단한다.[32] 여기에서 글로벌-국가-로컬은 단지 규모의 차원으로 이해되지 않으며, 또한 단선적, 단계적으로 이어지지 않고, 복잡하게 꿰매어진 중층적인 관계를 형성하고 있다는 점을 놓치지 않는다. 왜냐하면 로컬은 정체성, 행위, 그리고 공동체를 구성하는 확립된 단위가 아니라, 전 세계의 영향이 관통하고, 유동성의 흐름을 통해 새로이 성립되는 생성적 공간이기 때문이다.

로컬은 근대 국민국가의 구성적 외부로 배치되어 왔다. 주지하듯이, 경계를 통해 특정 대상의 내부와 외부를 분할하는 행위는 자아와 타자를 대립적으로 구분함으로써 전자를 완결된 형식과 균형 잡힌 구조로 세우려는 관념적 의지의 기본 전략이다.[33] 이러한 경계의 메커니즘은 나와 남, 주체와 타자, 내부와 외부를 가르는 대립적 분할의 기능에 전적으로 귀속되고 있으며, 이는 개인 심리의 개체적 차원에서 특정 민족문화의 차원까지 걸쳐있는 정체성의 일반원리에 복무한다. 문제는 이러한 안과 밖의 대립에 기초한 형식이 경계로 나뉜 내부와 외부를 실체화하고 있다는 점이다. 이런 실체화된 대립 구도는 선을 자아 정체성 및 동일성의 개념과 등치시키고, 악을 우리 밖의 이질적 존재와 연결시키는 사유의 흔적이다.[34] 즉, 체계의 내부에 존재하는 이질적 타자, 공동체에 내속하는 타자의 가능성을 인정하지 않는 인식에 기인하는 것이며, 이때 동일성의 공간으로 들어오지 않는 타자의 자리를 인정하지 않는 것이다. 이때 경계는 극복해야 할 장벽으로서 간주되고 있을 뿐,

32 부산대 한국민족문화연구소, 앞의 책, 1~3쪽.
33 가라타니 고진, 김재희 역, 『은유로서의 건축』, 한나래, 1998, 47쪽.
34 리처드 커니, 이지영 역, 『이방인, 신, 괴물-타자성 개념에 대한 도전적 고찰』, 개마고원, 2004, 116쪽.

경계의 메커니즘이 갖는 본질적인 양면성과 이중성을 탈각하고 있다.

한편, 장벽으로서의 경계, 위계로서의 경계, 포섭과 배제로서의 경계에 대한 사유의 전환을 시도하고, 거기에 내재되어 있는 '창조적 잠재성'[35]을 발견하고, 재의미화 하고자 하는 작업은, 근대국민국가 안에서 공간적 경계인식에 의해 배제되고 삭제되었던 로컬리티의 잠재성을 회복하고자 하는 작업과 연결된다. 근대성의 표징인 국가 중앙, 중심성, 일원성, 전체성의 사유는 로컬을 주변적이고 부차적인 것으로 간주하게 되었다. 그러므로 로컬리티의 인문학의 궁극적 의도가 국가 중심주의나 신자유주의 글로벌화에 의해 주변화되었던 로컬(리티)을 타자적, 수동적 위치에서 벗어나 주체성과 능동성을 발견하고 의미화하는 데 있다면, 이러한 이분법적 경계에 대한 의문과 경계성에 대한 새로운 사유가 우선적으로 요청된다. 인식 경계를 포함하는 로컬리티의 개념은 기존의 사회과학이나 지역학에서 사용되는 로컬리티의 개념 정의보다 확장된 의미이며, 또한 메타이론으로서의 로컬리티 연구와도 상통하는 작업이다. 로컬리티 인문학에서 로컬과 소수성, 하위주체의 관계는 우선 거시적 근대화와 글로벌화의 차별적 논리 속에서 간파되어야 하며, 동시에 그것이 로컬 속에서 구체적으로 나타나는 현상에 주목한다.[36]

인식 경계로서의 로컬리티는 체계의 바깥과 관계하는 영역, 외부의 새로움을 먼저 접하는 장소, 체제 내적이지 않은 변화의 시발점이 되는 장소가 될 수 있다.[37] 어정쩡한 경계, 사이, 틈새에 위치하는 시선은 어

---

35 김수환, 「'경계' 개념에 대한 문화기호학적 접근」, 『기호학 연구』 23, 한국기호학회, 2008, 507쪽.
36 이창남, 「글로벌 시대의 로컬리티 인문학」, 『로컬리티 인문학』 창간호, 부산대 한국민족문화연구소, 2009, 97쪽.

디에든 수렴되기도 하지만, 진정하게 귀속되지 않는 갖가지로 '잡다한' 시선들이다. 그들은 역사에 귀속되지 않고 역사의 안과 바깥 사이에 거주한다. 이른바 '역사없는 사람들'이다. 이런 사이의 어정쩡한 공간과 거기서 거주하는 사람들의 시선을 통하여, 매개되어 추상화된 모든 신성한 것들을 희화화함으로써 세속화시킬 수 있는 가능성이 생성될 구체적인 장소가 바로 로컬리티, '지금, 여기'의 시공간일 것이다.

그래서 이 자리는 새로운 언어들이 생겨나는 긴장의 장이다. 이런 점에서 로컬리티가 차이의 발화가 생성되는 자리이며, 이는 네이션의 거대 서사에서 추방당했던 작은 서사들의 '이방성'이 드러날 수 있는 자리로 위치시킬 수 있다. 이때 경계는 이곳과 저곳을 분할하고, 중심 / 주변의 권력이 작동하는 곳이 아니라, 중심의 가치와 이를 비호하는 장소의 이데올로기를 해체하여 경계와 주변에 내몰린 가치에 주목하는 과도 공간이며 이곳과 저곳이 분리되면서도 연속되는 혼종적인 전이공간으로 전환이다. 그러므로 이러한 경계의 재인식은 로컬(리티)을 중심에 밀려난 주변적 타자에 한정짓는 것이 아니라, 새로운 가치를 생산할 수 있는 잠재적 주체로 복원시키고, (주체의) 담론 너머의 세계를 제시한다.

그것은 지금 이 자리에 있는 담론 너머 다른 어딘가에 있다. 그것이 재현하는 것 이면의 보이지 않는 지점이거나 그 공간 밖이다. 나는 그것을 주류 담론의 가장자리에 있는 공간이라고 생각한다. 제도의 틈새와 권력-지식 기제의 갈라진 틈새에 새겨진 사회적 공간이다.[38]

---

37 김수환, 『사유하는 구조-유리 로트만의 기호학 연구』, 문학과지성사, 2011, 35쪽.
38 G. Rose, 정현주 역, 『페미니즘과 지리학』, 한길사, 2011, 319~320쪽.

페미니스트 지리학자 로즈G. Rose가 주목하는 공간은 '제도의 틈새와 권력-지식 기제의 갈라진 틈새'이며 여기에서 발신되는 목소리들이야 말로 재현하는(되는) 것의 이면의 지점이며, 담론 너머의 '다른 어딘가 elsewhere'이다. 바바H. Bhabha는 '사이에 낀' 공간의 소수자의 위치는 문화번역 불가능성의 활동을 극화한다고 하면서 이주자의 문화는 내용의 완전한 전승이라는 동화주의자의 꿈이나 인종주의자의 악몽을 넘어서서 전유의 문제를 제기[39]하는 것을 주목했다. 이러한 자리는 질서 바깥으로 밀려났던 이들의 '질문'이나 '발언'이 시작되는 자리이며, 자기의 스토리를 구성할 수 있는 자리와 이어진다. 또한 이 발언의 자리는 여전히 국가담론 틀 안에서 자기완결성의 담론을 보존하는 로컬리즘에서 나와 비판적 로컬리티의 경로를 재구성하는 일과 연결된다.

로컬 주체화의 과정에서 기존의 견고한 경계들에 질문해 나가면서 틈새를 만들어 새로운 자기생성의 지대를 상상하는 일은 곧, '활력'의 로컬리티 내러티브를 전망할 수 있는 자리이다. 이러한 인식적 경로는 특정 로컬의 특이성, 관계성, 구조적 관점을 넘어 근대지리학이 놓쳤던 '사람들의 특수성'[40]을 중심으로 불러오고 이를 실천의 장소로서 로컬리티를 재배치하고자 하는 시도와 연결된다. 그러므로 로컬리티의 인문학은 로컬을 주변화시켜왔던 근대의 기획으로부터 탈근대와 탈중심이라는 시각에서 로컬 주도의 전환을 기획하였다. 물론 여기에서 로컬 주도라는 말이 로컬을 둘러싼 외부 권력들을 삭제한 체 추상화되거나, 중심 / 주변이 역전되었다는 것을 의미하는 것은 아니다. 다만, 복잡하

---

39 호미 바바, 나병철 역, 『문화의 위치』, 소명출판, 2003, 425~426쪽.
40 D. Massey, 2015, 238쪽.

고 혼종적인 공간으로서의 지금 여기의 공간을 주목하고, 이러한 점이 하나의 '홈패인 공간espace strie'으로 수렴되지 않는 탈주의 선을 잠재하고 있음을 주목했다.

2) 다중적 로컬리티와 역설적 공간의 정치

경계의 이중성은 여전히 로컬리티 연구는 근대적 공간에 대한 성찰에서 탈근대의 전망을 대동하였으나, 여전히 근대의 자장 안에 여전히 머물면서, 새로운 세계와 로컬리티를 전망하고 있다는 환상과 착종되어 있는 위치를 인식하지 못하고 있다는 점이다. 이러한 오류가 탈근대적 전망을 내세우고 있는 '로컬리티의 인문학'이 성급하게 결론 내린 국가 / 로컬의 명징성과 단순함에서도 범했던 오류의 경로였다. 그렇다면, 쉽사리 되돌아오는 '익숙한 경로' 이탈은 어떻게 가능할까? 이 지점에서 남성중심주의 안에서 탄생한 페미니스트 지리학이 맞닥뜨린 곤경과 제안을 참조해 볼 수 있다. 로레티스는 지배적 주체의 영역 주장을 거부하는 새로운 공간에 대한 인식으로서 상상하는 페미니즘 주체의 역설적 공간을 강조하였다. 이 공간이 역설적인 것은 페미니즘의 주체가 남성중심적 담론에 저항함과 동시에 그 담론을 통해서 구성되었기 때문이며, 그렇기 때문에 두 장소를 동시에 점유한다고 주장한다.

그것은 재현과 재현이 배제한 것, 정확히 말해 재현 불가능한 것 사이를 오간다. 그것은 주류담론이 만들어 놓은 위치의 (재현된) 담론 공간과 그러한 담론 공간의 밖, 즉 다른 어딘가 사이를 오간다. (…중략…) 이러한 두 종류의 공간은 상호 대립적이지도 않고 의미화의 연결고리를 따라 일률적으로 엮여 있지도 않다. 이 공간들은 협력하는 동시에 역설적으로 공존한다. 따라서 이 둘을 오가는 것은 변증법이나 통합이나 결합이나 차연이 아니라 역설과 다중성과 타율성이 가져다주는 긴장이다.[41]

질리안 로즈는 로레티스의 페미니즘의 주체를 인용하면서 페미니즘 주체의 등장과 관련된 '공간적 상상'에 대해 말한다. 페미니즘의 주체가 남성중심적 담론에 저항함과 동시에 그 담론을 통하여 구성되었기 때문에 두 장소를 동시에 점유할 수밖에 없음을[42] 피력하면서, 이 둘을 오가는 것은 변증법이나 통합이나 결합이나 차연differance이 아니라, 역설과 다중성과 타율성이 가져다주는 긴장이라고 했다. 복합적이고 역설적인 공간성은 유클리드 기하학이 아닌 불확실한 개념의 기하학으로, 권력과 저항과 차이의 인정을 이야기한다.[43] 공간에 대한 역설적 인식은 남성중심적 지리학이 수반하는 배제에 도전한다고 보았다.

지배적 주체는 자신이 분열되었다거나 타자에 의존한다는 사실을 부인하지만, 영토와 지식에 대한 그의 포괄성 주장을 비판하는 페미니즘은 동일자의 영토 내에 있는 차이들을 탐색함으로써 이러한 부인에 도전한다.(338) 이러한 논리는 중심과 주변을 동시에 점유하는 역설, 로컬리티 남론의 조건과도 닮아 있다. 즉 로컬리티가 중심담론에 저항

---

41 G. Rose, 앞의 책, 319쪽.
42 위의 책, 313~358쪽 참조.
43 위의 책, 321쪽.

하면서 그 담론을 통해 구성될 수밖에 없다는 점에서 로컬리티연구와 페미니즘연구의 접점을 찾을 수 있다. 나아가 근대 남성주의주의 대한 비판적 담론의 출생과 그 역설의 논리는 국가 / 로컬, 세계 / 로컬의 이분법적 공간인식을 넘어, 내부의 차이들을 발견하고, 안과 밖이 더 이상 분리된 영역이 아니라, 서로 복잡하게 꿰매어진 영역으로 인식할 수 방법으로 참조할 수 있다.

로즈는 역설적인 공간성 안에서 드러나는 다양한 '차이의 지점'들을 예의주시하며, 페미니즘 주체가 직면한 현안은 '분산'[44]이라고 했다. 즉 이제는 단순히 젠더 영역으로만 사회적 공간을 상상할 수 없다는 것이다. 다시 말해 보다 복잡하고, 중층적으로 얽혀있는 오늘날, 이전 근대적 주체 / 타자, 남성 / 여성, 안 / 밖의 단순 구도에 의한 전복적 공간에 대한 상상은 오히려 체계 안의 문법으로 회귀할 위험이 농후하다는 점을 주목하고 있다. 오히려 다양한 여성들의 다양한 공간은 지배적 주체의 지리학과 그에 공모해 온 페미니즘 사이를 갈라놓았다. 그래서 로즈는 페미니즘 주체의 복합성을 드러내기 위해 다중적 로컬리티pluri-locality[45] 를 주장한다.

즉, 남성 / 여성의 구분이 모든 것을 포괄하는 가부장적 주장에 도전하기 위해서는 젠더 이외의 다른 사회적 관계들 속에 위치 지워져야 한다는 것인데, 페미니즘 주체는 성차로만 구성되지 않고 언어와 문화적 재현을 가로질러 구성된다. 즉 성적 관계뿐만 아니라 인종, 섹스, 계급

---

44 이 지점은 주류문화 바깥과 안에 모두 위치한 장소를 묘사하면서 백인 남성중심주의 영역성을 분쇄시킬 저항전략으로서 제안한 벨 훅스의 '경계 넘기(transgression)'와 연결된다.
45 G. Rose, 앞의 책, 341쪽.

적 경험을 통해 또다시 젠더화되는 주체이다. 다양한 정체성을 통한 주체의 구성은 '위치의 정치학politics of location'으로 자주 표현되는데, 위치의 지정학이란 모든 주체가 권력, 저항, 주체성이 담론적으로, 물질적으로 무수히 교차하는 지점에 위치함을 의미한다. 이러한 위치의 지정학이 지향하는 지점이 궁극적으로 지배담론의 너머에 대한 상상과 실천일진대, 이를 위해서는 내부의 무수한 경계들에 대한 성찰과 이를 넘어서려는 작업transgression의 과정을 동반할 때, 담론 너머의 '다른 어딘가elsewhere'를 상상할 수 있다.

주변성과 타자성을 바탕으로 중심부를 재규정하고, 그 틀을 변혁시키는 힘을 만들어 내는 것, 이것은 로컬리티 인문학의 실천적 동력이 될 수 있다. 이때 주변에 의한 전복적 정치가 또 다른 보편성을 추구하는 동일성의 정치학으로 변질되지 않을 수 있는 것인가에 대한 문제를 제기한다. 이 과정은 중심뿐만 아니라 주변도 변혁할 수 있는 설명을 제시하는 과정을 포함하는데, 이를 '다중적 로컬리티'에서 참조할 필요가 있다. 지금 여기의 로컬은 안팎으로 여러 복잡한 층위, 지점의 관계를 형성하면서 국가나 자본에 의해 구획되는 이분법적 경계를 넘어 다중스케일multi-scale'의 네트워크"[46]에 의해 재조정되고 있다.

다중스케일적 접근은 특정 스케일이 다른 스케일에 비해 선험적으로

---

[46] 여기에서 유의할 것은 네트워크적 연결은 특정의 장소와 지역을 벗어나 전 세계로 뻗어나가면서 탈영역화하는 특성을 보이기도 하지만, 동시에 특정한 지역을 중심으로 강하게 국지화되면서 영역화 또는 재영역화하는 특성을 보이기도 한다. (박배균, 「한국학 연구에서 사회공간론적 관점의 필요성에 대한 소고」, 『대한지리학회지』 47-1, 2012, 대한지리학회, 46~53쪽 참조)

우세한 것이 아니라, 기왕의 위계관계를 가로지르며 작동하고 있음을 주시할 것을 요구한다. 이러한 관점은 폄훼되어 왔던 로컬의 가치를 회복함으로써 국가-자본 주도의 관점을 교정하고 로컬의 가치를 회복함으로써 로컬의 다양한 주체들이 관계맺는 양상에 주목하려는 태도라고 볼 수 있다.[47] 다수의 세계를 지배하던 '배치' 혹은 '경계'에 '의문을 던지는 행위'를 통해 우리가 살아가는 세계의 원리와 규칙을 새로운 '전이의 형식'으로 창안하고, 실천으로서의 정치를 전망하게 한다.

뿐만 아니라, 특정 장소에 자체에 의존하는 국지적 장소의 관점을 넘어서고, 국가-자본 주도로 억압적인 공간을 구현해 온 근대적 공간관에 대한 대안적 접근이 될 수 있다. 다중스케일을 인용하며 다양한 위치성을 확보하고 있는 공간-관계적 접근은, 안이 밖이 되고, 자아와 타자의 경계가 흐려지며, 주변에서 중심의 전복을 상상하며 하나의 평면에서 반듯하게 구획되는 것이 아닌, 주름 잡히고 역설적인 정체성들 간의 협상을 통해 주체가 구성됨을 주장하는 로컬리티의 생성적becoming 측면과 상통하는 면이 있다.[48]

---

47 조명기, 앞의 글, 71쪽.
48 황진태·정현주, 「페미니스트 공간연구에 다중스케일적 접근 접목하기」, 『대한지리학회지』 50-1, 대한지리학회, 2015, 133쪽: 이와 유사한 방법론으로 제기되는 것이 행위자─연결망 이론이다. 이는 로컬리티의 관계성, 역동성을 이해하는 데 필요한 인식론적 함의를 제공한다. 관계적 존재론에 근거하여 사회의 다양한 이분법적 인식을 해체하고, 구조적 차이를 없애려는 행위자─연결망 이론은 다른 행위자들과 차별적인 위계적 기구의 특성을 갖고 있는 국가마저도 연결망 속 여러 행위자들 중의 하나로 환원시킬 위험이 있다. 그러나 이러한 전략들이 '세상은 평평하다'를 추인하기 보다는 대안적인 관계모델을 추구하는 전략의 잠재성을 타진하는 데서 의미화되고 있다.

4. 로컬리티 연구의 실천적 확장을 위하여

'이론과 실천'의 종합화를 추구한 로컬리티의 인문학 영역 안으로 호출된 로컬리티는 이론적 지평의 확장을 넘어, 실천적 동력을 매개하는 장소로서의 위치성이 부각되었다. 그렇다면 이러한 실천적 동력은 어떻게 마련되는가? 로컬리티의 인문학은 국가나 글로벌 체제에 호명된 도구화된 로컬이 아니라, 관계적 맥락 안에서 (재)구성할 수 있는 로컬(리티)의 역능potentia[49]을 타진하고 그것을 의미화하려는 작업과 연결된다. 이러한 역능은 그저 우리 앞에 주어지는 것이 아니다. 혹은 로컬리티의 어떤 본성으로 간주되어 무조건적으로 잠재되어 있는 것도 아니다. 로컬의 역능이나 역동성은 로컬 고유의 미덕이나 선험적으로 내장되어 있었던 것은 아니며 부단한 자기 조직화를 통해 구성되는 산물이다. 이러한 구성적 과정과 자기 조직화의 측면에 주목할 때, 로컬리티를 생성적 운동과정을 내포하고 있는 기제로 상정할 수 있다.

로컬리티는 고유성을 찾아내어 차이를 만들어 가려고 하고, 이 차이를 제도화시키며 만들어내는 등가성의 원리(위계성)가 상호작용하면서 끊임없이 운동하고 있는, 현재형이다. 로컬리티는 부단한 '개체화 과정'에 올려져 있으며, 또한 불안정한 개체들의 연관 안에서 '생성

---

49 네그리는 스피노자의 역능이라는 개념을 수용하면서 '권력에 대립하는 역능'을 이야기한다. 코나투스적 존재자로서 인간의 잠재적인 역능(potentia)을 지속적으로 흡수하여 대중의 자발성을 억압하는 체제를 권력(potestas)으로, 그리고 이 권력에 포획되면서도 권력을 전복할 수 있는 잠재적이고 가능태적인 힘을 역능이라는 개념으로 전환시킨다. 역능으로 전환하는 실천적 과정에서 '타자와의 연대'는 주요한 개입조건이다.(김현·이회진, 「정치적 실천의 주체로서 프롤레타리아와 다중」, 『시대와 철학』, 2007, 한국철학사상연구회, 304~309쪽 참조)

becoming 중'이다. 그러므로 로컬리티는 실천praxis을 통해 부단히 갱신되어야 한다. 오스틴의 '수행적 언어' 이론을 수용하여 젠더와 연결시킨 버틀러J. Butler는 행위자 정체성을 수행적 반복에 의한 의미화 구조(의미화-재의미화) 속에 올려놓고 설명한다.[50] 여기서 의미화구조는 일차적으로 지배적인 사회 규칙 안에 있으며, 이러한 기존의 의미화구조에 변경 사항이 발생하면 새로운 의미화구조가 형성되며, 이때 재의미화resig-nification의 과정으로 이어진다.

버틀러는 의미화-재의미화의 과정 안에서 수행적 행위는 주체 형성의 주요한 일부이며, 담론투쟁과 재형성에 핵심적인 요소라는 점을 지적한다. 주체화의 역설은 그 같은 규범들에 대해 저항하는 주체가 바로 그러한 규범들에 의해 능력을 부여받게 된다는 사실이다. 비록 이러한 구성적 강제가 행동능력의 가능성을 처음부터 배제시키지는 않는다고 할지라도 그러한 강제는 행동능력을 권력에 대한 외재적인 저항의 관계로서가 아니라 권력에 대한 내재적인 실천 활동으로서, 다시 말해 끊임없이 반복되거나 계속해서 정교화 작업을 수행하는 실천 활동으로서[51] 정초시키는 것이다. 이러한 수행성 개념은 정체성의 성격과 그 정체성이 어떻게 산출되고 있는가의 문제, 사회적인 규범의 기능, 오늘날 우리가 행위자라 부르는 것의 근본적인 문제, 개인과 사회 변화 사이의 관계 등에 질문을 제기한다.[52]

---

50 버틀러는 수행성이라는 용어를 오스틴과 데리다, 드 만의 메타렙시스(metalepsis)에서 차용하였음을 인정하면서, 수행적 행위는 자신이 명명한 것을 실행하거나 존재를 나타나게 하는 것이며 담론의 구성력이나 생산력을 표시해준다고 말한다.(J. Butler, "For a Careful Reading", *Feminist Contention*, New York : Routledge, 1995, p.134)
51 주디스 버틀러, 김윤상 역, 『의미를 체현하는 육체』, 인간사랑, 2003, 46쪽.
52 주디스 버틀러, 조현준 역, 『젠더 트러블』, 문학동네, 2007, 25~27쪽.

수행적 실천(주체)은 생성과 운동성으로 접근하는 로컬리티의 구성에 시사하는 바가 있다. 로컬리티는 '그곳에서 발견되기를 기다리고 있는 수동적이고 객관적인 실체가 아니라', 로컬 안팎의 다양한 행위주체들의 협상과 대화를 통해 구성되는 주관적인 구성물이다. 그러므로 로컬리티는 소위 '로컬 주체'의 단일한 목소리로 구성되지 않는다. 안 / 밖, 종속 / 주체의 변주 안에서 다양한 주체들의 과거, 미래가 현재 안에서 독특한 방식으로 조우하며 로컬리티가 재구성된다. 다시 말해, 다양한 주체들이 그들 앞에 놓인 사회적 구조의 특수성을 반복 실천하는 과정 속에서 로컬 정체성을 구성하게 되며 다양한 타자들과의 접속은 로컬리티를 구성하는데 있어 다양한 방향성을 제시한다.

참고문헌

김동현, 『로컬리티의 발견과 내부식민지로서의 '제주'』, 국민대 박사논문, 2014.

김명훈, 「한국 문학 로컬리티 연구의 전개 양상과 남은 과제들」, 『어문논총』 68, 한국문학어문학회, 2016.

김수환, 「'경계' 개념에 대한 문화기호학적 접근」, 『기호학 연구』 23, 한국기호학회, 2008.

_____, 『사유하는 구조-유리 로트만의 기호학 연구』, 문학과지성사, 2011.

김용철・안영진, 「로컬리티 재구성 과정에 대한 이론적 분석틀」, 『한국경제지리학회지』 17-2, 한국경제지리학회, 2014.

김현・이희진, 「정치적 실천의 주체로서 프롤레타리아와 다중」, 『시대와 철학』, 한국철학사상연구회, 2007.

남송우, 「지역문학 연구의 현황과 과제」, 『국어국문학』 144, 국어국문학회, 2007.

류지석, 「로컬리톨로지를 위한 시론-로컬, 로컬리티, 로컬리톨로지」, 혜안, 2009.

문재원, 「한국문학과 로컬리즘-고향의 발견과 서울, 지방의 (탈)구축」, 『한국문예비평연구』 38, 한국현대문예비평학회, 2012.

_____, 「로컬리티의 인문학-지역과 인문학의 만남에 대한 비판적 접근」, 『인문학연구』 17-3, 원광대 인문학연구소, 2016.

박배균, 「한국학 연구에서 사회-공간론적 관점의 필요성에 대한 소고」, 『대한지리학회지』 47-1, 대한지리학회, 2012.

박영균, 「로컬리티와 인문학의 만남」, 『대동철학』 53, 대동철학회, 2010.

부산대 한국민족문화연구소, 『로컬리티의 인문학(Locality and Humanities)』(2007년도 인문한국지원사업 인문분야 신청서(Ⅰ) 자료집), 2007.

부산대 한국민족문화연구소 편, 『로컬리티, 인문학의 새로운 지평』, 혜안, 2009.

배윤기, 「경계, 근대적 공간, 그리고 그 너머-로컬리티 연구에서 로컬리티-기반의 이해와 관련하여」, 『인문과학연구』 34, 강원대 인문과학연구소, 2012.

_____, 「근대적 시공간의 성찰과 동일화의 경계 혹은 사이」, 『로컬리티인문학』 13, 부산대 한국민족문화연구소, 2015.

송기섭, 「지역문학의 정체와 전망」, 『현대문학이론연구』 24, 현대문학이론학회, 2005.

신승환, 「탈중심성 논의의 철학적 지평」, 『로컬리티인문학』 창간호, 부산대 한국민족문화연구소, 2009.

이무용, 『공간의 문화정치학』, 논형, 2005.

이창남, 「글로벌 시대의 로컬리티 인문학」, 『로컬리티 인문학』 창간호, 부산대 한국민족문화연구소, 2009.

장세룡, 「로컬리톨로지를 향한 여정-로컬리티연구에서 나타난 몇 가지 개념들에 관한 회고적 비평」, 제9회 부산대 한국민족문화연구소 로컬리티의인문학연구단 워크숍자료집, 2013.

정종현, 「한국 근대소설과 '평양'이라는 로컬리티」, 『사이』 4, 국제한국문학문화학회, 2008.

정주아, 『한국 서북문인의 로컬리티와 보편지향성 연구』, 서울대 박사논문, 2011.

_____, 「움직이는 중심들, 가능성과 선택으로서의 로컬리티-한반도 서북 지역의 민족주의 문화 운동을 사례로」, 『민족문학사연구』 47, 민족문학사학회, 2011.

조명기, 「로컬 재현의 양상」, 제9회 부산대 한국민족문화연구소 로컬리티인문학 워크숍 자료집, 2013.

조명기 · 배윤기, 「로컬 지배 카르텔과 로컬 정체성 형성의 주체 투쟁」, 『인문연구』 62, 영남대 인문과학연구소, 2011.

황진태 · 정현주, 「페미니스트 공간연구에 다중스케일적 접근 접목하기」, 『대한지리학회지』 50-1, 대한지리학회, 2015.

가라타니 고진, 김재희 역, 『은유로서의 건축』, 한나래, 1998.

Bhabha, Homi, 나병철 역, 『문화의 위치』, 소명출판, 2003.

_____, 류승구 역, 『국민과 서사』, 후마니타스, 2011.

Butler, Judith, 김윤상역, 『의미를 체현하는 육체』, 인간사랑, 2003.

_____, 조현준 역, 『젠더 트러블』, 문학동네, 2007.

Hooks, Bell, 윤은진 역, 『경계 넘기를 가르치기』, 모티브북, 2008.

Kearney, Richard, 이지영 역, 『이방인, 신, 괴물―타자성 개념에 대한 도전적 고찰』, 개마고원, 2004.

Massey, Doreen, 정현주 역, 『공간 장소 젠더』, 서울대 출판부, 2015.

_____, _____, 박경환 · 이영민 · 이용균 역, 『공간을 위하여』, 심산, 2016.

Ricoeur, Paul, 김한식 역, 『시간과 이야기3-이야기된 시간』, 문학과지성사, 2004.

Rose, Gillian, 정현주 역, 『페미니즘과 지리학』, 한길사, 2011.

Butler, Judith, "For a Careful Reading", *Feminist Contention*, New York : Routledge, 1995.

Dirlik, Aref, "The Global in the Local", R. Wilson & W. Dissanayake(eds.), *Global/Local : Culture Production and the Transnational Imaginary*, Durham : Duke Uni. press, 1996.

Lee, Sangbong, "Six Theses of Understanding the Agenda Locality and Humanities", *Localities* 4, 부산대 한국민족문화연구소, 2014.

Macherey, Pierre, *A Theory of Literery Production* tr. Geoffrey Wall(London : Routledge & Kegan Paul, 1978.

로컬리티에 관한 존재와 인식의 문제

이명수

1. 로컬리티의 실재 포착을 위한 기초적 생각

로컬리티란 무엇일까? 실재하는가? 관념론적 실재라고 말할 수도 없고 경험지로 포착이 가능한 실체도 아니어서 무어라 규정할 수도 없다. 지리학적 공간 용어로 치면 국가 내 부분으로서 지방 개념에 그치거니와, 그런 용어에 대하여 의미를 부여하고 인문학적 확장을 시도해오고 있는 것이 우리의 현실이다. 비단 로컬리티 인문학 연구단뿐만 아니라 다양한 분야의 학문 영역에서도 '이것이 로컬리티일 것이다'라는 가정 하에 담론을 지속하고 있다.

그 개념 접근에 있어 '기층의 로컬리티'라고 하거나 '인식의 경계'라고 하는 용어를 부여하면서 '가치Valuation' 문제나 그 가치에 대한 '인정' 또는 '인식'의 문제에 관하여 논의하는 형태가 일정부분 있다. 가치의 문제는 지역이나 지방의 문화, 표상, 재현에 관련되며 인식이나 인정과 관련해서는 중앙-지방, 국가-국가, 글로벌-국가, 다문화, 소수성 등의 끊임없이 생산되는 '관계'에서 발생한다.

지난 10년간 나름의 문제의식 속에 로컬리티 인문학, 로컬리티학, 로컬리톨로지라는 규정이 시도된 학적 영역은 사람의 터전을 주제로 하는 연구의 지평이었다. 연구자가 보기에 '로컬리티' 연구란 장소 또는 공간에 존재하는 '인간'의식의 표출이다. 그것은 공간, 장소, 지역, 지방 등으로 명명할 수 있는 '곳'에 머무는 사람의 의식과 관련하는 것으로 볼 수도 있다. 말하자면 최소한 '글로벌-국가', '국가-지방', '중심-주변'의 관계의 문제에 그치지 않는다.

로컬리티는 국가 안의 부분으로서 지방이나 지역이기도 하지만, 그것은 공간, 장소, 경계와 무관하지 않다. 중세영어에서 'place'는 space 또는 locality였다. 그것은 장場, 장소이다. 장소 현상을 로컬적 집약local concentration으로 언급하기도 한다.[1] 때로는 공간을 곳Ort, 점, 장소, 자리, 위치로 표현하기도 하는데,[2] 그런 공간을 우리는 '로컬리티'라고 말할 수 있을 것이다. 물론 한자어 또는 중국어로는 지방이고 우리말로는 터, 마당이라 할 수 있다.

또한 우리가 '로컬'이라고 할 때, 그것은 '계界', '세계世界', '우주宇宙'의 용어가 담는 의미 가운데 하나라고 할 수도 있다. 우주는 궁극적으

---

[1] 김영철, "The Phenomenon and Place and the Field Dynamics of Space(공간의 장소성과 場개념에 관한 고찰)", 『계명대 산업기술연구소 논문보고집』 제9집, 1987, 119~120쪽.

[2] 오토 프리드리히 볼노, 이기숙 역, 『인간과 공간』(한국민족문화연구소 로컬리티 번역총서 L5), 에코리브르, 2011, 45~54쪽.

로 세계, 천하, 천지와 함께 일정부분 시간과 공간 개념을 내함하는, 만물이 위치할 자리이다. 우주는 공간 개념이지만 엄밀히 말하면 우宇는 동서남북, 공간을 가리키고 주宙는 상하上下, 시간을 가리킨다. 세계를 말하자면, '세世'는 변천하는 물 흐름과 같고 '계界'는 방위이다. 동서남북과 상하가 '계界'이고 과거, 미래, 현재가 '세世'이다.[3] 계界는 간間과 이름만 다를 뿐 의미는 같다. 간間은 따로 격리되고 차이 나는 곳이고 계界는 밭두둑과 같은 경계로서 가지런히 나뉘는 것이다.[4]

또 한편으로는 중국 불교에서 써 왔던 용어인 '세계'는 범어梵語 Loka 의 번역이라는 점에 주목할 필요가 있다. 물론 '세世'는 시간변화의 흐름이고, 계界는 공간상의 경계를 말하는 것으로 국가(국토) 또는 세간世間과 같은 하나의 영역, 즉 다른 세계와 막혀져서 구별되는 공간이라는 의미를 지닌다.[5] 이렇다고 할 때 '경계'가 가장 '로컬'에 어울린다고 말할 수도 있다.

고대철학자 플라톤이나 아리스토텔레스의 공간, 장소, 경계를 살펴보자면, 그들에게 사물이 점유하는 공간이 장소이고 그 점유에 의해 경계가 발생하는데, 이런 경계를 '로컬' 또는 '로컬리티'라고 말할 수 있을 수도 있다. 미리 말하자면 그들에게 공간의 의미는 그들 철학을 설명하는 데 크게 중요하지 않았다.

그들의 견해와 달리 동아시아적 사유에서 공간의 의미는 매우 중요한 것이고, 경계 또한 사물 존재와 내용을 위해 매우 불가피하다. 그런 맥

---

3 『楞嚴經』四 : 世爲遷流, 界爲方位, 汝今當知, 東西南北, 上下爲界; 過去未來現在爲世.
4 『名義集』三 : 間之與界名異義同, 間是隔別間差, 界是界畔分齊.
5 김충렬, 「중국의 천하사상」, 『중국학논총』 Vol. 3, 한국중국문화학회, 1986, 6~7쪽 참조.(이명수, 「중국문화에 있어 시간, 공간 그리고 로컬리티의 문제」, 『동양철학연구』 55집, 동양철학연구회, 2008, 457쪽에서 재인용)

락에서 본 연구자는 우선 '인간이 점유하는 장소나 공간으로서 로컬리티' 그리고 '개별자 인간(그것도 하나의 로컬)의 욕망이 생산하는 경계로서 로컬리티'를 상정하고 싶다. 거기서 '관계'가 발생하며, 그 관계에 있는 유의미한 요소 또한 로컬리티라 할 수 있을 것이라는 생각을 해본다.

부연하자면, 플라톤이나 아리스토텔레스가 말하는 사물이 '점유'하는 장소로서 공간이나 경계를 넘어 인간 존재의 장소, 욕망의 경계로서 계, 감성이 빚어내는 땅, 그런 로컬리티의 공간을 상정하고 싶다. 필자가 생각하기에 그런 공간적 요소가 로컬리티 존재의 측면이며 그것은 공간적 주체성, 사람의 주체적 역동성, '기층'이라는 '터' 층위에 관한 본질, 가치이다, 그것은 장소적 역사성, 표상, 재현 등등에 관련하는 것이며, 이같은 면모에 대하여 중앙과 지방의 이분법적 시선을 들이대고 어떤 장소 점유자에 대한 비하적 시선을 보내거나, 내가 살고 있지 않은 곳에 대한 경계 만들기가 있다면 그것은 '인식'의 차원이 될 수 있다. 이 같은 의미에서 이 글은 로컬리티의 존재와 인식의 문제에 대하여 논의를 진행하려는 것이다.

2. 로컬리티, 보편성인가 아니면 특수성인가?

1) 존재의 자기방식으로서 로컬리티

우리는 로컬리티는 과연 실재하는가에 대하여 자문할 때가 있다. 그러면서 그것에 관한 담론을 지속하고 있다. 로컬리티는 지역적 특수성,

어떤 지역에 국한되어 내재하는 고유 가치(관습, 풍습, 입지 조건)라 해도 틀리지 않을 것이다. 이 특수 가치는 걸핏하면 보편성 또는 보편가치에 가려지는 보편성 가운데 하나로 인식되기도 한다. 때로는 보편적 원리에 대립하는 편협한 가치 존재의 양식이거나 세계, 국가 등과 같은 스케일이 표방하는 존재 방식 곧 제도나 권력에 포섭되지 않으면 안 되는, 뒤처진 지식, 미개의 관습으로 여겨지기도 한다.

로컬리티는 '곳'에 딸린 가치이자, 지역적인 것이다. 지역이란 용어는 훨씬 중립적인 의미를 가지지만 그 공간적 규모가 매우 다양하여 의미의 모호함을 피하기 힘들다. 따라서 로컬이라는 용어의 선택에는 위의 두 용어가 가지는 난점을 피하기 위한 고민이 배어있다. 로컬은 그자체로도 다양한 맥락에서 사용될 수 있는 개념이다. 지리학에서는 "사회전체의 존재에 의해 특징 지워지는 가장 작은 단위의 공간"으로 정의되기도 하지만 상당히 다양한 의미를 지닌다.[6] 로컬은 위상적, 물리적맥락에서는 그것이 속해있는 일종의 계system의 전체global와 관련된 상대적 개념이다. 어떤 주어진 시간에 어떤 곳에 위치될 수 있는, 즉 전체보다는 작고 국지화되어 있어서 다른 로컬(부분)이나 전체와의 관계 속에서 불연속성을 가지는 모든 현상을 지칭한다. 이 때 로컬은 일정한단위로 규격화 또는 객관화될 수는 없지만 관습적으로 그리고 상대적으로, 어느 정도, "작다"라는 함축을 가진다. 이런 맥락에서 로컬은 로컬이 속하는 계의 전체global에 따라 결정되고 위치를 가진다.[7] 여기서

---

6   J. Lévy & M. Lussault, *Dictionnaire de la Géographie et de l'Espace des Sociétés*, Belin, 2003, p.572.
7   ibid.

문제는 로컬과 글로벌의 관계이다. 고전적 의미에서 질적 차이를 가지지 않는 동질적인 기하학적 공간과 같은 계라면 글로벌과 로컬의 관계는 철저하게 전체와 그것을 구성하는 부분의 관계이다. 추상적 공간이나 동질적 물질계의 공간에서 글로벌과 로컬사이에는 양적 차이가 존재하지만 그 자체로 질적인 차이나 위계성은 존재하지 않는다.[8]

단순히 국가 단위 아래의 지방, 지역을 '로컬리티'라고 지리학적으로는 임의로 규정한다 하더라도, 지방이나 지역, 장소(현장)과 같은, '곳'의 장소성(성질, 장소정체성), 가능성(능성, 능력, 역동, 역능)을 본질로 한다. 그것은 사람이 시간과 공간을 아우르는 지점에서 생성되는 가치라고 해도 무방한데, 저마다 개별자로서 존재한다. 마치 20세기 중국의 논리학자 진웨린이 규정한 사물의 정체성 규정과 흡사하다. 그에 의하면, 사물의 가치에는 식式, 形, Form, Pattern과 능能, 質, Matter이 있다. 식式이란 존재 방식이거나 원리이다. 능은 가능, 능성, 역동Dynamics이다. 자연물에는 내재적 질료나 운동성을 갖고 있다. 만물에는 이런 저런 가치가 셀 수 없이 있지만, 그들 가치에는 제각각의 기후, 관습, 제도, 습속과 같은 자기 규율이 자연적으로 내재한다. 거기에는 능성, 역동과 같은 자기 운동의 요소 또한 내재되어 있다.

하이데거Martin Heidegger, 1889~1976는 실존적 존재로서 현존재dasein, 곧 장소of place, da의 존재being, sein인 인간이 머무는 존재 양식으로서 일상성, 현존재의 시간성에 대하여 언급하였다.[9] 순간순간 사람들이

<hr />

8 류지석, 「로컬리티와 인문학」, 『대동철학』 53집, 대동철학회, 2010.12, 352쪽 참조.
9 Martin Heidegger, Sein und Zeit(1926), Max Niemeyer Verlag Tübingen, 2006, p.371 참조.

어느 장소에서 역사성historicity을 축적하고 있다는 것이다. 예를 들어, 안동에 가면 안방과 사랑방을 가르는 벽이 있다. 이는, 이른바 정신문화의 수도로 부르기도 하는, 조선의 성리학적 이념이 장소에 재현된 것이다. 협소한 초가삼간이라 공간적으로 내외담을 설치할만한 여백이 없지만, 안방과 사랑방을 가르는 벽을 내외벽으로 설정한다. 벽이 방과 마루를 분명하게 구획한다. 남녀 간의 내외 관념이 그리 심하지 않은 오늘날과는 사뭇 다르다.

> 내외벽의 구조가 하도 이상하여 동네 어르신께 옛 사람들은 집을 왜 이렇게 지었느냐고 여쭈어 본 적이 있다. 지금은 세상을 작고하신 그 어르신께서 하신 첫 마디는, "으응, 그러면 되는가! 안방 소리가 사랑(사랑방)에 들리면 안 되고, 사랑의 소리도 안(안방)에 들리면 안 되지." 그러셨다. 글이라고는 읽지도 쓰지도 못하는 산골 농투성이들이지만 생각 속에는 남녀 간의 내외관념이 확고하였던 것이며, 그래서 비록 울도 담도 없는 초가삼간에 지나지 않지만 내외벽을 설치하여 불편함을 감수하면서 살았던 것이다. 하지만 불편함의 감수보다는 어쩌면 내외벽이라는 경계공간에 의해 사랑방은 사랑방대로의 문화를, 안방은 안방대로의 문화를 온전히 이어올 수 있었던 것이 아닌가 생각된다. 경계에 의해 구획되는 장소가 분명하게 확보될 때 그 장소가 갖는 고유성이 살아나는 것과 같은 이치이리라.[10]

어떤 장소는 지금 이 순간도 시간성을 축적한다. 일상이라는 역사적

---

10 김재호, 「장소의 문화지형」, 『로컬리티의인문학』 20, 부산대 한국민족문화연구소, 2011.5.5.

사건이 장소에 쌓이고 있는 것이다. 최한기에 의하면, 운동, 변화의 '방금운화'라는 '시간성'에 의해, 나라마다 지역마다 각자 습속이 있는 것이다. 남녀의 다소는 각 나라마다 다른데, 여자가 많고 남자가 적으면 한 남자에게 처첩이 있고, 남자가 많고 여자가 적으면 두세 사람의 남자가 한 여자를 데리고 살며, 남녀가 서로 반씩 되면 한 지아비에 한 지어미가 있을 수 있다. 이는 상황에 따라 그렇게 되며, 나라마다 풍속이 다른 것은 운화기運化氣, ki of revolving transformation로 말미암아 그런 경우가 많다.[11]

이 같은 의미에서라면, 하나의 고정된 문명의식에서 벗어나 각자 고유의 삶의 양식뿐만 아니라 타자의 문명이란, 그 자체의 시공간적 특성이 있음을 인정할 필요가 있다. 장소가 갖는 개체성, 개별성의 기운, 힘, 역동성을 받으면서 그 장소에 영향을 미치기도 하면서 대상이나 사물과 유기적으로 존재함을 살피는 일은 매우 의미 있는 일이다. 그러면서 '그 곳'에서 인간이 빚어내는 개별적, 상대적 흔적을 연구하고 접근하는 것은 인문학적 자료의 경계, 공간일 것이다. 이는 레비나스가 지적한 비대칭성,[12] 내가 갖고 있지 않은 황홀한 타자일 가능성의 것들이다. 그럼에도 불구하고 한갓 지역적 정체성, 관습, 풍습, 처진 것 것들이라는 관점에서 이념화된 '잣대'로 그 인식이나 인정에서 배제하는 과정을 겪는다면, 그들의 문화유산을 버리는 것도 되겠거니와 개별적 지역적 가능성(역동성)은 사장되고 균형과 조화의 존재론적 근거를 상실하게 될 것이다. 역시 하찮은 존재물이라 생각되더라도 거기에는 끊임

---

11 崔漢綺, 『人政』, 卷12, 敎人門5, 「戒色」.
12 Emmanuel Levinas, *Totality and Infinity. an Essay on Exteriority*, Duquesne University Press, Pittsburgh, Pennsylvania, 1969, p.215.

없이 시간성이 쌓이고 존재자들의 흔적으로 문화가 베일 것이며 그로 부터 무형과 유형의 가치는 무한히 내재할 것이다.

2) 가정적 존재로서 지역적이며 지방적인 가치

장자적 세계관이나 양명학적 '지'(知, 良知 : 타고난 지식이나 지혜)의 관점에는, 개체 또는 개개사물은 제각각 인식과 실천의 능력을 갖고 있다는 견해가 있거니와, 특수한 성질의 보편성(편재성), 보편성이 특수성에 붙고, 특수성 자체가 보편적이라는 성질을 갖는다는 점에서만이 보편성이 존재할 수 있다는 논의가 있다. 최소한 보편의 일부가 특수가 아니라는 것이다.

예컨대, 중국의 현대철학자 진웨린金岳霖, 1895~1984은 공상Universal Pattern과 수상Particular Pattern, 일반과 특수 존재 간 관계를 논하였는데, 우리는 그의 개체에 관한 논의를 통해 특수한 존재로서 로컬적 가치의 존재의 이치란, 보편적 존재의 패턴이자 특수한 존재라는 견해에 도달할 수 있다.

보통 말하는 구체는 추상과 상반적이다. 그것은 두 성분을 갖는데, ① 그것은 다수의 말로써 그 상(狀)을 모방할 수 있다. ② 물론 많고 적음을 써서 그 상(狀)을 모방하기도 하는데, 그것은 모두 그 말로 다할 수 없는 정형(情形, 정황)을 가진다. 이면의 이 한 성분은 어떤 곤란한 철학 방면의 문제이다. 만약 구체적인 것이 이면의 이 한 성분을 가지지 않는다면, 우리들은 그것은 곧 한 무더기의 공상(共相) 혹은 한 덩이의 성질, 혹은 한 무더기의 관계의 질(質)이라고 말할 수 있다. 그러나 구체적인 것(개체적인 것)은 이면의 이 한 성분을 갖추고 있고, 그것은 한 무더기의 공상일 뿐만 아니라 혹은 한 무더기의 성질이거나 혹은 한 무더기의 관계의 질이다. 그것은 경험이 아니면 접촉할 수 없는 정형(정황)을 갖고 있는데, 이 정형은 바로 보통 이른바 '질', 혹 '체(體)', 혹 '본질', 혹 '본체'이다.

—『논도』3・4[13]

우리는 여기서 공상에 주목해보자. 공상은 수상의 '성性'을 가능하게 하는 '능'이다. '공'은 공유, 일반, 보편이다. 그것은 개별자적 의미의 '수殊'에 붙는다. 상相이란 패턴이다. 양식, 방식, 형식으로서, 영화로 치면 영화가 이루어지기 전의 각본에 비유되는 것이고 건물로 치면 그것을 가능하게 한 설계도에 상당하는 것이라 할 수 있다.

이렇듯 수상이 로컬적 존재의 이치, 양태라면, 공상은 수상이라는 보편 존재를 가능하게 하는 패턴, 특수성 존재에 보편적으로 공유되는 잠재력Potentiality이다. 필자는 이 같은 의미를 반영하여 다음과 같은 도표를 그려 보았다.

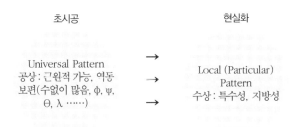

초시공		현실화
Universal Pattern	→	Local (Particular) Pattern
공상 : 근원적 가능, 여동	→	
보편(수없이 많음, φ, ψ, θ, λ ……)	→	수상 : 특수성, 지방성

13 金岳霖, 『論道』, 中國人民大學出版社, 2010, 56쪽.

진웨린은 이 장(제3장 「현실적 개체화」) 9조에서 "공상은 개체화의 가능이고 수상은 개체화가 가능한 각 개체이다"라고 말한다. 이에 대하여 이렇게 풀이한다.

　　보통 이른바 공상은 각 개체가 표현하는 것이면서, 공동적인 것이면서 보편적인 '상'이다. 혹 문자 방면에서 착상해본다면, 개체에 상대하는데, 공상은 말로 전달할 수 있는 정형이다. 혹 예를 들어 본다면 '홍(紅)'은 붉음이라는 개체의 공상이고, '사방'은 사방이라는 개체의 공상이다. (…중략…) 공상은 당연히 실재하는 것이고 그것은 개체 없는 양상으로 존재하는 것에 지나지 않을 뿐이다. 한편으로 그것은 초시공이면서 그 본신(本身)의 개체적인 것이다. 또 한편으로 그것은 이미 실재하므로 그것은 시공을 벗어날 수 없고 그 자체의 개체적이다. 이런 방면의 정형은 충돌이 있지 않다. 가령 φ를 써서 공상을 삼는다면, X_1, X_2, X_3 (…중략…) X_n (…중략…) 이것들은 φ공상 아래의 개체이고, φ는, 어떤 X의 존재 혹은 X가 점유한 시공에 의존하지 않아야 비로소 공상이 될 수 있는데, 그것은 곧 X_1, X_2, X_3 (…중략…) X_n (…중략…) 가운데 어떤 개체의 X가 부존재(不存在)하는데, φ는 여전히 공상이 된다. 그러나 φ는 가지고 있는 X_1, X_2, X_3 (…중략…) X_n (…중략…) 을 벗어날 수 없어야 공상이 되는데, 만약 가지고 있는 X_1, X_2, X_3 (…중략…) X_n (…중략…) 모두 부존재한다면, φ는 하나의 가능일 뿐이기 때문이다. 이런 방면의 정형은 모두 매우 중요하다. 앞의 한 방면으로부터 말한다면 공상은 그 본신의 범위 안의 어떤 개체를 초월하며 나중의 한 방면에서 말한다면 그것은 또한 본신의 범위 내의 어떤 개체에 독립할 수 없다. 앞의 한 방면에서 말한다면 우리들은 공상이란 초월적(Transcendent)이라고 말할 수 있으며 뒤 한 방면으로부터 말한다면 우리들은 역시 편재하는 것 (Immanent, 보편적인 것)이라 말할 수 있다.

—『논도』3·4[14]

수상은 하나하나 다양한 개체의 모습이다. 그것은 시공간에서 필연적으로 일정한 위치를 점유한다. 공상은 수상이 아니어서, 시공간에 일정한 위치를 점유하지 않는다. 이 같은 방면에서 말한다면 그것은 초월적 Transcendent이다. 그러나 공상은 또한 수상과 완전히 떨어질 수는 없으니, 만약 완전히 떨어진다면 그것은 단지 가능이지 현실적인 것이 아니다.

시공간에서 일정한 위치 점유는 특수인데, 이는 개체이자 로컬리티 곧 로컬적 존재로 이해해도 무방하다고 필자는 여기고 싶다.

『장자』의 발상에 기초하면, 대상물이 놓이는 '곳'마다 가치는 있게 마련이다.[15] 사물의 궁극적 가치로서 '도'는 어디에든 놓인다location. 하찮은 기왓장, 매미, 똥에도 있다. 판에 박힌 동질성의 일자적 사물 인식에 익숙한 사람이라면 저마다의 가치를 본질적 존재의 시야에 넣으려 하지 않는다. 인간이란 기본적으로 사물이나 대상을 자기 영역으로 끌어들이려는 하릴없는 집착에 구속된다.

이를테면 판에 박힌 '근대성', '돈' 되는 잣대, 일종 획일화된 'form pattern'에 여타의 존재방식을 매몰시킴으로써 진정한 가치의 개연성을 포착하지 않으려 한다. 공간이는 장소는 그곳에 내재하는 '존재의 개연성'이란 산재해 있다는 점에서 보편적이지만, 그런 사실을 획일화

---

14   金岳霖, 앞의 책, 2010, 61쪽.
15   『莊子』「知比遊」참조.

된 기제, 제도, 목적 합리성, 근대적 물질성의 메커니즘, 자본으로 가려버리는 일이 많다. 어떤 신부가 온갖 스포트라이트를 받아 '중심'의 위치를 점유하지만, 하객도 또한 역사적 상황 속에 있다. 신부보다 더 예쁠 수도 있고 조금만 더 생각하노라면, 모두가 아름다운 존재일 수 있다. 그 같은 개연성의 존재로서 '나'는, 뒷길에서 포섭의 순간을 맞이하며 만신창이가 된 후, 나의 가치가 매몰되었음을 인식하게 되는데, 그렇게 된 원인은 물론 그런 기제機制가 너무 많다. 로컬적 가치, 로컬리티에 관해서도 이 같은 접근법이 필요하지 않을까?

3) 관계의 공간으로서 로컬리티

필자의 생각으로 로컬리티란 존재론적 국면에서 공간, 장, 경계에 내재하는 가치이다. 그것은 입지, 공간성이다. 그런데 그것은 여기에 그치지 않는다. 사람의 운동성, 이동성, 운동성, 욕망이 개입하는 곳이기 때문이다. 그런 점에서 그것은 관계의 장, 장소, 공간이다. Appadurai는 *Modernity at Large : Cultural Dimensions of Globalization*의 한 항목인 '로컬리티의 생산'에서 이렇게 말했다.

> 나는 로컬리티란 양적이거나 공간적이라기보다는 근본적으로 상관적이며 문맥적이라고 본다. 나는 그것을 사회적 현안에 대한 감각과 상호역동성의 기술, 그리고 문맥의 상대성 사이에 존재하는 일련의 연결로 구성되는, 현상학적인 다양한 성질로 간주한다.[16]

문화적 각도에서 '로컬리티'의 생산을 파악하고 관계적인 측면에서 '모더니티'를 비판한 이 견해는 매우 유력해 보인다. 도린 매시가 『공간을 위하여』에서 공간을 이질적인 궤적들이 동시대적으로 공존하는 다중성과 구성적 복잡성 영역으로 '인식할 것'을 주장한,[17] 그런 대상이 바로 로컬리티이다. 그런 공간은 "다양한 방향과 크기를 지닌 힘들의 장field of forces"[18]이며, 그것은 생명적 다양성, 다의성이 서로 관계하면서 존재하는 곳이다.[19]

로컬리티란 흔히 거대서사에 쓰이는 용어, 즉 글로벌-로컬을 대비적으로 논할 때 언급되는 것과 같은 "주체미산主體彌散의 공간"[20]이지만, 그것은 장 또는 장소라고 정의해도 좋은 그런 요소이다.

인간의 주체적인 의식이 발현하는 곳이라는 점에서는 장소다. 그리고 그곳의 생명시스템은 '자기' 내부 장소와 '환경'으로서의 '외부 장소'의 양측과 서로 관계한다.[21] 이는 공간성이 공간적 내부적 요인과 인간 층위의 외부 활동에 의해 이루어짐을 의미하는데, 이 같은 공간, 공간성의 국면으로 로컬리티 함의를 접근하는 것은 다소 직관적이지만, 그 이해에 도움을 줄 것으로 보인다.

물질합리성의 모더니티 공간에서는 '존재의 근거'로서 그것마저 무시되고 근대성의 연장선에서 이루어지는 사회 공간social space 역시 여

16 A. Appadurai, *Modernity at Large : Cultural Dimensions of Globalization (Cultural Dimensions of Globalization)*, University of Minnesota Press, 1996. p.178.
17 도린 매시, 박경환 외역, 『공간을 위하여(*For Space*)』, 한국민족문화연구소 로컬리티 번역총서 10, 심산, 2016, 38~39, 133쪽 참조.
18 김영철, 앞의 글, 113, 119쪽.
19 시미즈 히로시[清水博], 박철은·김강태 역, 『생명과 장소』, 그린비, 2010, 19~22쪽.
20 孫歌, 『主體彌散的空間』, 江西教育出版社, 2002 참조.
21 시미즈 히로시[清水博], 앞의 책, 154~156쪽 참조.

타의 존재론적 국면의 '공간'을 역시 원천적으로 잠식한다. 삶을 위한 공간 ― 때로는 여유나 여백을 의미하는 그것 ― 이 말살되는 경우가 많다. 인간 활동에 의해 파생되는 관계적이거나 사회적 공간만 '공간'으로 여기는 각박한 세상에서 우리가 살고 있다고 해도 과언이 아니다.

3. 로컬리티의 현실적 구체화와 인식의 문제

1) 로컬리티의 현실적 구체화

어떤 성질이나 성품에 대해서 파악했을 때 그 가능성을 현실에 옮기는 실천이 필요하다. 그 사람 스스로 성품(능성)을 다 발휘할 수 있고 그 다음에 그가 만나는 사물의 성질을 극대로 시현하는 것이 요구된다. 로컬적 가치의 실현도 인간인 내가 사물의 성질을 현실화하는데 최선을 다하는 것에 비유할 수 있을 것이다. 물론 여기에는 '나'의 실천적 의지도 개입한다.

진웨린에 의하면, "사물은 그 성^性만큼이나 제각각 따르다. 하나의 실현 가능한 개체마다 모두 각기 그것의 특성을 갖는다. 어떤 성질은 간단하고 어떤 것은 복잡하며 어떤 것은 성^性을 극진하게 하기에 용이하며 어떤 것은 성을 극진하게 하기에 번잡하며, 어떤 것은 성을 극진하게 하는 정도가 높은 것도 있으며 어떤 것은 성을 극진하게 하는데 낮은 것도 없으며 어떤 것은 개체가 성을 극진하게 할 수 있는지의 여부가 조금의 차이도 없이 외부의 힘에 의존하는 것도 있으며 어떤 것은 지극히 작은 정도로 일부분이 그것들의 자체에 의존하는 것도 있다. 한 개인은 흡사 가장 복잡한 개체이며, 진성의 문제도 가장 다양하다. 인사 방면에 있어 갖가지 문제가 있는 것은 모두 이 같은 진성과 관련이 있다."[22]

이런 의미를 로컬리티와 관련하여 역시 도표로 나타내 보자.

Locality
(Local Quality, Local Nature), 성질

Qualities, 속성 (초시공) Main Quality, 주성 (현실적 구체화)

예를 들자면, 북방한계선과 같은 입지 조건(식생)으로 볼 때 어떤 과수가 어떤 지역에 적당하다고 한다면, 이는 그 지역의 속성이 될 것이며, 더 구체적, 현실적 조건으로 사과가 최적의 생산 가능성을 지닌다면 그것은 로컬적 특성(가치), 로컬리티로서 주성일 것이다.

궁극적으로 마치 한 장의 종이가, 진성 곧 충분히 그것이 안고 있는 가능성을 실현할 때 완전한 종이가 되듯, 사람의 능력이나 사물의 가능성, 지역이나 지방이 갖고 있는 가능성, 역동성을 충분히 발휘하는 것

---

22 金岳霖, 앞의 책, 75쪽.

은, 사람이 할 수 있는 것을 다할 때 가능하다. '어떠해야 함'을 알고 그 것을 실천에 옮기려는 의지와 실천력이 역시 중요하다.

진성, 개체나 지역의 가치를 최대한 현실화 하는 것, 가능성을 실현하 는 것, 특수성 곧 수상으로서 속성과 주성이라는 가능 상태를 '현장성', 현장적locale 가치로 옮겨 놓는 것이 필요하다. 그렇게 되기 위해서는 체 험이나 경험에 논리의 도출, 대화적 이성이 요구된다 할 것이다

개인, 개체, 지역이 갖고 있는 가능성을 다할 수 있는 조건이 요구됨 에도 불구하고 동질성 추구의 권력은 로컬리티 발현의 장애를 초래하거 나, 그 극대화에도 크게 장애로 작동하였다. 이러한 상황적 국면은 만물 만사에 존재하며, 시공간적으로 또는 초시공적으로 이념적으로 진행되 기도 한다. 보다 큰 국면으로 본다면, 밖으로는 유럽적 식민주의, 제국 주의, 안으로는 봉건적 잔재, 한국적 민주주의, 지역 중심주의, 편향적 지역주의 속에 타 로컬리티 발현에 장애가 되기도 하고 로컬 가치의 가 능성은 타 로컬의 고유한 가치의 현실화에 서로 장애가 되기도 한다.

인간은 토착적 조건, 시간적 공간적 입지 등 그 장소가 갖고 있는 성질, 가치, 달리 "기층적 로컬리티"라 할 수 있는 바탕적 장소성을 반영하지 않 은 채 임의성을 개입시켜 국지적 지역적 경관마저 파괴하기까지 하면서, 곧 렐프의 말을 빌자면 '타자에 의해 방향이 설정되어Other-directed' 점유 되기도 한다.[23] 자본주의적 근대 공간에서 '명목 가치'(이른바 투자)를 기 대한 결과일 수 있다. 예컨대 4대강 사업도 치수, 식수의 확보, 강 살리 기의 기대 목표는 있겠지만, 그 보다는 '근대성의 가치'를 드높이는 방

---

[23] E. Relph, *Place and Placelessness*, Pion Limited, London 1976, 1980(Reprinted), p.93.

향으로 초점을 맞춘 것으로 보인다. 물이 흘러가는 곳곳마다에 쌓인 역사성, 시간성, 공간성의 고유 가치, 강이 위치한 입지를 반영하여 그 어느 곳에 내재할 것으로 예상되는 독특한 '가능'이라는 역동성을 보태어 '능성'을 현실화하는 새로운 가치의 다양한 창출이 바람직해 보인다.

제도, 관습, 중심 권력에 힘을 실어주는 학문, 정치 행태, 종교적 작동은 역사 속에 다양하게 구석진 언저리를 양산해 냈는데, 그 구석진 언저리는 지역(지방) 문제, 소수자, 약자의 그늘 ─ 전근대를 막론하고 현대에 이르기까지 ─ 을 양산해 내었다. 그렇지만 무엇보다 심각하게 우리와 타자 모두를 분리의 지역 ─ 추상적이면서 구체적인 두 측면에 걸쳐 ─ 으로 내모는 것은 이 시대의 '일자', 제1권력, 자본에 대하여 크게 고려하지 않으면 안 될 것이다. 자본은 포섭된 욕망 그 자체이자 욕망의 배제를 동시에 의미하므로, 수많은 것들을 하나로 만들었다가 그것이 갖고 있는 한계 때문에 그 만큼 분리의 영역을 만들어 내는 것으로 볼 수 있기 때문이다.

2) 다소 직관적이며 수행적이며 탈주체적인 사물 인식의 필요성

로컬리티, 그것은 물론 현장적, 지역적, 장소적, 공간적 가치이자, 어느 '곳'에 자리하는 존재의 자기 방식이기도 하다. 말하자면 어느 특정한 공간에 존재론적 자기시스템이 있다면 그 가치는 '사람'에 의해 점유되거나 개발되거나 변형되기도 한다. 그것은 사람이 관계하여 발생하는 공간적 생성이라 말할 수 있을 것이다.

이런 맥락에서 우리는 로컬리티 차원에서 두 층위의 공간성을 상정할 수 있다. 그것들은 천연적이고 자연적인 층위와 인간의 역사 활동에 의해 만들어지고 쌓이는 또 하나의 공간성을 가정해 볼 수 있을 것이다. 전자는 물리적인 측면의 자연조건이나 환경, 입지일 수 있으며 후자는 그 같은 조건을 인간이 점유하면서 생산하는 공간적 성격이라 할 수 있다. 전자에는 공간적 역동성, 잠재성이 있을 수 있으며 후자에는 인간의 욕망과 같은 역동성이 공간에 반영되는 것을 상정할 수 있을 것이다.

근대 모더니티 합리성의 각도에서 본다면, 일정부분 후자와 맥락을 함께한다고 할 수 있을 것이다. 사람은 존재자(대상, objects)의 자리 잡기와 방향잡기에 관심을 갖는다. 이것 또한 공간성 발생에 관여한다. 사물이나 사람이 공간성을 도구적으로 이용하여 운동성을 확보하는 것과 같은 공간성은 '근대 공간'에서 욕망과 자본이 빚어내는 운동성과도 같다. 사람들은 자본과 하나가 되어 공간 만들기에 나서는데 이 '공간 만들기'가 바로 '공간성'이라 해도 틀리지 않다. 이렇게 만들어지는 공간은 사회 공간이라 할 수 있다. 다소 시론적이지만, 이 같은 각도에서도, 공간성은 접근될 수 있다고 본다.

부연하자면, 두 층위의 공간성이란 공간 또는 장소의 가치와 사람이 생산해 내는 사회적이며 관계적인 공간적 가치이다. 그것은 최한기가 말하는 지기地氣와 인기人氣가 활동하고 변화하는 공간이다. 땅 차원의 에너지적 요소로서 지기에다 인간 측의 활동성, 운동성으로서 인기가 보태지는 것은 자연적이며 지방적이며 지역적이다. 공간적 입지이자 땅의 펀더멘탈이며, 터, 곳, 장소 층위에 인간이 수용되고 인간 또한 그 가치를 점유하는 그런 공간성이 로컬리티일 수 있다.

로컬리티의 공간. 그것은 역시 현상적인 용어를 빌자면 현존재의 공간, 세계-내-존재의 공간을 문제삼는 것일 수 있다. 그것은 로컬적 공간성과 인간의 활동을 아우르는 표현인, 로컬리티(로컬)-내-존재, 즉 시간과 공간을 통해 사람과 사물이 빚어내는 시공간성spatio-temporality일 수 있다. 거기서 온갖 것이 생성되고 운동, 변화하는, 역시 최한기가 말하는 지기운화와 인기운화의 장場일 수 있다. 그런 공간성은 현재를 기점으로 하여 헤아릴 수 없이 많은 과거와 미래에 걸쳐 있다.[24]

다만 우리가 그 같은 공간을 어떻게 인식할 것인가가 문제될 수 있다. 도린 매시가 『공간을 위하여』에서 공간을 이질적인 궤적들이 동시대적으로 공존하는 다중성과 구성적 복잡성의 영역으로 '인식할 것'을 주장하였는데,[25] 이런 맥락에서 접근하는 공간의 의미 또한 눈여겨보아야 한다. 사물 인식의 주체와 또 하나 주체로서 사물이 만나는 것, 상호주관을 넘어 자칫 인간의 고집과 아집을 통해 펼쳐질지 모르는 일방적 사물 인식의 폐해를 벗어나 자연적이며 자율적인 존재를 인식함이 요구된다.

공간에 대한 비대칭적 인식이 요구되며 공간을 두고 벌어지는 중앙적 문명의식 또한 경계되어야 한다. 고대의 논리 사상가 혜시惠施, BC 370?~BC 309?에 따르면, "내가 알기로 천하의 중앙은 연나라의 북쪽이고, 월나라의 남쪽이다. 만물을 널리 사랑하는 데는 온 천지가 한 몸이다."[26] 천

---

24 崔漢綺, 『氣學』 1-65, 1-2, 11, 34, 45, 56, 65, 75, 68, 89, 등 2-20, 40, 61, 52 등 참조.
25 도린 매시, 박경환 외역, 앞의 책, 38~39, 133쪽 참조.

하에 본래 중앙이란 없다. 그러나 사람들은 자기가 처해 있는 곳을 따라 중앙으로 여기고 사방을 서로 대립시키는데, 여기서 분명히 말하는 것은 중앙과 사방은 동일한 것이다. 일반인의 각도에서 큰 것은 큰 것이고 작은 것은 작은 것이며 높은 것은 높은 것이며 낮은 것은 낮은 것이며 중앙은 중앙이며 곁눈질은 곁눈질이며, 삶은 삶이고 죽음은 죽음이며 끝이 있는 것은 끝이 있는 것이며 무궁한 것은 무궁한 것이며 오늘은 오늘이고 어제는 어제다. 같은 것은 같은 것이며 다른 것은 다른 것이다. 이것들은 분명 이것이 아니면 저것이라는 사유이다.[27]

『장자』의 메타포에 보이는, 미인 서시[28]는 위경련을 앓고 있는 환자였지만, 인식 주체라는 사람의 맹목성, 또는 자기합리화가 만들어낸 아름다움일 수 있다. 사물 인식 체계에 있어 오류의 발생은 우리의 주관성에 기인하는 것이 대부분이지만, 그러면서 우리의 주관성을 넘지 못할 수 있다. 이런 점에서 '나'를 대상화하고 대상에 '물화'됨으로써 사물인식 방법의 보편성, 객관성을 확보하는 것이 중요하다.

요컨대 로컬리티는 궁극적으로는 현실화되지만 그것은 잠재적인 것이다. 그 만큼 그 인식에 있어 직관적 판단력을 요구하며, 아직 드러나지 않는 공간적 특성과 같아서 '기미'나 '조짐'을 보고 판단하지 않으면 안 되는 그러한 것일 수 있다. 이런 점에서는 수행적隨行的 성격을 지니는 것이 로컬리티라고 할 수 있다. 그것은 구체적으로 실행되는 과정에서 나타나는 '존재론적 그 무엇'일 수 있다. 이런 점에서라면 사물 인식

---

26 『莊子』「天下」: 我知天下之中央, 燕之北越之南是也, 氾愛萬物, 天地一體也.
27 王永祥, 『中國古代同一思想史』, 齊魯書社, 1991, 58쪽.
28 『莊子』「齊物論」.

에 있어 탈주체적이고도 객관적인 안목이 아니면 가려지기 십상인 '개체성'이 바로 로컬리티일 수 있다. 그런 각도에서 로컬리티의 존재와 인식의 문제를 한 번 되돌아봄이 바람직스럽다.

4. '로컬리티-내-존재'의 가치 발견

로컬리티란 특수성이면서, 그것은 존재론적으로 형이상학과 형이하학을 아우르는 하나의 '실재적 가치' 또는 '존재체계'일 수 있다. 그 현상이나 표상은 마치 들뢰즈가 말하는 리좀상[29]과 같다고 할 수 있다. 그런 본질에 대하여 우리의 보편적 인식이 요구되지만, 현실은 그렇지 않다. 로컬리티란 중심이나 중앙 추구의 사유를 극복하여 마련되는, 참된 인간의 자리로서 개별적 장소나 공간이기도 하다. 그러한 존재 방법이나 가치, 입장, 입각점에 관한 표현일 뿐만 아니라 지방이나 지역, 변방, 경계, 지점, 주변을 의미하는 하나의 '실재'일 수 있지만 인식의 극면에 걸쳐 있기도 하다.

『장자』의 '혼돈고사'[30]의 교훈처럼 각자의 공간과 공간성이 있는데

---

29 리좀(rhizome) : 리좀은 '근경(根莖)', 뿌리줄기 등으로 번역되는데, 줄기가 마치 뿌리처럼 땅 속으로 파고들어 난맥(亂脈)을 이룬 것으로, 뿌리와 줄기의 구별이 사실상 모호해진 상태를 의미한다. 들뢰즈와 가타리는 수목(arbre)형(arborescence)과 대비시켜 리좀 개념을 제기한다. 수목이 계통화하고 위계화하는 방식임에 비하여, 리좀을 제기하는 것은 욕망의 흐름이 지닌 통일되거나 위계화되지 않은 복수성과 이질발생, 그리고 새로운 접속과 창조의 무한한 가능성을 보여주려고 한다.(임석진 외, 『철학사전』 중원문화, 철학사전, 2009)

30 '混沌故事'(『莊子』, 「應帝王」)에 이런 내용이 보인다. 남쪽 바다와 북쪽 바다의 제왕이 중앙 지역의 제왕을 만난다. 그런데 중앙의 제왕에게는 본래 누구나 가지고 있을법한 일곱 개의 구멍이 없었다. 구멍은 존재의 조건이다. 일곱 개의 구멍 즉 七竅는 생명적 조건이다. 입,

도 내가 지닌 공간적 잠재성을 가지고 타자의 공간성을 변형한다면 그것은 파멸을 초래할 수 있다. 자기에게 있는 공간이 없다고 타자에게 공간이 없는 것은 아니다. 단지 양태가 다르고 존재의 시스템이 다르다. 관계적 사회 공간에서 인위적으로 부자연스럽게 형성되는 공간성은 재앙이다.

'로컬-내-존재'라는 '로컬적 현존재', 그것이 사물이든 지역적 가치이든 아니면 중심 이외의 주변성을 가리키든, 단지 그것이 어떻다고 규정하는 것일 뿐, 참된 인식의 각도에서 보면 모두 나름의 존재방식으로서 공간 체계를 지니면서 존재한다. 우리가 생성하는 공간성도, 오늘 이곳의 장소적 주체성을 발견하고 공간적 특성을 길러주는 인간적 태도가 선행될 때, 그것에는 진정한 공간성이 꽃피울 수 있을 것이다.

이런 학적 맥락에서 볼 때 로컬리티 인문학도 인문지리학자 이-푸 투안이 지적한, '휴머니티의 지평'에서 공간과 공간성을 바라보아야 한다는 것은,[31] 우선 '로컬리티'라는 공간성에 대한 존재론적 가치와 그것에 대한 인식론 차원을 문제 삼은 것이라 할 수 있다.

인식이란 대상에 대한 '앎'의 차원이다. 사물이란 모두 인식작용이

눈, 귀, 코가 없는 상태는 존재 조건의 결핍으로 인식한 두 제왕을 중앙의 왕을 위하여 '공간 만들기'에 나선다. 그렇지만 그들에 의해 만들어진 공간은 중앙의 제왕인 혼돈에게 맞지 않는 것이었다. 중앙의 제왕에게 필요한 진정한 공간은 '물화'된 공간, 타자가 진정으로 필요로 하는, 타자에게 맞는 것이어야 했다. 그렇지 않은 인위적 공간은 죽음을 안길 뿐이었다. 하루에 하나씩 일주일 걸려 성취된 '공간 내기'는 마침내 죽음을 초래하고 말았다. 공간이란 자연의 이치에 맞게 독자성, 다양성이 존중될 때 의미가 있다. 마치 서구 근대성의 이성이 추구하는 것처럼 획일화된, 명목 가치를 위한 조작은 실은 상대의 죽음이라는 교훈을 이 고사는 말해준다.

31 Peter Merriman, Gunnar Olsson, Eric Sheppard, Nigel Thrift, Yi-Fu Tuan, Space and spatiality in theory, Article, 2012, p.8, 14.
https://www.researchgate.net/profile/Eric_Sheppard3/publication/254085877_Space_and_spatiality_in_theory/links/02e7e537657c564d11000000.pdf

있겠지만, 이 세상의 대상에 대한 인식 주체는 사람이다. 여기서 주체가 여러 기준을 충족하는 진정한 주체일 수 있는가라는 문제가 또한 남지만, 어떻든 대상 인식 과정에 접어든다. 말하자면 공간적 가치, 역동성, 고유성, 수용성 등과 그것을 둘러싼 인간의 활동 즉 공간적 내부성과 외부성이 공존하게 되는데 이를 장소적 관점에서 접근하는 것이 로컬리티학의 주요 과제 가운데 하나일 것이다.

이젠 공간적 재현, 표상, 역사성을 어떻게 할 것인가에 관한 문제가 남는다. 그것은 앞서 논한 '수상殊相'과 맥락을 함께한다. 특수성의 모습에 대한 평등적 접근을 시도하는 인문학의 차원이라 할 수 있다. 그렇다고 단순히 휴머니티의 맥락에만 그친다고 할 수도 없다. 사람의 모든 활동을 말하는, 그런 의미의 '인문'에 관한 것, 『주역』적 사유에서 말할 수 있는 인간 활동의 총체적 측면으로서 '인문'이라는, 그런 것에 관한 연구의 문제가 남는다. '로컬-내-존재'라고 할 수도 있지만, 세계-내-존재에서 '세계' 즉 과거-현재-미래라는 '세'와 공간적 의미로서 '계', 말하자면 시공간성spatio-temporality에 관한 것을 다루는 일이 대두된다. 그렇다고 할 때 '로컬리티'에 관한 연구는 '세계' 가운데 하나인 '계', 계-내-존재, 로컬적 현존재 범주를 다루는 학적 체계이다. 공간에 시간을 보태어 말한다면, '지금(현재)'을 기준으로 수없이 '곳'에 생성되는 '과거'의 역사성과 다가올 '미래'를 대비하는 것에 관한 인식과 실천의 문제를 연구하고 고민하는 학적 체계로 'ontoloy'와 비슷한 것은 아닐까?

보다 쉽게 말하자면 '로컬리티-내-존재'의 문제를 시간성과 함께 논의하는 연구 범주라고 할까? 그런 사유체계를 가지는 '장場'의 존재론이라고 할까? 그리고 그것은 철학, 물리학, 문학, 사학에 걸쳐 그 어떤 학제적인 협력이나 도움 없이는 세울 수 없는 '장'과 '존재'의 문제를 다루는 과학이라고 할까? 이 역시 근본적으로는 공간론의 범주에 닿아 있는 연구 주제라고 단언해도 되지 않을까?

참고문헌

『道德經』, 『莊子』, 『周易』.

『正蒙』, 『楞嚴經』, 『名義集』, 『氣學』.

段玉裁『說文解字注』, 上海古籍出版社, 1981.

金岳霖, 『論道』, 中國人民大學出版社, 2010.

김영철, 「The Phenomenon and Place and the Field Dynamics of Space(공간의 장소성과
　　　　場개념에 관한 고찰)」, 『계명대 산업기술연구소 논문보고집』 제9집, 1987.

김충렬, 「중국의 천하사상」, 『중국학논총』 Vol. 3, 한국중국문화학회, 1986.

도린 매시, 박경환 외역, 『공간을 위하여(For Space)』, 한국민족문화연구소 로컬리티 번역총서 010,
　　　　심산, 2016.

마루타 하지메, 박화리 · 윤상현 역, 『'장소'론』, 심산, 2011.

孫歌, 『主體彌散的空間』, 江西敎育出版社, 2002.

스티븐 컨, 박성관 역, 『시간과 공간의 문화사(The culture of time and space) 1880~1918』, 휴머니스트,
　　　　2004.

시미즈 히로시[淸水博], 박철은 · 김강태 역, 『생명과 장소』, 그린비, 2010.

오토 프리드리히 볼노, 이기숙 역, 『인간과 공간』(한국민족문화연구소 로컬리티 번역총서 L5),
　　　　에코리브르, 2011.

王永祥, 『中國古代同一思想史』, 齊魯書社, 1991.

외르크 되링, 트리스탄 틸만 편, 이기숙 역, 『공간적 전회』(한국민족문화연구소 로컬리티 번역총서
　　　　Humanities 009), 심산.

이명수, 「공간, 장소 그리고 경계에 관한 노장철학적 접근」, 『동아시아문화연구』 51집, 한양대
　　　　동아시아문화연구소, 2012.

＿＿＿, 「로컬리티의 포섭, 갈등, 조화에 관한 존재론적 접근─진웨린의 보편과 특수 논리를 중심
　　　　으로」, 『동양철학연구』 66집, 2011.

＿＿＿, 「중국문화에 있어 시간, 공간 그리고 로컬리티의 문제」, 『동양철학연구』 55집, 2008

이석환 · 황기원, 「장소와 장소성에 관한 다의적 개념에 관한 연구」, 『국토계획』 32권 5호(통권
　　　　91호), 대한국토 · 도시계획학회, 1997.

임석진 외, 『철학사전』, 중원문화, 철학사전, 2009.

程宜山, 『張載哲學的系統分析』, 學林出版社, 1989.

Appadurai, Arjun, *Modernity at Large : Cultural Dimensions of Globalization(Cultural Dimensions of Globalization)*, University o fMinnesota Press, 1996.

Relph, Edward, *Place and Placelessness*, Pion Limited, London 1976, 1980(Reprinted).

Merriman, Peter, Olsson, Gunnar, Sheppard, Eric, Thrift, Nigel Yi-Fu Tuan, Space and spatiality in theory, Article, 2012.

https://www.researchgate.net/profile/Eric_Sheppard3/publication/254085877_Space_and_spatiality_in_theory/links/02e7e537657c564d11000000.pdf

로컬리티의 인식 층위와
주체-타자의 변주*

조명기

1. 로컬(리티)의 (재)발견

　로컬(리티)에 대한 인식의 생성, 관심의 증폭은 국가중심주의와 글로 벌 신자유주의로 인한 위기의식 그리고 이에 대한 대타의식을 주요한 현상적 출발점으로 삼았다. 국민국가의 쇠퇴 여부 혹은 국민국가와의 결탁 여부에 대한 논란과 상관없이 글로벌 신자유주의는 수십 년 동안 급속도로 팽창했으며, 최근엔 국민국가의 복권 조짐이 글로벌 신자유주 의 진원지에서부터 감지되고 있다. 헤게모니가 국가중심주의와 글로벌 신자유주의 사이를 진자운동 함으로써 인간 개인의 사유방식 특히 공간

---

*　이 글은 「로컬리티의 인식 층위와 주체-타자의 변주」, 『인문과학연구』 30(대구가톨릭대 인문과학연구소, 2017.4)를 수정·보완한 것임

인식에 대한 사유방식을 제한할 때, 로컬(리티)은 이에 대한 안티테제로 비로소 발견되면서 그 가치를 부여받게 되었다.

로컬(리티)은 '지금 여기'라는 현장성·구체성·실재성을 뚜렷한 특징으로 하는 동시에 역사적으로 국가중심주의나 글로벌 신자유주의의 도래라는 외부적 조건을 전제로 삼을 때 발견되는 역설적 존재인 셈이다. 공간의 의미는 그곳에 내장되어 있다고 가정되는 본질·원천에 의해서가 아니라 각종 관계에 의해 재구성·맥락화된다고 할 때,[1] 구체적이고 실재적이지만 가치·의미 부여의 측면에서 그동안 배제되어 왔던 로컬[2]은 상상의 공동체인 국민국가[3] 그리고 시공간적 압축을 초래한 글로벌 신자유주의가 한계나 위험성을 노출했을 때에야 새로운 가치를 발아할 수 있는 물적·정신적 토대로 주목받게 되었다.

물론 로컬(리티)의 발견은 국가권력이나 글로벌 자본권력에 의해 먼저 진행되었다. 이 권력들은 로컬들을 자신의 체제 안으로 효율적으로 편입시키기 위해 각 로컬들의 특성을 지식권력의 자장 안에서 체계화했다. 로컬을 획일화하여 로컬리티를 말살시키는 대신 오히려 국가유기체론을 앞세워 각 로컬리티를 전체의 구성에 기능적으로 봉사하는 부분으로 통제하거나[4] 유연화를 강조하면서 연성화·상품화했다.[5] 이때 로컬은 국가유기체의 기능적 부분 혹은 생산이나 소비, 유통 등을 담당하는 주체로 호명됨으로써 국가중심주의나 글로벌 신자유주의를 강화하

---

1 앙리 르페브르, 양영란 역, 『공간의 생산』, 에코리브르, 2011, 23~36쪽, 71~80쪽 참조.
2 앙리 르페브르, 박정자 역, 『현대세계의 일상성』, 기파랑, 2009, 331쪽 참조.
3 베네딕트 앤더슨, 윤형숙 역, 『상상의 공동체』, 나남출판, 2002, 2~8쪽, 25~27쪽 참조.
4 채오병, 「지구화를 통한 지역화」, 『경제와 사회』 80, 비판사회학회, 2008, 243쪽 참조.
5 임운택, 「포스트포드주의로의 변형과 '유연한' 자본주의 – 세계화, 주주 자본주의, 아메리카니즘」, 『한국사회학』 37(6), 한국사회학회, 2003, 62~65쪽 참조.

는 말단조직적 공간이었다. 국가권력과 글로벌 자본권력이 로컬(리티)을 선점하여 관찰하고 분석했을 때 로컬(리티) 연구의 방향 역시 효율적인 현지화, 토착화를 지향하도록 지정되고 제한되었다.

이에 반해, 비판적·대안적 로컬리티 연구는 국가권력과 자본권력을 구현하고 실현하기 위해 호명된 로컬을 두 기존 권력의 폐해를 극복하고 수정할 주체로 재발견하고 전환하려는 시도에서 비롯되었다. 기존의 로컬(리티) 연구가 국가중심주의나 글로벌 신자유주의의 작동 기제를 보완하고 원활하게 하려는 의도에서 로컬에 주목했다면, 비판적·대안적 로컬리티 연구는 국가중심주의나 글로벌 신자유주의를 비판하면서 이에 대한 대타적 개념과 대안적 가치를 상정하고 그 실천적 가능성을 로컬(리티)에서 탐문했다. 국가권력과 글로벌 자본권력이 요청한 로컬(리티) 연구와 비판적·대안적 로컬리티 연구는 로컬(리티)에 주목한다는 점에서는 동일하지만, 취지나 지향 가치의 면에서는 상반된 셈이다. 이런 점에서 비판적·대안적 로컬리티 연구·담론은 국가유기체론과 글로벌 신자유주의로 인해 배제되거나 삭제되어 온 주체성을 회복하고 인간 개인과 세계[6]의 관계를 재설정하는 데 로컬(리티)이 유용한 매개체로 작동할 수 있는지를 확인하는 작업이라 할 수 있다. 로컬적 특성을 바탕으로 한 국제화를 지향한다는 의미에서 글로컬에 대한 관심이 높아지고 있지만, 로컬(리티)과 그 가치에 대한 충분하고 깊이 있는 고민을 거치지 않고 진행되는 글로컬 연구는 기존의 비대칭적 관계 즉 글로벌 신자유주의의 절대적 지배력을 인정할 뿐만 아니라 강화하고 원활

---

6 여기서의 세계는 인간 개인 이외의 모든 것을 통칭하는 용어로, 주로 내셔널이나 글로벌의 공간 층위를 가리킨다.

화하는 보완제적 역할에 머물 우려가 농후하다. 따라서, 비판적·대안적 로컬리티 연구·담론의 기저에 놓인 가치, 즉 주체 / 타자의 관계로 더욱 고정되어가는 국가·글로벌 / 로컬의 현재 위치를 전환하고 역전시키려는 이런 시도의 가치는 특히 인문학적 관점에서 글로컬 연구의 방향성을 설정하는 데 중요한 방향타로 기능할 것이다.

이 글은 비판적·대안적 로컬(리티) 연구가 기존의 타자성 담론을 어떻게 전유하여 로컬(리티)의 주체성 / 타자성 문제를 재사유할지를 검토한다. 이를 위해 2장에서는 로컬(리티) 연구와 기존의 타자성 담론의 친연성과 한계를 살피고, 3장에서는 로컬(리티)의 매개성을 4장에서는 주체 / 타자에 대한 로컬(리티) 연구의 한 방향성을 타진한다.

2. 로컬(리티) 연구와 타자성 담론의 접맥
그리고 한계[7]

국가중심주의와 글로벌 신자유주의의 대타라는 로컬(리티)의 탄생 배경 그리고 비판적·대안적 로컬리티 연구·담론의 지향 가치 등이 상호작용하면서, 비판적·대안적 로컬리티 연구·담론은 기존의 타자성 논의를 용이하게 전유한다.

로컬(리티) 연구가 타자성 담론에서 친연성을 발견하게 된 기저에는 특히 국민국가 체제가 강고해진 이후 로컬(리티)은 줄곧 타자·소수자

---

7   이후의 논의는 한국을 염두에 두면서 전개된다. 따라서 이 글이 전 세계의 모든 로컬에 보편적으로 적용되지는 않을 것으로 보인다.

(소수성)로 간주되고 배재되어 왔다는 현실 인식이 자리하고 있다. 위험의 요소를 설정하고 이를 외재화함으로써 물리적·인식적 경계를 설정하는 한편 이 경계를 기준으로 삼아 동질적 공간과 이질적 공간을 구획하고 형성해간 것이 국민국가 공고화의 과정이었다면 더구나 이 과정이 국민 개개인의 선택과 동의라는 절차를 배경으로 정당성을 충족한 공권력이 폭력을 독점해가는 과정이었다면, 국민국가의 하위 공간인 로컬역시 국민국가의 지배력에 장악당한 공간이었다고 할 수 있다. 특히 근대 국민국가는 GDP 같은 각종 지표나 전쟁 등을 통해 각 개인을 국민으로 호명함으로써 동질의 국가 정체성을 학습하고 주체화해야 할 존재로 구성했다. 상대적으로 뒤늦게 국민국가 체제를 갖춘 한국은 국가주도의 근대화를 진행하는 동안 개인들과 로컬들을 국가 정체성의 동질성으로 결속시키면서 위계적이고 기능적으로 배치해나갔다. 단일민족 신화, 피식민지배와 분단·전쟁이라는 공동의 경험, 공통의 언어 등을 통해 개인들에게 동질적인 국가 정체성을 훈육하는 한편, 각 로컬들에게는 국가 근대화를 위한 각종 유기적 기능들 즉 정치·문화의 중심, 조국 근대화의 역군들에게 휴식과 위안 제공, 국가의 에너지 공급, 조국 근대화의 최일선 등의 기능을 중심으로 체계되기를 요구했다. 이 과정은 국가권력의 절대적 우위와 더불어 진행되었고 이 과정에서 로컬들은 국가에 효율적으로 봉사하기 위한 기능적 존재로 재편되었다. 국가와 로컬이 위계적인 전체와 부분으로 체계화되었을 때 개인의 공간인식 층위는 국가 스케일에 고정되었고 부어된 기능 수행에 비효율적이거나 배치되는 것들은 배제되었다. 비판적·대안적 로컬리티 연구가 국민국가의 통제력에 의해 배제·소외되어 온 로컬(리티)에 특히 주목하는 경향은 새로

운 가치를 모색하고 확인하기 위한 일련의 노력 중 출발점에 해당한다는 의의와 함께 윤리적 당위성에 의해 고무되었다.

로컬(리티)을 타자·소수자로 치환하여 사유할 수 있는 또 하나의 이유는, 국가 — 로컬의 관계에서뿐만 아니라 중심 — 주변이라는 또 하나의 현실 인식이 로컬 위에 가로놓여 있기 때문이다. 비록 국가의 하위 공간이라고 하더라도 각 로컬들은 수평적인 관계를 형성하는 것이 아니라 차별적이고 배타적인 지위를 독점적으로 점유해왔다. 국가나 자본은 로컬들을 중심과 주변으로 또다시 위계화했는데, 중심은 우월의식으로 더욱 비대해지는 반면 주변은 전자를 선망하고 모방하는 공간으로 재현되었다. 국가나 글로벌 자본이 훼손한 가치를 로컬(리티)을 통해 회복하고자 하는 비판적·대안적 로컬리티 연구가 중심·주체보다는 주변부·타자에 더욱 관심을 기울이는 것은 자연스러운 현상이다.

국가-로컬, 중심-주변이라는 두 축이 입체적으로 상호작용하면서 로컬은 타자·소수자·주변부로 등치되었다. 타자성, 소수성, 주변성이라는 가치 개념은 로컬을 (공간과 구분되는 의미에서의) 장소로, 로컬리티를 물화된 장소성으로 단순화하여 이해하려는 음험한 욕망을 견제하는 데 기여했다.[8] 나아가, 로컬(리티)에 적극적으로 투사된 당위적인 인문적 가치들은 국가중심주의와 글로벌 신자유주의가 비적합성이나 비효율성을 이유로 훼손해온 가치들을 실재적이고 고유한 것으로 회복시키는 데 공헌했다. 이러한 가치에 내재되어 있는 당위성과 윤리성은 로컬을 타자·소수자·주변부와 결탁시키고 로컬리티를 타자성·소

---

[8]　장세룡, 「로컬, 주체, 타자」, 『로컬리티 인문학』 11, 부산대 한국민족문화연구소, 2014, 280쪽 참조.

수성 · 주변성과 접맥시키는 유력한 근거가 되었다.

타자성 등이 기본적으로 당위성과 윤리성으로 무장하고 있고 로컬은 이 타자성이 각인되었거나 내장되어 있는 공간으로 이해될 때, 로컬은 국민국가와 글로벌 신자유주의 그리고 중심 등 외부의 각종 개입과 규제를 폭력이라는 이름으로 증언하고 고발할 수 있는 직접적인 피해자로 재정립된다. 비판적 · 대안적 로컬(리티) 연구는 국가와 신자유주의, 중심의 대타개념으로 발견된 로컬을 무기력한 수동적 타자가 아니라 외부의 폭력을 인지할 뿐만 아니라 이에 대해 저항할 수 있는 잠재적이고 능동적인 주체로 재인식하고자 한다. 표준어 교육이 초래한 지역어 폄훼와 말살, 국가사 중심의 역사 구성을 위해 부분으로 제유화된 지방사, 국가 만들기와 공고화 혹은 국가 정책 변경을 위해 특정 로컬들에서 자행된 국가폭력, 국가의 구조적 유기체성을 강화하고 국가 주도의 근대화를 달성하기 위한 중앙중심주의의 강화와 로컬의 쇠락, 경제논리를 최대화하기 위해 각 로컬들을 획일화 · 규격화하는 자본 등, 근대의 다양한 폭력들은 로컬의 타자성에 의해 반추되면서 폭로되고 비판받았다. 국가 · 자본 · 중심은 로컬을 타자화함으로써 자신을 구축하고 팽창시켜왔지만, 비판적 · 대안적 로컬(리티) 연구는 로컬의 타자성을 기존 위계와 질서를 전복시킬 계기로 재의미화한다.

이처럼 대타 개념으로 발견된 로컬(리티)은 근대 국민국가와 글로벌 신자유주의를 통과하면서 사후적으로 인식되었다는 수동성과 함께 세계를 새롭게 구성하여 집단화하고 배치하는 가치와 방식에 대한 요구 즉 개인과 세계의 관계를 인식하고 설명하는 도구적 개념 틀의 변경에 대한 요구를 충족시키기 위한 능동성을 동시에 지닌다. 기존의 구별 짓기 혹은 지도 그리기 방식이 세계와 개인의 관계 변화를 설명하거나 추동하는 데 더 이상 유용하지 못할 때 특히 세계와 개인의 관계에 대한 예측과 지향적 가치의 괴리가 심화될 때, 타자성이 선험적으로 각인되어 있는 로컬(리티)이 기존의 질서와 위계를 극복할 수 있는 새로운 통합적 가치로서 적극 모색되었던 것이다.

하지만, 로컬(리티)에 대한 이러한 기대를 담론적·실천적으로 구현하는 데 있어 아주 조심스러울 필요가 있는데 왜냐하면 이 기대 자체에 적지 않은 이율배반성이 내포되어 있을 가능성이 있기 때문이다. 우선, 로컬(리티)에 투사한 '새로운 통합적 가치'는 국가·글로벌 자본·중심의 폭력으로 수렴하여 비판해 온 기존의 질서와 위계를 국지적 단위에서 미세한 방식으로 모방하고 반복하는 양상을 위장하는 장치로 기능할 수 있다. 국가·글로벌 자본·중심이 특정한 인식적 개념틀의 헤게모니를 용인함으로써 이질적이고 중층적인 로컬들을 단일하고 위계적인 공간으로 상상하도록 타자화하고 소외시켰다면, 로컬(리티)을 매개로 삼아 기존의 질서와 위계를 전복시키고자 하는 시도 역시 로컬(리티)을 또 다른 의미에서 단일하고 위계적인 공간으로 상상하도록 유도할 수 있다. 로컬(리티)이 타자성·소수성·주변성과 무비판적으로 결합될 때, 로컬은 매끈한 단일 공간이 아니라 폭력적 배제에도 불구하고 여전히 실재하고 있는 다양한 타자와 소수자, 각종 이질성이 공존하고 있는 혼종적 공간으로 상상되고 재현된다. 로컬(리티)이 기존의 질서·위계와 충돌하는 가치를 발산할 수 있는 도구적 매체 혹은 물리적 근거임을 증명하기 위해서는 로컬(리티)은 이질적인 타자들의 혼종 공간으로 끊임없이 상상되어야 한다. 상위 공간층위 혹은 외부의 다양한 개입을 로컬의 이질성을 억압하는 폭력으로 재현한다는 것은 곧바로 로컬을 이질성의 공간으로 규정할 때 가능하기 때문이다. 국가·자본·중심이 로컬(리티)에 강요한 동질성·단일성은 상상의 차원으로 수렴되어 배경화되고 로컬의 이질성은 실재의 차원으로 귀착되면서 이 두 공간 사이엔 명확한 경계가 형성된다. 경계의 설정은 새로운 구별 짓기 방식을 인정할 수 있을 때 정당화될 터인데, 이때 이항대립을 위협할 수 있는 요소들 가령 동질성·단일성의 발현이나 국가중심주의에 대한 요청 등은 로컬 내에서 또다시 소외되고 타자화된다. 상위 공간층위나 자본 등이 강제하는 단일성·동일성을 추출하여 정제해버림으로써 타자성·이질성을 독점하게 되는 로컬(리티)은, 국가·자본·중심의 폭력에 의한 피해자일 수는 있어도 민족국가가 그러한 것처럼 상상의 공동체에 가까우며, 타자성·이질성을 이성적 도구로 삼아 로컬 내부를 은밀히 동질화하는 수행적 모순의 현장이기도 한 셈이다.

하지만 이렇게 상상되는 로컬은 근대 국민국가의 기획에 흠결을 내는 데는 일정 정도 기여하지만, 주체성 회복이라는 비판적·대안적 로컬리티 연구의 취지를 충족시키는 데는 미흡할 수밖에 없다. 왜냐하면, 타자성·소수성·주변성 등은 로컬(리티)을 설명하고 이해하기 위한 용어나 성격이라기 보다는 모든 경계 짓기, 구별하기 방식이 지니고 있는 그러나 외부의 거대담론에 의해 배제된 성격을 가리키기 때문이다. 그리고 이때의 로컬(리티)은 주체성 회복과는 무관한 채 대타성만이 강조되는 구조적 산물이기 때문이다. 이때 고양되는 것은 로컬(리티)이 아니라 로컬(리티)의 가치다. 탈근대적 가치를 보편적인 것으로 고양하기 하기 위해 왜소화, 주변화를 스스로 요구하고 강조하가는 로컬

(리티)은 새로운 가치를 발산하는 물리적·인식적 공간이 아니라 탈근대적 가치를 강조하고 보호하기 위한 방어기제로 전환된다. 이러한 로컬(리티)은 탈근대 담론의 외연 확장과 논의 확대에 봉사하는 도구 즉 기존 논의의 누적이라는 효과에만 기여할 가능성이 높다. 문제는, 도구와 가치 혹은 목적과 방법의 도치나 전도 자체에 있는 것이 아니라 이로 말미암아 비판적·대안적 로컬(리티) 연구·담론의 가치와 정당성이 훼손된다는 데 즉 로컬(리티)을 새로운 통합적 가치의 발아지로 상상하는 것이 무의미해진다는 데 있다. 더욱 중요하게는, 국가·글로벌 자본·중심에 대한 기존의 비판적·대안적 논의와 실천들이 안고 있는 한계들을 극복하기 위한 노력이 다시 한 번 좌절되는 현장으로 로컬(리티)이 소환된다는 데 있다.

나아가, 로컬(리티)의 상대성과 로컬(리티) 개념화 즉 경계 설정 작업 사이의 불일치에서도 역설이 발생한다. 로컬(리티)을 타자성·소수성 담론 위에 올려놓으려 할수록 로컬(리티)이 더욱 배제되고 소외된 것들에 대한 관심으로 경도되는 경향은 당위적 윤리성을 든든한 배경으로 삼는다. 장소정체성과 관련하여 로컬리티를 탐구할 때 지배적인 장소정체성(이때 지배적인 장소정체성은 국가·글로벌 자본·중심 등 외부의힘이 개입한 결과로 흔히 해석된다)보다는 소외되고 배제되어 있는 것들 즉 부상하고 있지만 아직은 미약한 것들이나 쇠퇴하고 있는 것들에 더욱 주목하는 경향을 보인다. 국가·글로벌 자본·중심 등에 의해 로컬(리티)에 타자성·소수성·주변성 등이 강제되었다고 할 때 로컬(리티) 타자성 등의 원인은 외재화된다. 이때 타자성 등은 강압적인 외부 권력의 결과이면서 동시에 로컬(리티)이 국가나 글로벌 자본 등에 저항할 수 있는 인식적·물리적 근거로 기능하게 된다. 로컬(리티)의 경계나 성격을 더욱 분명하게 설정하고자 하는 욕망이 강화될수록, 외부로부터 강제되는 각종 힘들의 부당성을 명확하게 지적하고 이에 선명하게 대항하려는 욕망이 강화될수록, 로컬(리티)은 더욱 더 소외되고 배제되고 지엽적인 곳에서 발견되고 생산된다. 이때 로컬(리티)은 역설적인 상황에 직면한다. 이 역설은, 로컬(리티)은 지향해야 할 가치가 각인된 공간이 아니라 도구로 기능하게 된다는 점에서 비롯된다. 로컬은 타자화·소수화·주변화 등을 강제하는 외부에 의해 성격 규정된 물리적·인식적 공간인 동시에 탈근대적 가치를 지향하고 발신하는 공간이다. 로컬(리티)은 타자성·소수성·주변성이 로컬에 선험적으로 내장되어 있다는 외부의 규정력을 부정하면서도 이 외부의 규정력에 의지해 자신의 가치를 긍정하고 표현할 수밖에 없는 존재이다. 그런데, 자신을 증명하고 자신의 가치를 강조하려 할수록 더욱 더 소외되고 배제된 것들에 집중하게 되는데 이는 외부의 규정력에 대한 저항의 선명성과 가치를 강화하기 위해 로컬 자신이 설정한 경계를 수정하고 왜소화하는 결과를 초래한다.

소멸이라는 현상을 타자성의 증거로 삼고 이런 장소정체성을 로컬리티로 등치시킬 때 로컬(리티)은 응고되고 본질적인 근원·원천으로 물화된다. 상위 공간 스케일이나 타 로컬이 특정 로컬의 정체성을 결정한다는 로컬의 대타성·관계성·맥락성으로 인해 로컬의 스케일과 정체성은 신축적이고 유동적으로 이해되지만, 타자성·소수성 담론 안으로 편입된 로컬(리티)은 타자성·소수성이 가장 극적으로 표출되는 지점과 성격으로 수렴되어 고착됨으로써 타자·소수자를 생산하는 외부의 주체·다수에 저항할 수 있는 물리적·인식적 진지陣地로 활용된다. 이런 노력은 당위적 윤리성의 호위를 받으며 로컬을 주체로 재구성하기 위한 작업으로 재의미화되지만 로컬(리티)의 대타성·관계성·맥락성을 부정하는 모순적인 것일 수도 있다. 또한, 원천·본질 등의 용어를 동원하여 장소정체성의 개념을 규정하려는 시도는 장소정체성을 훼손하는 힘들을 외재화하고 힘의 성격을 폭력이나 부당한 것으로 전제하면서 이를 배척하는 경향으로 이어지기도 한다. 이러한 태도는 로컬 경계 내부와 외부를 이원화하는 전략 즉 근대 국민국가가 스스로를 정립하고 자연화해온 전략을 로컬 스케일에서 모방하고 반복하는 것일 수 있다. 물론, 로컬이 수행적 모순의 위험을 내포한 상상의 공간일 수 있는 근원적 이유는 로컬이 국가·자본·중심에 대한 대타적·사후적 구성물로 상상·요청되었다는 데 있다.

더구나 이렇게 물화된 장소정체성은 국가·글로벌 자본·중심이 로컬에 침투하여 지배력을 승인받는 중요한 매개체·기제로 활용되기도 한다. 부당한 폭력으로 규정된 외부의 힘들은 로컬(리티)을 말살하는 대신 오히려 놀라울 정도의 유연성을 발휘하여 로컬(리티)을 상품화하고 국가화·글로벌화의 조건에 적합하게 재구성하는 연성화 전략을 구사했으며,[9] 각 로컬들은 자신의 정체성을 찾아나서는 주체로 변신하면서 로컬리티의 상품화를 통해 기존의 국가체제와 신자유주의 체제에 성공적으로 편입하려 했다. 이때의 로컬은 근대 국민국가의 권력, 글로벌 자본이 실제로 작동하고 구현되는 공간이면서 이 체제가 승인받는 현장인 셈이다. 로컬(리티)은 근대 국민국가·글로벌 자본·중심의 대

---

9 임운택, 앞의 글, 62~65쪽 참조.

타개념으로 발견되었지만, 타자성·소수성 담론과 무반성적으로 결합될 때는 외부에서 강압되는 현 체제를 구성하고 발현하는 주체로 호명될 수 있다는 역설을 내장하고 있으며 당위적 윤리성은 이 역설을 은폐하는 기제로 전환될 수 있다.

한편, 타자성·소수성 담론에 무비판적으로 의존할 때, 배제와 소외의 심화·강화 그리고 내부식민지성의 폭로 정도에 따라 로컬(리티)의 물리적·인식적 경계는 일시적인 것으로 이해되어 부단히 재규정되기도 한다. 이로 인해 로컬리티는 소외·배제가 강화되는 경로에 따라 점층되거나 점강되는 운동 운동성으로 이해될 수 있다. 여기서 문제는, 로컬이 경계의 크기를 축소시키고 위치를 주변화 시킬수록 덜 주변적이고 덜 소외된 것들이 생산되면서 중심으로 재맥락화되는 운동성 속에 편입되어 버린다는 데 있다. 로컬 경계의 크기와 위치를 변경함에 따라 로컬 경계 밖으로 밀려나면서 중앙으로 재배치되는 공간 역시 외부의 각종 지배력에 타자화·소수화·주변화된 로컬(리티)임을 부정하게 된다. 중심(때로는 국민국가)은 마치 로컬이 아닌 듯한 착각, 타자화나 소수화·주변화가 중층적으로 진행되는 공간일수록 순수한 로컬에 가깝다는 착각 등, 타자성의 절대화나 이를 구현하는 공간에 대한 기대의 투사가 빚어내는 착각은 도리어 결과적으로 로컬(리티)의 부정과 해체를 초래할 수도 있다. 이럴 경우 가족이나 개인의 신체 등을 로컬로 간주하면서 기존의 타자성·소수성 논의들을 공간적으로 전회하여 반복하는 결과에 머물기도 한다. 글로벌 자본이나 국민국가, 중심에 대한 대타의식은 로컬(리티) 발견의 필수조건인 동시에 로컬(리티) 연구의 역설이 발생하는 근원이기도 한 셈이다.

비판적·대안적 로컬(리티) 연구의 목적이 로컬(리티)의 재발견 즉 국민국가·글로벌 자본·중심이 실현되고 구현되는 타자로서의 로컬(리티)에서 탈피하여 로컬의 주체성과 능동성을 회복하는 데 있다면, 명확하게 고정된 로컬을 상정하는 것은 자기모순적일 수 있다. 이때의 로컬(리티)은 대타성에 내재되어 있는 수동성에 결박된 채 결국엔 폐기되고 말 우려가 높기 때문이며, 설혹 어느 정도 주체성과 능동성을 회복한다 하더라도 그것은 국민국가와 글로벌 신자유주의가 용인하는 범위, 장려하는 방법 안으로 제한될 것이기 때문이다. 즉 비판적·대안적 성격의 로컬(리티) 연구는 그 의도와는 무관하게, 기존의 체제를 절대적이고 자연적인 질서로 고착화하는 데 기여하는, 상대적이고 맥락적인 공간을 절대적인 공간으로 규범화하는 데 기여하는[10] 유연한 기획, 억압적 관용의 자장에 머물게 될 수도 있다.

국가와 글로벌 신자유주의, 중심의 대타개념으로 발견한 로컬은 외부와 내부를 새롭게 경계 짓기를 요구할 뿐만 아니라, 경계 짓기, 구별하기, 지도 그리기의 관점을 글로벌이나 국가 공간층위에서 로컬 공간층위로 전환할 것을 요구한다는 점에서 의의를 갖는다. 타자성·소수성·주변성 담론은 경계의 재해석을 위해 주체-타자의 위치 전환과 주체 정위의 방향성을 설정하는 데 기여할 수 있다. 대타개념을 재발견의 조건으로 삼은 로컬(리티)은 타자에 대한 적극적인 관심, 타자에서 주체로의 전환, 주체의 위치·주체성 발현의 물질적·인식적 토대에 대한 성찰 등에서 기존의 타자성·소수성·주변성 담론 등에 힘입은 바

---

10 데이비드 하비, 임동근·박훈태·박준 역, 『신자유주의 세계화의 공간들』, 문화과학사, 2010, 194쪽 참조.

크다고 할 수 있다. 하지만 로컬(리티)을 타자성과 무비판적으로 등치시키는 태도는, 지나치게 추상적이고 보편적인 담론과 결부시킴으로써 역설적으로 로컬(리티) 자체를 무화·부정하거나 로컬(리티)의 대타성에 결박됨으로써 국민국가·글로벌 신자유주의·중심의 존재를 강박적으로 요구하는 반동적 역설을 초래할 위험을 안고 있다.

로컬(리티)의 대타성에 각인되어 있는 수동성과 타자성을 능동성과 주체성으로 전환하려는 노력은 기존의 타자성·소수성 담론과 동일한 궤적으로 진행될 수 없다. 특히 로컬(리티)의 재발견이 계층·계급, 젠더, 세대, 인종, 종교, 문화 등 기존의 경계 짓기·구별하기·지도 그리기 방식을 극복하면서 새로운 통합적 가치를 발현할 수 있는 장場을 모색하려는 의도에서 비롯된 것이라면, 그리고 이러한 의도가 인문적 측면에서 추동되어 인문사회적 영역으로 확산되고 인간 개인의 삶과 문화의 영역으로 환원되는 것을 궁극적인 목적으로 삼고 있다면, 수동성·타자성의 능동성·주체성 전환은 로컬(리티)을 포위하고 있는 각종 조건과 지향성과 매개되면서 고찰되어야 한다. 이런 점에서 비판적·대안적 로컬(리티) 연구는 로컬(리티)의 대타성과 주체성 사이에서 위태로운 균형을 유지하면서 진행되어야 할 것이다.

3. 로컬(리티), 주체-타자의 매개체

비판적·대안적 로컬(리티) 연구의 목적은, 로컬이 국민국가와 글로벌 신자유주의의 대타 개념임을 인정하면서도 로컬을 기존 권력과 체제의 구조적 폭력에 의문을 제기할 수 있는 공간으로 재구성하고, 기존 체제에 대한 전면적인 부정이 아니라 지금 여기의 삶과 공간에 대한 주체성을 주장할 수 있는 공간으로 재구성하는 데 있다. 특히 비판적·대안적 로컬(리티) 연구가 인문학이라는 토대 위에서 진행된다면, 문제의식의 근원은 '로컬'이라는 공간을 어떻게 재인식하고 재발견하여 기존 로컬 담론의 내용과 인식 층위에 변화를 줄 수 있는 것인가에 놓일 터이다. 이런 점에서 비판적·대안적 로컬(리티) 연구는 로컬을 타자에서 주체로 전환하기 위한 인식적·담론적 실천이라고도 할 수 있다.[11]

비판적·대안적 로컬(리티) 연구는 동질성·위계성을 바탕으로 유기체의 부분으로 설명되고 구획되었던 로컬이 타자성과 이질성·혼종성의 공간임을 '주장'하는 것이 아니라 '발견'하는 것이며, 발견의 대상을 주체로 재위치시키는 작업이라 할 수 있다.[12] 이로 볼 때, 근대 국민국가가 실체 없는 상상의 공동체라면 그와 똑같은 이유로 로컬 역시 상상의 공동체다. 비판적·대안적 로컬(리티) 연구가 발견하고 재현하는 로컬은 있는 그대로의 실재가 아니라 사후적으로 재구성된(재구성하려는) 이데올로기적 효과의 일종이라 할 수 있다. 이는 기존과는 다른 방식과 층위로 경계 짓고 구별하기 위한 인식적 모색에 로컬(리티)이 어떻게 기여할 수 있는지를 그리고 새로운 경계 짓기, 구별하기가 어떤 정체와 가치를 궁극적으로 지향하고 있는지를 질문하는 것이기도 하다.

로컬은 단일한 성격과 정체성으로 구성된 동질적인 단일 공간이 아니며, 글로벌, 국민국가, 로컬 등 다양한 추상 수준의 공간인식 층위가

---

11   조명기, 「로컬에 대한 두 가지 질문」, 『로컬리티 인문학』 11, 부산대 한국민족문화연구소, 2014, 268~269쪽 참조.
12   위의 글, 272쪽 참조.

하향적 위계 관계를 형성하는 과정 중의 일부도 아니다. 오히려 로컬은 다양한 스케일의 공간인식 층위들이 서로 영향을 주고받거나 각축을 벌이는 다중 스케일multi-scalar의 공간이며,[13] 각종 정보매체를 통해 외부로 설명되고 외부의 개입에 노출되어 있는 공간이다. 또한, 국가중심주의나 글로벌 신자유주의 등이 양산한 각종 타자성과 지배이데올로기를 주체화한 개인이나 집단이 갈등하고 타협하는 공간이며, 계급이나 계층, 젠더, 세대, 인종, 민족, 문화 등 각 방면에서 통약불가능한 이질성들의 혼종화가 진행되는 다중들의 공간이다. 로컬은, 단일한 정체성을 일관되게 전개하지 않고 사안별로 다중정체성을 보이는 개별적 주체들이 직접적으로 관계 맺고 상호영향을 주고받는 공간이다.[14]

로컬(리티)에 대한 이와 같은 접근이 의미하는 바를 좀 더 세밀히 살펴볼 필요가 있다. 비판적·대안적 로컬(리티) 연구가 로컬(리티)을 통해 새로운 통합적 가치의 구현 가능성을 모색하려 한다면 더구나 인문적 성찰을 바탕으로 이러한 모색을 진행하고자 한다면, 타자성 등에 대한 기존 담론을 전유하는 방식에서 어떤 방향성을 견지해야 할지를 명징하게 인지해야 할 것이기 때문이다. 우선, 인간 개인에 대한 공간의 영향력이 과다하게 설정되어 결정적이고 지배적인 것으로 간주되지 않아야 한다. 로컬(리티)을 타자성 담론의 틀 위에 곧장 이입할 경우, 관계적·맥락적 구성물로 사유되고 발견된 로컬(리티)은 타자(성)의 공간으로 등치되고 나아가 사이 공간, 제3의 공간으로 재사유되면서

---

13 박배균, 「국가-지역 연구의 인식론」, 박배균·김동완 편, 『국가와 지역-다중스케일 관점에서 본 한국의 지역』, 알트, 2013, 39쪽 참조.
14 조명기, 앞의 글, 279~277쪽 참조.

그 가치가 고양되기도 한다. 이때, 로컬에서 삶을 영위하고 있는 모든 인간 개인은 로컬(리티)의 관계성·맥락성에 의거해 정체성을 부여받게 된다. 로컬은 거대담론이 설명하는 관계성·맥락성이 작동하고 경유하는 물질적 토대로 도구화되고 인간 개인은 이러한 일종의 토대 결정론에 종속되면서 다시 소외된다. 로컬이라는 공간 자체 그리고 로컬리티라는 공간의 성격을 중심부-반주변부-주변부라는 글로벌적·국가적 공간 질서와 위계 혹은 타 로컬과의 차별화 등 각종 차원의 관계성과 맥락성이 교차하면서 직조해낸 것으로 이해하든, 아니면 이에 대한 저항의 계기를 마련하기 위해 로컬(리티)을 사이공간, 제3의 공간으로 의미화하든(더욱 심하게는 당위적 가치를 선언하는 자기만족적 행위의 물리적 알리바이로 삼든), 이런 태도는 공간에 대한 욕망과 인식을 주체로부터 분리시킨 후 마치 공간 자체에 이미 내재되어 있었던 양 투사하고 각인함으로써 로컬(리티)을 물화하고 개인으로서의 인간 전체를 외면하고 삭제해버릴 위험이 안고 있다. 인간 각 개인은 자신의 신체 위를 가로지르는 수많은 구별 짓기 방식에 따라 다양한 정체성을 중층적이고 복합적으로 부여받기에, 모든 인간 개인은 특정 로컬의 로컬인이면서 특정 국가의 국민이기도 하고 글로벌적 존재이기도 하다. 글로벌과 국가, 그리고 로컬 등을 상대적이고 대립적인 것으로 규정할수록 개인의 신체 위를 무맥락적이고 동시다발적으로 횡단하는 각종 정체성 규정력들은 배타성을 띠게 되면서 인간 개인은 더욱 분열되고 삭제된다. 로컬을 타자로 규정함으로써 저항의 동력으로 재구성하고자 하는 시도 역시 로컬(리티)을 도구화하면서 인간 개인의 소외를 배경으로 삼고 있는 셈이다. 특히, 로컬(리티)의 관계성·맥락성을 타자성·주변성과 등치시킬수록 로컬은 타자·주변이라는 성*姓*을 공통적으로 상속받은 인간 개인들의 일종의 집성촌으로 간주되며, 이 집성촌의 각 개인들은 집성촌이라는 매개체 즉 로컬(리티)에 결박된 존재로 간주된다. 로컬을 명확하고 고정된 경계를 지닌 가시적인 실재로서 재현하지 않고 각종 상위 공간인식 층위에서 투여된 규정력들의 결과 그리고 각 개인들이 자신의 삶터로 인식하면서 구성해가는 지금 여기의 다양한 장소성이 교차하는 물리적·인식적 공간·장소로 이해한다면, 그리고 로컬리티를 특정 공간에 선험적으로 각인되어 있는 근원적이고 본질적인 원천으로서의 그 무엇이 아니라 현재의 필요나 욕망·의지가 투사되거나 요구하는 성격으로 이해한다면, 문제는 로컬(리티)의 매개성 자체에 있는 것이 아니라 로컬(리티)을 매개화·도구화하는 주체의 고정성·편향성에 있다고 할 수 있다. 타자성·소수성·주변성 등은 로컬(리티)에 내재되어 있는 본질적이고 고정적인 성격이 아니라 글로벌 신자유주의나 국민국가를 대타자·주체의 자리에 정위시켰을 때 로컬(리티)을 매개로 삼은 각 인간 개인에 내재화된 것이라고 보아야 할 것이다. 따라서 '로컬(리티)의 주체성을 회복한다'는 표현의 정확한 의미는, 로컬(리티) 자체를 주체로 상정하는 것이 아니라 대타자·상위 공간 스케일의 결핍성을 인지하고 로컬(리티)를 매개로 삼아 각 인간 개인이 외재화한 주체의 자리를 욕망하게 된다는 것이다.

　인간 개인이 이렇게 재매개화한 로컬(리티)은, 개인들이 공간을 장소화[15]하는 다양한 양상과 방식들이 외부의 규정력과 경합·충돌·타

15　여기서 장소는 안정·익숙함·영속의 자질을 지닌 구획되고 인간화된 공간인 반면 이보다 추상적인 공간은 개방성·유동성의 자질을 강하게 지닌 개념이다.(이-푸 투안, 구동

협하는 장場이다. 로컬(리티)은 글로벌 신자유주의나 국민국가의 지배력이 일방적으로 주조해낸 공간도 아니며 각 개인이 자신의 저항적 욕망을 선언적으로 투사할 수 있는 투명한 장소도 아니다. 이 상상의 공간은, 외부의 각종 규정력과 지배력들이 개인의 욕망들과 충돌·공조하거나 중층적으로 작동하는 양상을 확인할 수 있는 투쟁의 장場이며, 그에 앞서 개인이 투사한 공간적 욕망이 외부의 각종 지배력과 규제력에 구속되어 있음을 인지하거나 외부의 지배·규제와 제유적으로 동일시되지 않을 수 있음을 인지할 수 있는 즉 외부의 각종 힘들이 지닌 가치·방향성과 개인 자신의 장소적 욕망의 불일치·충돌을 인지해내고 외부의 힘들이 지닌 일방성·절대적 우위를 의문 혹은 저항의 방식으로 감지해낼 수 있는 시험지이다. 로컬(리티)은 그 자체로 타자성이나 주체성의 공간이 아니라 타자성과 주체성이 교차하는 결절지이며, 교차의 방식을 인지하고 상상·통제하기 위해 외부의 힘과 인간 개인이 주체의 자리를 놓고 다투거나 타협하는 지점인 셈이다. 이런 의미에서 '로컬(리티)의 주체성 회복'이란, 글로벌·국민국가의 대타로 동질화·획일화된 로컬이라는 공간 혹은 타 로컬과의 차이를 증명하는 특수성으로서의 로컬리티를 강조하는 것을 의미하지 않으며 오히려 각 인간 개인이 자신을 로컬 위에서 전개되는 각종 힘과 욕망들의 투쟁을 인식하는 주체로, 로컬(리티)을 매개로 삼아 이 투쟁의 양상들에 개입하고 방향성을 통제할 수 있는 또 하나의 주체로 재정위시키는 것을 의미한다.

회·심승희 역, 『공간과 장소』, 대윤, 2007, 19~20쪽, 94쪽, 124쪽 참조)

로컬(리티)의 매개성은 인간 개인을 주체화하는 방식에도 변화를 강제한다. 계급이나 계층, 세대, 젠더, 종교, 인종 및 민족 등 자신의 신체 위를 가로지르는 수많은 경계와 구별 짓기 방식으로 말미암아 인간 개인은 자신을 다중 정체성의 중층적 존재로 인지한다. 개인의 신체는 다중적·중층적 정체성만큼 찢겨져 있는데, 왜냐하면 각각의 정체성들은 시공간적 제약 없이 보편적으로 작동하는 각종 경계들에 의해 추상적이고 상징적인 방식으로 생산되기 때문이며 이때 개인의 신체는 상징적 형태로 생산된 정체성들이 비유기적인 방식으로 축적된 단순한 집합체이기 때문이다. 다중 정체성의 중층적 존재는 두 가지 소외 즉 각 정체성의 편재성과 비물질성 그리고 수많은 정체성들의 비유기적 결합과 신체와의 유리성遊離性을 동반하고 있다. 반면, 로컬(리티)은 중층적이고 다중적인 경계·구별 짓기가 배제해온 각종 타자들이 투사한 이질적인 욕망들이 충돌·경합·타협하면서 교차하는 장이다. 이 물리적·인식적 공간은 다양한 타자들과의 다양한 방식의 조우를 강요하며 나아가 다중 정체성의 인간 개인을 전일적이고 총체적인 개체로 재인식하도록 강제한다. 각종 경계나 구별 짓기 방식이 추상적이고 상징적인 방식으로 각종 타자를 생산함으로써 인간 개인의 이중적 소외를 초래했다면, 로컬(리티)은 이질적이라 상상되는 타자를 가시적인 현존재[16]로 조우하게 하고 개인 자신을 감각하는 신체를 가진 통합적 주체로 재구성하기를 요구한다. 이는 로컬(리티)이 각종 경계나 구별 짓기를 통해 여러 차별과 모순을 극복하고자 하는 시도들을 인정 투쟁·경

---

16 마르틴 하이데거, 소광희 역, 『존재와 시간』, 경문사, 1998, 243쪽, 347~348쪽 참조.

합·연대 등 새로운 방식으로 구성·통합하는 장으로 기능할 수 있음을 의미한다.

4. 로컬(리티)을 통한 공간인식 층위의 균열 인식 그리고 통합적 가치의 구현

하지만, 로컬(리티)을 매개로 한 개인의 주체성 회복은 현재의 역사적 조건에서 볼 때 여전히 지난할 수밖에 없다. 국민국가와 글로벌 신자유주의가 로컬(리티) (재)발견의 계기로 작용했다는 것은 로컬(리티)이 내셔널(리티)이나 글로벌(리티) 혹은 타 로컬(리티)이 침입하고 영향을 미치는 현장임을 의미한다. 동시에 로컬(리티)을 내셔널과 글로벌 층위의 각종 영향력과 지배력이 하강하여 중층적으로 작용한 결과물로 인식하게끔 한다. 이때 로컬(리티)의 중층성·혼종성은 내셔널과 글로벌 층위에서 생산된 규정력들이 로컬에 착종되어 양가적이거나 다종한 결과로 실체화되는 양상을 가리키게 된다. 이런 현상을 로컬(리티)의 타자화로 요약할 수 있는 이유는 다음 두 가지 점 때문이다. 물론 이 문제들을 순차적으로 살피는 작업은 로컬(리티)을 매개로 인간 개인의 주체성을 회복하기 위한 방향성 모색을 목표로 한다.

첫째, 로컬(리티)을 내셔널 층위와 글로벌 층위의 각종 규정력이 중층적으로 작용한 결과물로 이해할 때 로컬(리티)은 상위 공간 층위의 규정력이 작동하는 컨테이너로서의 수동적인 용기容器[17]로 간주되며 로컬에서 삶을 영위하는 인간 개인들은 상위 공간 층위가 로컬 층위에 규정해놓은 조건들을 수용하고 이 조건들에 적응해야 하는 존재가 된다. 특히, 내셔널(리티)과 글로벌(리티)이 순환적으로 혹은 공조하여 로컬(리티)을 장악해왔다고 할 때, 그래서 학계의 기존 태도가 내셔널(리티)과 글로벌(리티)에 관심과 설명을 집중하는 와중에 부가적 혹은 사례적 논의로서 로컬(리티)을 언급했다고 할 때, 로컬(리티)과 인간 개인은 타자·대상화된 존재로 간주된다. 글로벌(리티)-내셔널(리티)-로컬(리티)는 전체-부분의 관계로 동심원을 형성하는 것으로 해석되고 이 동심원들은 또다시 내부에 더 작은 크기의 동심원들을 배양하는 유기적 구조체로 이해됨으로써, 로컬(리티)은 누적 효과로서의 부분으로 설명되고 간주되었다. 이때의 로컬(리티)은 반동일적 혹은 비동일적 세계관을 의미하는 독특성의 유한한 공간이 아니라 무차별한 공간의 부분일 뿐이다.[18] 로컬(리티)의 중층성·혼종성[19] 등은 상위 공간 층위들의 영향력이 중첩되고 누적되면서 발생한 퇴적물로 이해될 뿐이다.

조감도를 그리듯 상위의 공간 층위에 위치를 고정시킨 채 시선을 점진적으로 하향시킴으로써 결과적으로 로컬(리티)을 중첩적이고 혼종적인 것으로 인지해내는 태도는 선험적으로 로컬(리티)이나 개인의 장

---

17 마르쿠스 슈뢰르, 정인모·배정희 역, 『공간, 장소, 경계』, 에코리브르, 2010, 35~36쪽 참조.
18 문성원, 「로컬리티와 타자」, 『시대와 철학』 21(2), 한국철학사상연구회, 2010, 174쪽 참조.
19 특히, 혼종성은 다양한 공간적 인접, 접촉, 집합에서 비롯되며 이로 인해 로컬은 혼종의 공간으로 설명된다. 그러나 로컬(리티)의 혼종성은 특히 공간적 압축을 동반한 글로벌화에서 비롯되는 것으로 특별히 주목받았다. 이때 로컬은 글로벌화의 구현 현장으로 간주된다. 또한, 내셔널(리티)의 단일성에 대한 상상이 로컬(리티)을 규제할 때 그리고 이 규제를 로컬을 억압하는 폭력으로 간주함으로써 로컬(리티)의 대타성을 강화하고 정당화해나갈 때, 혼종성은 로컬의 저항성이나 본래성을 추인하는 근거로 기능한다. 이 또한 로컬(리티) 발견의 근원적 토대인 대타성의 수동성을 여전히 함유하고 있는 태도이며 주체성의 주장하기에는 함량미달일 수밖에 없다.

소감을 대상화된 타자나 수동적 결과물로 규정해버릴 가능성이 높다. 이럴 경우, 앞서 언급한 대로 로컬(리티)은 상위의 공간 스케일에서 작동하는 외재적 규정력·지배력이 개인의 신체에 내면화되는 경로로 도구화·물화되며, 개인의 신체는 외부의 각종 권력에 동의하면서 비로소 이를 작동시키고 구현하는 지점으로 이해된다.

따라서, 로컬(리티)을 매개로 인간 개인의 주체성을 회복하는 작업은 로컬(리티)을 상위 공간 층위의 각종 권력들이 일방적으로 침투하는 반도체적 성격의 통로로 이해하지 않고 상·하위 공간 층위에서 발생하는 각종 힘들이 충돌·경합·타협하는 결절지로 이해하는 데서 비롯된다. 이는 상위 공간 층위로 상승된 채 고정되어 있는 시선의 위치를 인간 개인의 위치로 이동시킨다는 것을 의미하며, 인간 개인을 로컬(리티)을 통해 자아와 세계의 관계를 적극적으로 해석·재편하고 재현할 수 있는 주체로 재인식한다는 것을 의미한다. 개인의 위치에서 인식·재현되는 로컬(리티)은 상위 공간 층위의 규정력들이 퇴적되어 응고된 침전물이 아니라 글로벌·내셔널 등의 공간인식 층위가 개인의 욕망과 대결하거나 타협하는 방식으로 조우하는 역동적인 장으로 재구된다. 로컬(리티)이라는 장에서 전개되는 각종 충돌과 협상의 과정을 개인의 위치에서 인식하고자 하는 시도는, (탈)근대의 상반된 두 양상을 극복하는 데 즉 글로벌이나 내셔널 등 개인이 이해하고 수렴하기에는 너무나 추상적이고 규모가 큰 공간층위와 일방적으로 결박되는 양상을 극복하는 동시에 타자화·주변화 등의 결과로 야기된 개인의 퇴행적 개체화와 파편화·분편화를 극복하는 데 인문적 돌파구로서의 의미를 갖는다고 할 수 있다.

둘째, 로컬(리티)을 각 공간 층위에서 강제되는 규정력·지배력들이 충돌하고 타협하는 장으로 이해한다는 것은, 로컬(리티)에 대한 인간 개인의 인식 자체가 글로벌·내셔널·로컬 등 각 공간인식 층위들 사이의 분절성을 이해하는 데서 출발하여 로컬(리티)을 공간인식 층위들 간의 충돌과 타협, 지배·종속의 결과물로 해석하고 이를 자연화하는 과정을 거친다는 사실을 인식할 뿐만 아니라 이 현상 자체를 객관화하고 대상화한다는 것을 의미한다. 로컬(리티)을 글로벌리티·내셔널리티·로컬리티[20]·개인의 욕망 등이 충돌하고 경합하는 현장으로 이해하는 태도는 각 공간인식 층위들이 결코 동일한 내용으로 구성된 획일적이고 동질적인 것이 아니라는 점을 전경화하는 데서 시작한다. 그리고 현재의 로컬(리티)은 각 공간인식 층위들의 충돌·경합·타협 양상이 전개되는 역사적 과정 중의 한 지점임을 인지하는 방향으로 전개된다.[21] 대체로, 현재의 로컬(리티)은 글로벌과 내셔널 층위의 공간인식이 절대적인 지배력을 행사함으로써 공간인식 층위 간의 균열을 봉합하고 있다고 볼 수 있다. 가령, 한센인만의 격절공간인 소록도는 해방이라는 내셔널 층위의 역사적 계기에도 불구하고(혹은 이와는 상관없이) 줄곧 억압과 희생, 침묵을 강요받는 타자의 공간이었지만 현재에도 여전히 국가 상실과 민족 억압을 상징하는 제유적 공간으로 재현된다.[22] 제주도는 4·3사건의 기억을 치유하기 위한 조치로서 세계 평화의 섬으로

---

20 여기서의 로컬리티는 물리적·지리적 공간성을 바탕으로 한 기층적 로컬리티(류지석, 「로컬리톨로지를 위한 시론」, 『한국민족문화』 33, 부산대 한국민족문화연구소, 2009, 13쪽 참조), 근원·원천·본질 등과 관련되는 응고되고 고착된 것으로 이해되는 장소정체성까지를 포함한다.

21 이 순서는 사후적으로 재구성된 논리적 순서이며 경험적으로는 역순으로 전개될 것이다.

22 조명기, 「공간인식 층위의 균열과 봉합—소록도 소재 소설을 중심으로」, 『현대문학이론연구』 68, 현대문학이론학회, 2017, 234~264쪽을 참조하시오.

선언되었지만 동시에 국제자유도시로 지정되면서 글로벌 신자유주의에 대한 국가적 대응의 전위적 존재가 되었고, 강정해군기지 건설 과정에서는 글로벌·내셔널 층위의 공간인식과 로컬 층위의 공간인식 사이의 균열이 첨예하게 드러났다.[23] 또한, 중국 연변일대의 조선족들은 조국(중국)과 모국(한국) 사이에서 정체성에 대한 질문을 끊임없이 받음으로써 내셔널 층위의 공간인식에 결박되었고 이로 인해 로컬과 인간의 분리가 가속화되면서 개인들은 타자화되어[24] 중국 내 대도시나 한국 등으로 이주하는 글로벌화에 편승하게 되었다.[25]

로컬(리티)의 타자성은 인간 개인이 로컬이라는 공간을 국가의 제유나 일방적인 글로벌화의 구현 공간으로 간주하는 데서 즉 내셔널(리티)과 글로벌(리티)이라는 공간인식 층위의 절대적 우세를 승인하거나 자연화하는 데서 비롯된다. 브렉시트를 포함한 최근의 극우적 경향이 글로벌화를 위협하는 양상은 개인의 공간인식 층위를 내셔널이나 글로벌에 더욱 고착시키는 효과를 낳고 있는데 이는 로컬(리티)의 가치에 더욱 주목해야 할 필요가 있음을 역설적으로 증명한다. 글로벌(리티)과 내셔널(리티)이라는 공간인식 층위를 절대화·자연화하는 태도는 로컬(리티)이 다양한 공간인식 층위 사이의 균열과 갈등을 내장하고 노정하고 있다는 사실 그리고 공간인식 층위 사이의 갈등을 봉합하는 기존의 방식에는 글로벌(리티)·내셔널(리티)이라는 공간인식 층위의 억압과 폭력이 각인되어 있다는 사실을 은폐한다. 따라서, 타자성의 극복은 공간인

---

23 조명기·장세룡, 「제주 4·3사건과 국가의 로컬기억 포섭 과정」, 『역사와 세계』 43, 효원사학회, 2013, 205~235쪽을 참조하시오.

24 하용삼, 「로컬리티의 타자화와 로컬공동체」, 『대동철학』 56, 대동철학회, 2011, 63쪽 참조.

25 박정희·조명기, 「옌벤조선족자치주의 공간 변화와 상상력」, 『국제지역연구』 16(3), 한국외대 국제지역연구센터, 2012, 41~60쪽을 참조하시오.

식 층위 사이의 갈등·균열을 삭제하고 상위 공간인식 층위를 절대적이고 지배적인 것으로 인정하는 바탕 위에서 로컬(리티)을 이해하고 설명하려는 태도를 극복하는 것 즉 공간인식 층위 사이의 균열을 글로벌(리티)이나 내셔널(리티) 층위에서 봉합해 온 기존의 로컬(리티) 인식 방식에 의문을 제기하면서 이 균열지점을 인간 개인의 욕망들이 개입하여 새로운 관계를 형성하는 틈새로 재구성하는 데서 시작된다.

따라서 기존의 지배적 공간인식 층위를 확인하고 승인하는 데서 출발하는 로컬(리티) 연구는 현상의 거시구조를 설명하는 데는 일정 정도 유용할 터이지만, 기존 프레임의 전환이나 새로운 통합적 가치를 구현하는 데는 한계를 지닐 수밖에 없다. 지향적 가치의 구현을 또 하나의 주요한 속성으로 하는 비판적·대안적 로컬(리티) 연구는, 로컬(리티)에서 전개되고 로컬(리티)을 통해 표출되는 공간인식 층위들 사이의 균열과 비대칭적·상상적 봉합의 양상 그리고 재발견된 균열을 통해 인간 개인이 로컬(리티) 재구성에 개입할 수 있는 가능성에 초점을 맞추는 데서 출발한다.[26]

또한, 계급·계층, 젠더, 세대, 인종, 종교, 문화 등 각종 경계 짓기, 구별하기 방식에 따라 인간 개인의 신체가 무맥락적이고 파편적으로 분열되는 현상은 로컬(리티)을 통한 개인과 세계의 상호소통적 관계 형성이 봉쇄되어 있음을 의미하는데, 이는 공간인식 층위들 사이의 균열을 비대칭적이고 상상적인 방식으로 봉합함으로써 유지되어온 기존 질서의 부작용일 터이다. 각종 차별을 철폐하고 미세하거나 분명한 차이들을

---

[26] 이는 글로벌(리티)·내셔널(리티)와 로컬(리티)의 관계뿐만 아니라 로컬 간의 관계를 제약해온 기존의 질서에 대한 의문과 재구성의 가능성으로 확대된다.

존중한다는 취지에도 불구하고 새로이 제기되는 각종 경계와 구별하기의 잣대들이 윤리 경쟁의 도구로 변질되고 있는 것이 아닌가 하는 우려가 제기될 수 있는 이유는, 이 경계와 잣대들이 배타적 본질성·근원성 등을 가정하고 있기 때문이다. 반면, 비록 로컬(리티)이 각종 공간인식 층위 사이의 균열이 드러나고 이 균열을 비대칭적·상상적으로 봉합해온 기존 질서의 비유일성이 폭로되는 공간이라 할지라도, 이 균열과 기존의 봉합 방식에 대한 인간 개인의 욕망과 기대는 개인의 수만큼 다양할 수밖에 없다. 로컬(리티)은 공간의 장소화에 대한 방식에서부터 무장소성에 대한 추종에 이르기까지 다양한 개인들의 욕망이 혼란스럽게 뒤섞이거나 충돌하는 방식으로 조우하는 공간이며, 이 번잡스러운 조우의 과정은 각종 경계와 구별 짓기의 방식들이 다양한 장소화의 방식을 모색하는 가운데 스스로에 내재되어 있는 배타성과 타자화 경향을 인지하고 희석시키는 과정이다. 결국 로컬(리티)을 공간인식 층위의 균열과 봉합이 진행되는 장으로 관찰한다는 것은, 인간 개인이 세계와 관계 맺는 물질적·인식적 토대와 방식들을 탐구하면서 재구성한다는 의미이며, 로컬 내의 다양한 욕망·경계들과 조우하면서 새로운 장소화의 과정즉 결과적으로 새로운 통합적 가치의 구현 과정을 끊임없이 탐문한다는의미이다. 로컬(리티)이라는 장은 인간 개인이 균열과 통합의 순환이라는 이러한 운동에 주도적으로 관여할 수 있는 틈새를 제공한다.

비판적·대안적 로컬(리티) 연구는 각종 경계와 구별 짓기의 방식들과 마찬가지로 개인을 분류하고 해체하는 또 하나의 기제를 첨가하여 기존의 경계·구별 짓기 방식들의 인정투쟁에 참가하는 것이 아니어야한다. 비판적·대안적 로컬(리티) 연구가 지향해야 할 '새로운 통합적 가치'란, 인간 개인이 로컬(리티)을 매개체로 삼아 기존 경계·구별 짓기 방식들을 개인의 신체 위에서 통합해가는 것을 가리킨다.

참고문헌

류지석, 「로컬리톨로지를 위한 시론」, 『한국민족문화』 33, 부산대 한국민족문화연구소, 2009.

문성원, 「로컬리티와 타자」, 『시대와 철학』 21(2), 한국철학사상연구회, 2010.

박배균, 「국가-지역 연구의 인식론」, 박배균·김동완 편, 『국가와 지역-다중스케일 관점에서 본 한국의 지역』, 알트, 2013.

박정희·조명기, 「옌볜조선족자치주의 공간 변화와 상상력」, 『국제지역연구』 16(3), 한국외대 국제지역연구센터, 2012.

임운택, 「포스트포드주의로의 변형과 '유연한' 자본주의-세계화, 주주 자본주의, 아메리카니즘」, 『한국사회학』 37(6), 한국사회학회, 2003.

장세룡, 「로컬, 주체, 타자」, 『로컬리티 인문학』 11, 부산대 한국민족문화연구소, 2014.

조명기, 「공간인식 층위의 균열과 봉합-소록도 소재 소설을 중심으로」, 『현대문학이론연구』 68, 현대문학이론학회, 2017.

_____, 「로컬에 대한 두 가지 질문」, 『로컬리티 인문학』 11, 부산대 한국민족문화연구소, 2014.

조명기·장세룡, 「제주 4·3사건과 국가의 로컬기억 포섭 과정」, 『역사와 세계』 43, 효원사학회, 2013.

채오병, 「지구화를 통한 지역화」, 『경제와 사회』 80, 비판사회학회, 2008.

하용삼, 「로컬리티의 타자화와 로컬공동체」, 『대동철학』 56, 대동철학회, 2011.

베네딕트 앤더슨, 윤형숙 역, 『상상의 공동체』, 나남출판, 2002.

데이비드 하비, 임동근·박훈태·박준 역, 『신자유주의 세계화의 공간들』, 문화과학사, 2010.

이-푸 투안, 구동회·심승희 역, 『공간과 장소』, 대윤, 2007.

앙리 르페브르, 박정자 역, 『현대세계의 일상성』, 기파랑, 2009.

_____, 양영란 역, 『공간의 생산』, 에코리브르, 2011.

마르틴 하이데거, 소광희 역, 『존재와 시간』, 경문사, 1998.

마르쿠스 슈뢰르, 정인모·배정희 역, 『공간, 장소, 경계』, 에코리브르, 2010.

로컬리티의 개념적 이해와 언어표상

차윤정

1. "로컬리티의 인문학" 연구의 출발

"로컬리티의 인문학"은 현실의 로컬 인식에 대한 비판적 사유에서 출발한다. 일차적 의미에서 로컬은 인간이 거주하는 삶의 터를 가리키는 용어이다. 그러나 로컬은 현실세계에서 가치중립적인 의미를 지니지 않는다. 특히 한국적 상황에서 로컬은 근대의 이분법적 사고에 따라 글로벌, 국가, 중심의 대척점에 자리한 국가의 하위단위, 지방, 주변, 변두리로 의미 규정된다. 로컬의 다른 표현으로, 한국사회에서 일반화된 용어인 '지방'은 타자화 된 로컬의 대표적 표상이다.

국가를 구성하는 하위 단위로서의 로컬은 지도나 조직표 속에 하나의 자리로 존재한다. 지도나 조직표 속의 로컬은 국가가 추구하고 동원하는 논리(보편성)를 모사하고 원본에로의 수렴정도에 따라 위계화 됨으로써, 그에 따라 가치가 결정된다. 이러한 관계 속에서 로컬은 국가의 보편성, 동일성으로 환원됨으로써, 고유의 가치를 지닌 대체불가능한 차이의 존재가 아닌 언제나 다른 것으로 대체가능한 존재가 된다. 이때 로컬은 그곳에 거주하는 인간들의 삶터, 인간과 다양한 것들의 상호작용을 통해 구성되는 관계의 장으로 의미화 되기보다는, 국가의 하위 단위라는 텅빈 표층적 공간으로 의미화 된다.

이러한 이유에서 "로컬리티의 인문학"에서는 로컬이 고유한 가치를 상실하고 자본이나 국가, 글로벌을 포함한 중심의 보편성으로 환원되는 현실에 대한 비판적 시각을 담아, 로컬에 작동하고 있는 '중심-주변, 전체-부분'의 관계 양상을 로컬리티의 연구를 통해 드러내고 그 권력관계를 해체하는 한편, 차이의 존재로서 로컬의 고유한 가치와 자율성을 찾고자 하는 연구 지향점을 지닌다.

2. 로컬(리티)의 재의미화─생성론적 사유와 로컬(리티)

1) 로컬

(1) 개체와 로컬

현실의 로컬에 대한 비판적 인식은, 로컬이 고유의 가치와 차이의 존재로서 대체불가능한 존재라는 사유에 기반한다. 이러한 사유는 자율성을 지니며 대체불가능한 존재인 '개체'의 개념에 맞닿아 있다. 개체란 여러 구성요소들로 이루어진 것이지만, 스스로는 다른 것의 온전한 구성요소가 되기를 거부하는 존재이다. 다른 식으로 말해, 개체는 구성요소를 포함함으로써 전체가 되지만, 개체 자체는 어떤 전체에도 온전히 속하지 않는 존재이다. 인간은 개체의 전형이다.[1] 개체인 인간을 보편성으로 환원시킬 때, 고유명사로서의 인간은 사라지고 보통명사화하거나 전체 구조 속에서 하나의 점이 된다. 하지만 현실 세계 속의 인간들은 고유명사로서 특정한 삶을 살아가고 있다. 이런 점에서 로컬을 단순히 국가의 하위단위, 지도나 조직의 한 자리가 아닌, 보편성으로 환원시킬 수 없는 고유한 가치를 가진 존재로 본다는 것은 로컬을 '개체'로 이해하고자 한다는 것과 다르지 않다.

　로컬리티 연구에서는 로컬을 로컬리티가 발현되는 장으로 규정하고, 물리적 공간과 인식의 공간으로 구분한다. 로컬은 절대적으로 규정된 단위가 아니라 대타적 관계에 의해 규정되는 것으로, 전체와 부분의 관계맺음 양상에 따라 공동체, 마을, 지방, 지역region, 국가 등으로 다양하게 설정되어 왔다. 또한 유비적 사고를 통해 전체-부분, 중심-주변의 개념을 인식의 중심-주변, 상위-하위의 논리와 연결시킴으로써 로컬의 개념을 '인식의 공간'으로 확장하고, 주체-타자, 다수-소수, 제도-일상 등의 문제를 이해하기 위한 시각으로 전유하고자 하였다.

　로컬을 인간과 시간, 사회 · 정치 · 경제 · 문화 등 다양한 것들의 상호작용을 통해 구성되는 관계의 장으로 규정한 것은, 로컬이 정체되지 않고 변화하며 그 경계가 고정되지 않고 열려있다는 것을 의미한다. 이

1　물론 이것이 존재론이나 인간중심주의를 복권시키려는 것은 아니다. 단지 우리의 삶이 개체들을 토대로 한다는 점에서 이에 기반한 사유가 담론이나 실천에 기여할 긍정적 영향을 유념한 것이다.

것은 개체가 다른 것들과의 상호작용에 의해 끊임없이 경계를 해체하고 열어가며 변화한다는 특성과도 닮아 있다. 로컬과 개체의 이러한 유사성을 바탕으로 '개체'에 대한 사유를 전유함으로써, '로컬'에 대한 인문학적 이해의 폭을 넓히고 "로컬리티의 인문학"의 인문학적 성격을 강화할 수 있을 것이다.

(2) '다양체'로서의 로컬과 로컬화

개체의 특성을 이해하기 위해 다시 인간으로 돌아가 보자. 인간이라는 개체는, 기관이라는 상이한 구성요소들로 이루어졌지만 이 기관들은 각각의 자율성을 지니는 개체이며, 이것들 역시 세포 같은 또 다른 구성요소로 분할되는 연속적 관계를 이루고 있다. 주목해야 할 것은 이러한 개체의 구성에 관여하는 요소들은 서로 이질적이고 자율적이며 분할 가능하다는 것이다. 하지만 다른 개체의 구성에 관여한다는 측면에서 하나로 묶일 수 있다. 이런 점에서 개체란 수많은 분인dividual들이 하나로 결합되는 '개체화'의 결과를 지칭한다는 스피노자의 말은 의미 있다. 모든 개체는 복수의 요소들이 모여서 개체화한 결과이고 따라서 모든 개체는 복수의 분할가능한 요소들의 집합체라는 것이다.[2] 이런 개체의 특성을 들뢰즈는 늑대인간처럼 여럿이 하나[3]가 되는 것에 비유하였다.

---

2   이진경, 「코뮨주의에서 공동성과 특이성」, 『탈경계인문학』 6집, 이화여대 인문과학원, 2010, 303쪽.
3   질 들뢰즈·펠릭스 가타리, 김재인 역, 『천 개의 고원』, 새물결, 2001, 59~82쪽.

개체화와 그 결과인 개체의 생성에 대한 사유는 로컬화와 로컬의 생성에 대해 유의미한 시사점을 제공한다. 로컬리티는 다양한 구성요소들의 상호작용에 의해 생성된다. 그리고 이러한 로컬리티가 발현되는 장이 로컬이다. 달리 표현하면 여러 구성요소의 상호작용을 통해 로컬리티가 생성되고, 이 생성된 로컬리티를 공유하는 하나의 장이 로컬로 분절되는 것이라고 해석할 수 있다. 따라서 상호작용하는 여러 구성요소들이 하나로 결합되어(연계되어) 로컬리티가 생성되는 과정은 로컬화이며, 이것이 곧 로컬이 생성되는 과정이자 통로이다. 따라서 상호작용하는 구성요소들이 어떻게 교차하며 접합되는지에 따라 다양한 차이를 지니는 로컬리티가 생성되고, 또 그에 따라 로컬이 구성된다. 하지만 이러한 과정은 로컬리티를 읽어내는 연구로 전환될 때, 대체로 반대 방향의 작업과정으로 진행된다. 즉 연구의 접근성이라는 편의를 위해, 대략적인 범주로서 특정 로컬 단위를 먼저 설정하고, 이를 통해 로컬리티를 드러내는 과정으로 연구가 이루어진다.

개체의 개념을 전유해서 로컬을 사유한다면, 로컬화를 통해 하나의 범주로 생성된 로컬은 본래 이질적으로 존재하는 것들이 다양한 방식으로 상호작용함으로써 구성된 것이다. 이는 로컬의 복합적이고 중층적인 속성에 대한 해석의 실마리를 제공해 준다. 로컬은 이질적인 '여럿'이 '하나'로 결합된 것이므로 단일성을 속성으로 하지 않는다. 특정 국면에서 '하나'로 결합되어 생성되었지만 로컬 내부에는 항상 이질적인 '여럿'이 존재한다는 점에서, 로컬은 복합적이며 중층적인 특성을 갖는다. 또 다른 로컬과의 접속을 통해 늘 타자화를 경험하므로 단독자도 아니다. 로컬은 단일성이 작동하는 고정된 실체로서 그 자체에 갇혀 있는 것이 아니며, 그렇다고 이질성과의 접촉을 통해 타자로 환원되는 것도 아니다. 다른 로컬들과의 관계망을 형성함으로써 경계를 확장하여 또 다른 로컬의 한 요소로서 변화해 나가려는 속성을 지니는, 경계가 열려 있는 존재이다. 로컬의 이러한 속성은 다양체 개념과 연결된다. 다양체로서의 개체가 '여럿-하나'[4]되었지만 '하나'에 함몰되지 않고 경계를 열어, 타자와의 접촉을 통해 열린 개체로 확장되고 언제든지 타자와 자리바꿈할 수 있는 존재라는 점에서, 로컬리티 연구에서 지향하는 로컬은 다양체로서의 속성을 갖는 로컬이다. 물론 현실세계의 모든 로컬이 이상적인 다양체의 속성을 보인다는 의미는 아니다.

단일성도 단독자도 아닌 로컬은 양방향의 사유를 촉발시킨다. 특정 국면에서 로컬화가 이루어지면 로컬이 생성되고 로컬의 내부와 외부[5]라는 경계, 좀더 유동성을 강조하면 문턱이 생긴다. 전로컬적인pre-local 장에서 로컬이 생성되면서 그 로컬의 외부가 생기게 되는데, 이로써 촉발되는 외부에 대한 사유이다. 또 한편으로는 개체를 구성하는 이질적 요소들에 대한 사유, 즉 로컬의 내부에 대한 사유이다.

현실의 로컬은 로컬 내부의 '여럿-하나'됨의 관계 양상에 따라 그리고 로컬 외부와의 관계 양상에 따라, 다양한 온도 차이를 보이며 스펙트럼처럼 존재한다. 로컬의 외부는 타자(성)로서 로컬과 접촉하면서 로컬 변화의 동인이 되어, 로컬이 단단하고 고정된 '하나'를 깨고 타자

---

[4] 여기서 사용하는 '여럿-하나'는 다양체를 표현하는 이정우의 방법을 빌어다 쓴 것이다. '동일성'이라는 용어가 가져오는 오해를 피하기 위한 선택이다. 조정환·황수영·이정우·최호영, 『인지와 자본』, 갈무리, 2011, 113~190쪽.

[5] 이때 외부는 타자, 내부는 주체라는 등식관계가 아닌, 개체라는 분절단위의 경계를 중심으로 로컬 외부와 로컬 내부라는 개념으로 사용한다.

(성)와 교섭하면서 차이의 존재로 거듭나게 한다. 이런 점에서 로컬은 타자(성)와 어떻게 상호작용하는가에 따라, '단단한 하나'인 로컬로부터 끊임없이 차이의 존재로 거듭나는 '느슨하게 연계된 하나'까지 다양한 종류의 로컬이 생성된다. 따라서 현실의 로컬은 이상적으로 경계가 열려있지도(다양체) 그렇다고 완전히 폐쇄되어 있지도 않다. 질적 차이를 가지고 다양한 모습으로 넓게 펼쳐져 있다.

로컬의 외부는 접촉을 통해 로컬의 변화를 추동함으로써, 로컬이 '단단한 하나'로 정체되지 않도록 하는 존재이다. 하지만 현실에 존재하는 로컬의 외부는 때로는 글로벌, 국가나 자본 같은 보편성의 얼굴을 하고 동일화의 원리를 작동시키며 로컬과 접촉함으로써, 로컬을 중심의 보편성으로 포획하고 타자화하기도 한다. 로컬리티 연구에서는 보편성의 권력을 가진 로컬 외부와 로컬이 접촉하면서 나타나는 포섭과 갈등, 저항 등의 다양한 로컬리티를 드러내는 한편, 외부의 보편성의 권력 해체를 시도해 왔다. 이런 점에서 동일화의 원리를 작동시키는 외부와의 접촉에서 로컬의 '(여럿이) 하나'는 오히려 보편성이라는 외부의 권력에 저항하는 저항점이 되기도 한다.

'여럿-하나'된 로컬의 내부에는 또 다른 타자(성)가 존재한다. 각 요소들은 특정 국면에서 '하나'로 결합되어 로컬로 구성되었지만, 각각이 개체로서의 특성을 지니고 있다. '하나'의 결합망(연계망)으로 보이는 표면 아래에는 이질적인 '여럿'이 겹쳐져 주름을 형성하고 있다. 로컬 내부의 '여럿' 즉 타자성은 펼침을 통해 언제든지 '하나'를 변화시킬 수 있는 힘들이다. 현실의 로컬은 내부의 '하나'와 '여럿' 사이의 관계 양상에 따라, '단단한 하나'를 유지하는 로컬과 내부의 '여럿이' 언제든지 자리바꿈할 수 있는 변화하는 로컬 사이에서 다양한 질적 차이를 보이며 존재한다.

이처럼 "로컬리티의 인문학"연구에서 생성론적 사유의 '개체' 개념을 전유하는 것은, 현실세계의 로컬을 이해하고 그 지형도를 그려내는 데에 인문학적 개입을 시도하는 것이자, 로컬리티 연구의 지향점을 설정하는 데 기여한다. 결과적으로 이러한 전유는 "로컬리티의 인문학"이 '인문학이 현실세계에 어떻게 개입할 수 있는가?', '"로컬리티의 인문학"이 기존의 지역학 연구와 어떻게 다른가?'라는 지속적인 심문에 답하는 하나의 방법이 될 수 있을 것이다.

2) 로컬리티

로컬리티는 "공간적 지리적으로 국가의 중심성과 대비되는 새로운 분석단위로서 일정한 장소에서 시공을 가로질러 출현하는 다양한 사회적 현상과 세계관의 총체"라는 초기의 개념 규정을 거쳐, "로컬의 가치 혹은 속성"이라고 규정되어 왔다. 이러한 개념 규정은 로컬리티가 로컬을 통해서 논의될 수 있다는 것을 함의한다. "로컬은 텅빈 공간이 아니라 그곳에 거주하는 인간과 다양한 정치, 경제, 사회문화적 구조가 교차하며 상호작용하는 공간"이라는 점에서, 로컬리티는 로컬을 통해 드러나는 "인간들의 다양한 관계성의 총체라고 할 수 있으며, 복합적이고 중층적이고 유동적이며, 권력적이기도 하고 가치 지향적"이다.[6]

로컬리티가 갖는 복합적이고도 중층적인 특성은, 그간의 로컬리티 연구가 장소성(장소정체성), 세계관, 사회적 관계양상, 가치' 등에 대한 논의로 다양하게 펼쳐지게 된 배경이기도 하다. 일견 이런 다양한 논의들은 하나의 틀로 묶이지 않는 별개의 것처럼 보여 로컬리티를 모호함 속에 남겨놓는 것 같기도 하다. 하지만 이것은 오히려 로컬리티의 복합적이고도 중층적인 특성을 보여주는 것이다. 이것들 각각은 로컬리티의 켜를 갈라내어 그 한 면을 보여준다. 로컬리티를 '세계관, 장소성(장소정체성), 사회적 관계양상, 가치' 등으로 해석하는 것은, 복합적이고도 중층적인 로컬리티를 무엇을 통해 바라보는가라는 '관점', 혹은 '분석시각'의 문제이다.

아젠다에서는 '가치'를 '속성'과 같이 로컬리티의 개념 규정에 포함시키고 있다. 하지만 '가치'는 그것 자체가 로컬리티의 의미라기보다는 그것을 통해 로컬의 속성 즉 로컬리티를 읽어낸다는 점에서, 로컬리티를 읽어내는 분석시각과 관계된다고 할 수 있다. 이처럼 구성요소와 각각의 분석시각을 통해 로컬의 속성을 읽어내는 것이 로컬리티 연구이다. 로컬리티가 가진 중층성과 복합성은 로컬리티 연구가 다양한 분석시각을 전제할 수밖에 없는 태생적 조건이며, 로컬리티 연구가 다양한 영역으로 확장될 수밖에 없는 이유이기도 하다. 로컬리티 연구가 다양한 분과학문이 접속한 학제간 연구를 수행해야 하는 것도 이러한 이유에서이다.

이렇게 복합성과 중층성을 포함하여 로컬의 '장소성(장소정체성), 세계관, 사회적 관계양상, 가치' 등은 로컬의 속성을 드러내는 것이라는 점에서, 로컬리티의 연구의 한 부분을 차지한다. 따라서 이 글에서는

---

6 부산대 한국민족문화연구소, 『로컬리티의 인문학』, 부산대 한국민족문화연구소, 2010, 2쪽.

일차적으로 로컬리티를 '로컬의 속성'이라고 정의한다. 이때 속성이란 단순히 '사물의 고유한 성질'이라기보다는 '부단히 변화하는 물질이 가진 다양한 운동성의 총괄적으로 표현'[7]을 의미한다. 결론적으로 생성적 측면과 속성의 특성을 결합시켜 로컬리티를 재의미화하면, 로컬리티는 '인간을 포함한 다양한 구성요소들의 상호접촉을 통해 생성된 복합적 중층적이며 운동성을 지닌 로컬의 속성'으로 정의된다.

3. 로컬리티의 생성[8]

1) 잠재된 로컬리티, 발현된 로컬리티

로컬의 속성에 대해서는 두 가지 측면에서 논의가 가능하다. 하나는 개체적 측면에서의 로컬 자체에 대한 접근이다. 이 측면에서 로컬의 속성은 '로컬 자체'가 가진 속성으로서, 아직 현실화되지 않은 것을 의미한다. 또 다른 측면은 로컬의 속성이 발현되어 현실화됨으로써 인식 가능한 것이다. 인식적 측면에서 보면 로컬의 속성은 밖으로 드러남으로써 인식될 수 있는 것이다. 이것이 인식되는 것으로서의 '로컬의 속성'이다. 이런 점으로 볼 때 인식되는 로컬의 속성은 결국 로컬 자체가 가

---

7   『철학사전』, 중원문화, 2009.
    http://terms.naver.com/entry.nhn?docId=388122&cid=41978&categoryId=41985
    (검색일 : 2015.8.20)
8   이 장은 차윤정, 「비동일성의 관점에서 본 로컬리티와 표상」, 『한국민족문화』 57집, 부산대 한국민족문화연구소, 2015의 일부를 발췌하여 수정하였다.

진 속성의 일부와 관련되는 것이다. 따라서 엄밀한 의미에서 로컬리티란 그것의 현실화 여부와 상관없이 존재하는 로컬이 가진 속성의 전체를 말하는 것이다. 하지만 이 총합적인 로컬리티는 아직 인식되지 못하는 것들도 포함하고 있으므로, 로컬리티 연구에서 우선적으로 연구대상으로 삼는 것은 인식되는 로컬리티이다. 이것을 매개로 해서 총합적인 로컬리티에 접근 가능할 것이다. 따라서 로컬리티 연구는 이러한 총합적인 로컬리티를 전제한 가운데, 인식된 것들을 대상으로 연구를 수행하고 이를 통해 총합적인 로컬리티에 대한 이해를 시도하는 것이다.

　로컬리티를 잠재적인 로컬리티와 발현되는 로컬리티로 구분하는 것은, 로컬리티의 생성 측면에서 유의미한 해석을 제공한다. 이러한 구분이 내포하는 의미는, 로컬리티라는 것이 존재하지 않다가 어느 순간 갑자기 나타나는 것이 아니라 어디엔가 존재하고 있다는 것이다. 그것은 항상 잠재적인 것으로 흐르다가 특정 국면 즉, 특정 장소와 시간, 사회구조, 인간의 상호작용, 외부와의 접촉 등에 의해 다양한 양상으로 발현된다는 의미이다. 이런 점에서 로컬리티는 고정된 실체가 아니라 특정 국면에서 생성되는 결과 혹은 효과라고 할 수 있다. 예를 들어 특정 로컬인이 다른 로컬인과 만나게 되었을 때, 특정 로컬인으로서의 속성을 좀더 분명하게 인식하게 되는 것과 유사하다. 이러한 인식은 만남의 순간에 갑자기 생성되는 것이 아니다. 자신이 속한 로컬의 속성이 내부에 늘 잠재해 있지만 평소에는 그것이 잘 드러나지 않는다. 그러다가 다른 로컬인과의 만남을 통해 다른 로컬의 속성을 접하게 됨으로써, 그것이 잠재적인 상태를 뚫고 솟아올라 발현되는 것이다. 이처럼 로컬리티 역시 늘 잠재되어 있다가 특정 국면에서 발현됨으로써 밖으로 드러나는 것이다.

따라서 밖으로 드러나지 않는 잠재된 로컬리티의 존재는 발현된 로컬리티들을 통해서만 그 존재가 확인된다. 공간과 시간, 구조와 인간, 내외부의 상호작용이라는 접합 방식에 따라 다양하게 구성된 로컬리티들은 발현되어 구체화됨으로써 우리에게 인식된다.

잠재되어 있는 로컬리티와 발현되는 로컬리티는 동일하지 않다. 잠재되어 있는 로컬리티는 부정법으로 표현되는 들뢰즈의 순수 사건처럼 구체적인 형상을 갖지도 않고 일정한 정형성을 갖지도 않는다. 따라서 잠재된 로컬리티가 국면에 따라 다르게 발현된다면, 발현되는 로컬리티는 아주 다양해질 수밖에 없다. 발현된 로컬리티가 다양하다는 것은 곧 잠재된 로컬리티가 그 다양성을 품고 있다는 의미이기도 하다.

그런데 발현된 로컬리티는 단순히 로컬리티를 드러내는 역할만을 하는 것이 아니다. 발현된 로컬리티는 표상되어 다시 잠재된 로컬리티에 영향을 끼쳐 로컬리티의 재구성에 관여한다. 발현된 로컬리티는 표상을 통해 인간과 사회에 영향을 끼침으로써 로컬리티의 재구성에 관여하는 것이다. 이것은 발현된 로컬리티가 다시 잠재된 로컬리티로 들어오면서, 잠재된 로컬리티의 내적 양상이 다양화되면서 외연이 확장되거나 내부에서 의미의 재구성이 생기는 것을 의미한다.

2) 로컬리티의 구성요소

부정형으로 잠재되어 있던 로컬리티가 특정한 국면에서 인식 가능한 로컬리티로 발현된다면, 이런 로컬리티의 생성에 관여하는 것은 무엇일까? 무엇이 특정 로컬리티를 다른 로컬리티로부터 구별 가능하게 할까?

로컬리티에 대한 이해는 '인간이 자신의 삶터(로컬)에서 어떻게 사유하고 표상하고 문화를 형성해 나가는가'에서 출발한다. 이를 구체화시켜 보면 인간이 삶을 살아가면서 접하는 자연적 환경요소에서 '장소'를, 공유 경험과 기억에서 관류하는 시간을, 공통의 사유방식과 인식에서 '공유 인식'을, 공유 인식의 재현과 소통의 체계로서 '언어 및 매체'를, 그리고 사회 제도와 정치, 경제적 관계 및 구체적인 삶의 모습을 나타내는 '사회적 관계와 생활방식'의 다섯 가지 요소를 로컬리티를 구성하는 핵심적인 요소로 추출하였다. 이를 다시 추상화하여 공간, 시간, 사유, 표상, 문화의 다섯 가지로 범주화하였다.[9] 물론 이것이 로컬리티를 구성하는 절대적 구성요소가 될 수 없으며, 문화의 범주에 사회, 정치, 경제적인 요소들까지 포함시키는 것은 논란의 여지가 있을 수 있다. 하지만 로컬리티를 구성하는 수많은 요소들을 모두 범주화하여 다룰 수 없다는 점, 그리고 광의의 문화 개념은 사회, 정치, 경제적 관계들을 포함할 수 있을 뿐만 아니라 표층적인 문화현상 이면에는 정치·사회·경제적 권력관계가 작동하고 있다는 점에서 임의적으로 5개의 범주를 구성한 것이다. 각각의 구성요소들은 상호접촉하고 연계되고 순환하며 공유되는 방식으로 로컬리티를 구성하지만, 5개의 범주로 영역화한 것은 나름대로 고유한 영역을 형성하는 것으로 다루고자 함이다. 다섯 가지 구성요소들은 로컬 내부에 존재하는 것들만이 아니라 로컬 외부에 존재하는 것들 역시 로컬리티를 구성하는 데 관여한다. 로컬

9　부산대 한국민족문화연구소, 『로컬리티의 인문학』, 부산대 한국민족문화연구소, 2010, 2쪽.

은 단독적 존재가 아니라 연속적 관계 속에서 존재한다는 점 때문이다.

생성적 측면에서 볼 때, 각각의 구성요소들이 접촉하고 관계 맺는 양상에 따라 다른 로컬리티가 생성된다는 것은, 로컬리티가 고정된 실체가 아니라 하나의 결과이자 효과이며 경계를 고정할 수 없는 유동적인 것이라는 의미이다. 따라서 로컬리티 연구란 실체가 아닌 효과를, 그리고 경계가 유동적이어서 분절시키기 어려운 것을 하나의 대상으로 포착해서 그것을 읽어내는 작업이다. 이런 점에서 로컬리티 연구는 구성적이고 담론적인 성격을 띤다.

로컬리티가 유동적이라는 것은 그것이 일정하고 고정된 어떤 원형을 상정할 수 없음을 의미한다. 일반적으로 개체와 개체 사이의 구별을 위해 우리는 특정 개체의 고유한 정체성, 즉 어떤 개체의 원형적인 특징을 상정한다. 그리고 이 고유한 정체성을 바탕으로 특정 개체를 다른 개체와 구별한다. 하지만 변하지 않는 고유한 정체성이 있다는 것은 세계를 바라보는 한 가지 방식이다. 마찬가지로 특정 로컬의 속성에 대해, 고유성을 바탕으로 한 독특한 로컬리티의 원형이 존재할 것이라는 생각은, 우리가 고안해낸 상상물이다. 이러한 상상은 플라톤 이래 근대적 표상의 원리가 추구해온 동일성의 논리에 근거한다. 들뢰즈에 따르면, 존재하는 것이란 변화 속에서도 자기동일성을 유지하는 어떤 것이 아니라 변화에 의해 항상 달라지는 것, 즉 항상 '자기를 차이화 해가는se-différencier' 것이다. 그래서 세계란 차이체들로 가득 차 있으며, 세계에서 일어나는 상호작용이란 모두 차이체들이 다른 차이체들과 직접 연결되어서 일어나는 것이다.[10] 로컬리티 역시 시공간을 포함한 다양한 구성요소들의 작동에 의해 항상 변화의 선상에서 고정된 자기 동일성을 유지할 수 없는 존재이다.

발현된 로컬리티는 표상체계를 통해 표상된다. 이때 '표상'은 '사유의 원리'로서의 의미가 아닌 '재현reprsentation'의 의미에 더욱 가깝다. 이런 점에서 로컬리티 연구에서 연구범주로 설정하는 표상 범주는 재현의 범주라고도 할 수 있다. 따라서 표상되는 로컬리티들은 잠재된 로컬리티가 현실화되고 구체화된 로컬리티이다. 그리고 이 표상을 통해 로컬리티의 의미는 존속된다. 결국 로컬리티 연구에서 표상은 로컬리티가 드러나는 장소이다.

발현되어 구체화된 로컬리티는 다시 잠재된 로컬리티 속으로 들어와 잠재된 로컬리티에 영향을 끼친다. 이것은 로컬리티가 표상을 통해 구체적인 모습을 드러내기도 하지만, 역으로 그 표상이 다시 로컬리티의 재구성에 영향을 끼친다는 점과 관련이 있다. 잠재된 로컬리티 속으로 들어온 로컬리티들은 모두가 한 순간에 동시적으로 공존하므로 순차적인 관계가 아니라 동시적인 공존의 관계에 있게 되며, 모든 로컬리티들은 전체가 구분 없이 한꺼번에 새롭게 구성되는 로컬리티에 침투해 들어가게 된다. 그래서 새롭게 구성되는 로컬리티는 자신 안에 지나간 로컬리티 전체들이 함께 재구성되는 것이라고도 볼 수 있다.

이렇게 유동적이고 중층적이고 복합적인 성격을 띤 로컬리티는, 구체화되어 그것을 표상을 통해 담아놓는다 하더라도 발현되는 로컬리티의 다양성만큼 표상의 가능성도 다양해진다. 그래서 특정 로컬은 다양한 로컬리티들의 표상을 가질 수 있다. 예를 들어 표상의 형식적인 측면[11]

---

10 조현수, 「들뢰즈의 '차이의 존재론'과 '시간의 종합'이론을 통한 그 입증」, 『철학』 제115집, 2013, 78쪽.

을 뒤로 하더라도, 부산의 로컬리티는 다양하게 표상될 수 있다. 어떤 국면에서 로컬리티가 발현되느냐에 따라 '자갈치아지매, 부산방언, 해운대, 10 · 16 항쟁' 등 다양한 것들이 부산의 표상으로 자리할 수 있다. 로컬 부산의 속성이 어떤 국면에서 발현되느냐에 따라 '자갈치아지매'를 통해 부산의 로컬리티를 말할 수도 있고, '부산 방언'을 통해 그리고 '해운대'나 '10 · 16 항쟁'을 통해서 부산의 로컬리티를 말할 수도 있다. 이 모든 것들의 총합으로 잠재해 있는 부산의 로컬리티가 어떤 국면에서 발현되느냐에 따라 다른 표상으로 나타나기 때문이다. 공간과 시간, 문화와 인간과 내외부의 상호작용이 어떻게 이루어지느냐에 따라, 부산의 로컬리티는 다양하게 표상될 수 있다. 이런 점에서 '어떤 표상이 부산의 로컬리티를 다 담아낼 수 있는가? 특정 로컬리티만 담아내고 있는 것이 아닌가?'하는 물음은 성립될 수 없다. 그것은 로컬리티의 원형을 전제한 물음일 뿐만 아니라, 근대성의 병폐의 원인으로 지적 받고 있는 동일성으로의 회귀를 전제한 물음이기 때문이다. 따라서 로컬리티 연구에서 표상이란 하나의 동일성으로 수렴되는 것이라기보다는, 공간과 시간, 문화와 인간, 내외부의 상호작용을 통해 다양하게 분화된 것이라는 의미를 가진다.

그런 점에서 발현된 로컬리티들은 로컬리티의 원형을 가정한 복사본이 아니다. 원형이 없는 각각의 독립성을 지닌 것들이다. 각 로컬리티는 독립적으로 존재하는 개체이며 이것들 사이의 차이는 동일성을 전제하지 않는 개별적 차이일 뿐이다. '해운대'와 '10 · 16 항쟁'이 부산 로컬리티의 표상이라면, 이것들이 가지는 차이는 부산의 로컬리티

11 언어, 영상, 그림, 조각, 음악 등의 표상의 형식을 의미한다.

라는 원형을 중심에 둔 차이가 아니다. 각각 다른 국면, 예를 들면 관광과 관련된 상황이나 바다나 장소와 관련된 상황에서 부산의 로컬리티를 말할 때 '해운대'가 표상으로 드러나는 경우가 있다면, '10·16항쟁'은 부산 사람들의 정신이나 실천 등과 관련된 로컬리티를 말할 때 표상으로 드러나는 경우가 있다는 것이다.[12] 물론 각각의 국면에서 이것들이 항상 부산의 로컬리티를 표상한다는 의미는 더욱 아니다. 이런 점에서 각각이 발현된 로컬리티의 표상으로 존재하며 차이를 가지는 것이지, 부산의 로컬리티는 원형 L인데, 그것을 동일성의 근거로 해서 발현되는 양상이 L_1 '해운대'와 L_2 '10·16 항쟁'이라는 것은 아니다.

그러므로 로컬리티의 표상 연구에서는 자기동일성을 가진 원형, 원형으로서의 로컬리티란 없다. 차이를 가지기 전의 '순수한, 본래의, 고유의, 자기동일성을 지닌' 원형으로서의 로컬리티는 존재하지 않는다. 개별 표상들은 완전히 동등한 가운데 오직 서로 차이를 지닐 뿐이다. 원형이 사라진 곳에서 각각의 표상들은 동등해지며, 그들 자체가 독립적인 개체로서 존재하게 된다. 그래서 이때 차이는 더 이상 그것보다 더 근원적으로 존재하는 동일성에 수렴되지 않는, 근본적이고 원초적인 차이가 된다. 그리고 이 차이는 동일성의 사유에서 동일성이 자리했던 근원적인 것의 자리를 대신하게 된다.[13] 즉 결코 자기동일적인 것이 아닌 이 차이가 발현되는 로컬리티의 표상들로 나타나는 것이다.

---

12 이러한 표상들이 등장할 것으로 예측한 국면의 예들은 하나의 경우일 뿐이지 항상 그렇다는 의미는 아니다.

13 김영희, 「들뢰즈의 비재현주의에 관한 연구―'재현에서 추상으로의 이행'을 중심으로」, 부산대 박사논문, 2007, 26~27쪽.

3) 로컬리티의 표상과 의미화

로컬리티를 읽어낸다는 것은 곧 그것을 의미화 하는 작업이다. 잠재된 로컬리티가 발현되어 현실화 되는 순간 무의미였던 로컬리티는 의미화 된다. 로컬리티가 잠재성을 뚫고 발현되는 순간 계열화가 이루어지기 때문이다. 그리고 계열화를 통해 일정한 방향으로 의미화 된다. 그리고 그 의미는 언표화와 같은 방식을 통해 표상됨으로써 유지된다. 예를 들어 '서울로 진학한 부산 출신의 영희가 과모임에서 부산말로 머뭇거리면서 말하다'라는 사건이 발생한다. 이 경우 계열화되지 않은 이 사건 자체로서는 특정한 로컬리티로서의 의미를 읽어낼 수 없다. 영희가 부산말로 머뭇거리면서 말하는 물리적 사건 자체를 언급할 뿐이다. 하지만 이것이 어떠한 방식으로 계열화 되느냐에 따라 그 사건이 드러내는 로컬리티는 다양하게 의미화 될 수 있다. '부산말은 표준어가 아니다', '방언은 사투리다', '사투리는 세련되지 못한 말이다'와 같은 맥락 속에서 계열화되면, '부산말로 머뭇거리면서 말하다'라는 것은 물리적 영역을 넘어 로컬리티로서의 의미를 획득하게 된다. 말하기와 관련된 영희의 사건이, 이 계열화를 통해 드러내는 부산의 로컬리티를 거칠게 말하면 '말이 세련되지 못한, 표준어로 고쳐야하는'과 같은 의미를 담은 '주변성과 열등성'을 의미한다.

하지만 또 다른 계열화도 가능하다. 이 사건이 '로컬에는 로컬의 언어가 있다', '다른 로컬의 사람들은 다른 로컬의 언어를 빨리 알아듣지 못한다'와 같은 맥락 속에서 계열화 되면, 영희의 말하기 사건은 '주변성'이나 '열등성'의 의미로 해석되지는 않는다. 오히려 로컬의 차이를 인식하고, '타자성'으로서의 로컬리티를 드러내고 있다고도 할 수 있다. 이처럼 발현된 로컬리티는 그것이 어떻게 계열화 되느냐에 따라 그 의미가 다양하게 해석될 수 있다. 그리고 그 의미는 표상체계를 통해 표상됨으로써 지속성을 가지게 된다. 하지만 로컬리티가 표상을 통해 의미를 지속시킨다 하더라도 그것은 늘 의미의 변화를 향해 열려 있다. 왜냐하면 어떤 표상이 특정 의미로 해석되는 로컬리티를 담아내고 있다 하더라도, 그 표상은 구성요소들의 변화하는 상호작용에 따라 지속적인 변화 속에 자리하기 때문이다. 따라서 동일한 표상이라 하더라도 다른 계열화 혹은 다른 맥락 속에서는 다른 의미를 드러내게 된다. 이것은 하나의 표상이 맥락에 따라 다양한 의미를 가질 수 있다는 뜻이다. 이것이 표상이라는 어휘가 내포한 동일성으로의 수렴이라는 문제를 어느 정도 해소할 수 있는 지점이 될 수 있을 것이다. 이를 통해 표상이 비동일성의 사유로 나아가는 길이 열린다. 예를 들어 '1979년 10월 16일 부산대학교 학생들이 반정부 시위를 벌였다'라는 사건이 부산에서 발생하였다. 이 사건은 발생과 동시에 계열화되고 표상된다. '유신체제는 정치·사회적 갈등을 빚어 왔다', '각지에서 학생, 노동자, 시민들의 반정부 시위들이 발생했다'와 같은 사건들과 계열화 되면서 '부산 학생들이 유신체재 반대 운동을 하다'와 같은 정도로 의미화 된다. 그런데 이렇게 의미화 된 이 사건은, 이후 다시 '부산시민들과 부산의 각 대학 학생들이 시위에 동참했다', '이 시위가 마산으로 이어졌다' '이 시위 직후 10·26 사태가 발생하여 유신체제가 종언을 맞이했다' 라는 맥락 속으로 들어가 계열화된다. 그 계열 관계 속에서 이 시위는 '독재 정권에 맞서 항쟁함으로써 민주화를 쟁취하다'라는 의미를 새롭게 획득한다. 그리고 이 의미를 바탕으로 부산 학생들과 시민들이 참여한 이 사건은 '10·16 항쟁'이라 명명되고, 로컬 부산의 '저항성, 주체성' 같은 속성을 드러내는 표상의 하나로 자리잡게 된다.

이런 점을 통해 볼 때 어떤 표상이 지금 부산의 로컬리티를 드러내는 하나의 표상으로서 자리한다는 것은 곧, 부산 로컬리티의 한 층위를 보여주는 것이 된다. 지금 부산이라는 공간을 배경으로 문화구조와 부산 사람들의 실천의 접합과 로컬이 외부와 어떤 관계를 맺고 있는가, 어떻게 상호작용을 하고 있는가를 보여주는 것이다. 그런 점에서 로컬리티 연구에서 표상에 대한 연구는 각각의 표상들이 만들어지는 과정에서 공간과 시간, 문화구조와 인간이 어떻게 접합하는지, 로컬 내외부가 어떻게 상호작용하는지, 그리고 표상들이 어떻게 다시 로컬리티의 재구성에 영향을 끼치는지, 또 표상들이 어떻게 재의미화 되는지 등에 대한 관심을 구체화하는 과정이라고 할 수 있을 것이다.

4. 로컬리티의 유형과 언어표상

복합적이고 중층적인 특성을 지닌 로컬리티를 구체적으로 이해하기 위해서는, 총체적 접근보다 기술적으로 분리하여 인식하는 것이 적절한 방법이 될 수 있다. 로컬리티를 기층적 로컬리티, 위계적 로컬리티, 인식 내지 가치의 로컬리디로 구분하여 이해하고자 한 것[14]노 이러한 방

---

14 이 글에서는 류지석(2009), 이상봉(2009)에서 제시한, 로컬리티의 구분에 기초하여 논의
   를 확장시켜 전개한다. 물론 이러한 구분은 '인식의 로컬리티'의 구분을 상세화하지 않고 있

법의 한 가지이다. 물론 복합적이고 중층적으로 생성, 발현되는 로컬리티는 세 가지 속성만을 가지는 것도 아니고, 이들 또한 상호분리된 것이 아니라 교착적으로 얽혀 교섭, 충돌, 변화하고 있다. 그럼에도 불구하고 로컬리티를 세 가지로 분류한 것은, 끊임없는 변화의 연속체인 로컬리티를 연구대상으로 삼기 위해서는 분절이라는 기술적 장치가 필요하기 때문이다. 로컬리티의 생성요인(내외부적 생성요인)과 두 종류의 로컬(물리적, 인식적 공간)이라는 이중적 기준을 통해, 로컬리티의 속성을 세 가지로 구별해 냄으로써 로컬리티를 구체화하고 체계화시키고자 한 것이다.

그동안 공간, 시간, 사유, 표상, 문화라는 구성요소를 통한 로컬리티 연구는, 세 종류의 로컬리티와 관련한 논의들로 재분류해 볼 수 있다. 여기에서는 표상범주에 속한 언어를 중심으로 그간의 논의들을[15] 로컬리티의 세 가지 속성과 관련지어 살핌으로써, 언어표상을 통한 로컬리티의 구체적인 형상을 그려보고자 한다.

다는 점에서 보강되어야 할 필요가 있다.
류지석, 「로컬리톨로지를 위한 시론」, 『한국민족문화』 33집, 부산대 한국민족문화연구소, 2009, 143~144쪽; 이상봉, 「인문학의 새로운 지평으로서 '로컬리티 인문학'연구의 전망」, 『로컬리티 인문학』 1집, 부산대 한국민족문화연구소, 2009, 54~55쪽.

[15] 차윤정, 「로컬 언어 다시 보기」, 『한국민족문화』 33집, 부산대 한국민족문화연구소, 2009, 185~212쪽; 차윤정, 「'자갈치 아지매'를 통해 본 로컬의 경계 허물기 방식에 대한 고찰」, 『한국민족문화』 36집, 부산대 한국민족문화연구소, 2010, 277~302쪽; 차윤정, 「언어권리와 로컬의 주체형성 – 제주로컬어 부흥운동을 중심으로」, 『한국민족문화』 40집, 부산대 한국민족문화연구소, 2011; 차윤정, 「지역어에 대한 인식과 언어 주체형성 – '탯말두레'를 중심으로」, 『우리말연구』 29집, 우리말학회, 2011, 321~343쪽; 차윤정, 「로컬리티 연구의 관점에서 본 언어접촉과 지역어 변화의 한 양상」, 『호남문화연구』 60집, 전남대 호남학연구소, 2016, 271~301쪽.

1) 기층적 로컬리티

기층적 로컬리티는 일상이 영위되는 삶터이자 다양한 관계적 공간으로서의 물리적 공간 / 장소과 구성요소들의 상호작용을 통해 드러나는 로컬리티로 규정된다. 로컬리티의 복잡한 생성요소 중, 로컬 내부 구성요소의 작동을 생성요인으로 주목한 것이다. 내부의 구성요소들을 통한 생성이라는 점에서, 기층적 로컬리티는 '로컬다움'과 관련되며 주로 로컬의 문화모형, 지역성, 장소성(장소정체성), 차이(성), 로컬의 다양성 등의 문제와 관련되어 논의되어 왔다.

로컬리티 연구에서 언어는 로컬인들이 로컬의 시공간, 문화적(정치, 경제,사회 포함) 관계망 속에서 삶을 영위하며 경험하고 사유한 것들을 담은 표상체계이다. 로컬의 언어표상 속에는 다른 로컬과 구별되는 로컬의 특성이 반영되어 있다. 하지만 로컬의 특성은 확정된 고정성을 지니거나, 언어표상이 로컬인 모두에게 획일화된 하나의 의미로 자리한다는 것은 아니다. 로컬의 언어표상과 의미도 내부적인 구성요소들의 상호작용 양상에 따라 변화하며, 동일한 언어표상도 로컬 내부에서 다양한 의미적 변이들로 소통된다.

이런 점에서 언어표상과 로컬, 시간, 문화의 관계는 역동적이다. 언어표상은 인간, 시간, 공간, 문화 등이 상호작용하여 강렬한 효과를 만들어 내고, 그 영향력이 문화적 의미를 가질 때 즉, 그 사회의 관심과 주의를 끌 때 생성으로 이어진다. 일단 특정 대상이나 행위에 대한 어휘가 생성되면, 그 대상이나 행위는 문화적으로 중요한 의미가 된다. 생성된 어휘와 그것의 사회문화적 의미 사이에는 순환적 관계가 성립한다. 로컬인들은 로컬에서 사회문화적으로 중요한 개체나 행위에 대해 명명작업을 하는데, 일단 명명화가 이루어지면 그 개체와 행위는 문화적으로나 개인적으로 명확하게 인식되고 경험된다. 이와 같은 상호 의존적 교류 과정을 통해 로컬의 문화모형이 만들어지고 강화된다.[16]

언어표상 중에 로컬리티를 생성하는 시공간, 문화, 인간(사유)이란 구성요소의 상호작용이 가장 잘 드러나는 부분이 어휘이다. 예를 들어 울릉도 로컬언어에는 눈, 벼랑, 소라, 오징어에 대한 어휘가 세분화되어 있다. 눈을 가리키는 어휘는 크기에 따라 '넙디기눈, 똥골눈, 진갈비' 등으로 세분화 되며, 벼랑을 가리키는 어휘도 경사의 완만에 따라 '청석(완만)', 절방(급경사), 뱅치(급경사), 산삐알 / 산빈달(보통)로 세분화 된다. '소라'를 가리키는 어휘는 크기에 따라 '뿔고디(대), 새고디(중), 비단고디(소)' 등으로 세분화 되며, '오징어'를 가리키는 어휘는 잡는 시간에 따라 '이까(오징어를 통칭할 때), 아시이찌(아침에 잡은 것), 요이찌(저녁에 잡은 것), 낮바리(낮에 잡은 것) 등으로 세분화 된다.[17]

이러한 어휘 분화는 어떤 로컬리티를 반영하는 것일까? 언표주체가 특정 대상에 대한 어휘를 분화시킨다는 것은 대상을 구분하여 인식한다는 것이고, 이것은 구분의 필요성에 기인한다. 자연환경을 표상하는 어휘의 세분화는, 그것이 생활에 영향을 끼치는 정도가 높을수록, 즉 '생

---

16 Nancy Bonvillain, Language, Culture, and Communication, 한국사회언어학회 편, 『문화와 의사소통의 사회학』, 한국사회언어학회, 2002, 59~82쪽 참조. 여기에서는 Sapir의 파이우트어와 영어의 비교 연구의 예를 들어 두 언어가 어휘를 분화하는 전략의 차이는, 언표주체들이 주변 환경에 대해 부여하는 상대적 관심과 중요성의 차이라고 언급하며, 서로 다른 언어의 어휘가 특정 분야에서 전문화가 어느 정도 이루어졌는지에 따라 그 문화의 태도에 대해 결론을 내릴 수 있다고 한다.

17 남경란, 「경북 동해안 방언의 어휘적 특징 - 울릉군 지역의 방언 어휘를 중심으로」, 『민족문화연구총서』 27집, 영남대 민족문화연구소, 2003, 250쪽.

활 관여도'가 높을수록 어휘 분화로 나타난다. 눈과 벼랑에 관한 어휘의 세분화는 울릉도 로컬인들의 공유인식 속에, 로컬의 물리적 환경 중 눈과 벼랑의 '생활 관여도'를 높게 인식한다는 것을 보여준다. 울릉도는 강수량의 40%가 겨울에 집중되고, 대부분 눈으로 내려 전국 제일의 심설지역이다. 눈은 주거형태에도 영향을 끼쳐 우데기집이라는 특이한 울릉도의 가옥 형태를 낳았고, 주업인 어업에도 영향을 끼친다. 험준한 지형과 벼랑이 많은 자연환경적 조건은 벼랑의 경사도에 따라 밭농사를 지을 수 있는 곳과 없는 곳을 구별해야 할 필요성이 있었다. 이처럼 생활과 밀접한 관련이 있는 자연환경적 특성은 어휘로 분화되어 표상되었다. 자연환경을 표상한 어휘분화는, 울릉도 로컬인들의 자연환경 인식에 대한 문화모형, 즉 생활 관여도가 높은 대상(눈과 벼랑)에 대해 그 차이를 인지하고 그것을 세분화한다는 것을 보여준다.

바다로 둘러싸인 울릉도의 로컬인들은 어업을 주업으로 하는데, 주된 생산물이 소라와 오징어이다. 울릉도의 언어에서 소라와 오징어에 대한 어휘가 세분화되어 있다는 것은, 로컬의 자연환경적 조건에 따른 로컬인들의 생활을 반영하고 있다. 그런데 같은 어업 생산물이지만 소라와 오징어에 관한 어휘는, 어휘분화 방식에서 차이를 보인다. 소라는 크기에 따라 어휘 분화 되고 오징어는 잡히는 시간(신선도와 관련)에 따라 어휘 분화 된다. 소라와 오징어의 어휘 분화 방식은 표면적으로는 차이를 보이지만, 소라의 크기나 오징어의 조업 시간에 따른 구분은 모두 경제적 가치와 관련된다. 따라서 이들 어휘 분화의 기저에는 화폐 교환적 가치 즉 '경제적 가치'가 자리한다. 이러한 사실은 울릉도 로컬언어에서는 경제생활에 중요한 영향을 끼치는 것일수록 어휘 분화 될 가능성이 높으며, 또 어휘 분화의 기준이 경제적 가치가 된다는 것을 알 수 있다. 생산물과 관련된 어휘 분화의 모습은 울릉도 로컬인들이 대상에 대해 갖는 문화적 태도, 즉 경제적 가치가 생산물을 구분하여 인식하는 데 중요한 원리로 작용한다는 문화모형을 반영한다.

울릉도에는 나리분지 외에는 평지가 거의 없고, 나리 분지도 화산 분화구이자 고산지대이기 때문에 논농사는 거의 지을 수 없다. 이런 자연 환경적 조건에 맞추어 울릉도 사람들은 논농사보다 밭농사를 주로 짓고 있다. 논농사를 거의 짓지 않는 농경문화의 특징은 울릉도의 언어에도 반영되어 있다. 울릉도 사람들은 논농사와 관련된 어휘들에 대해서 모르거나 잘 쓰지 않는다.[18] 자연환경 때문에 벼농사를 거의 지을 수가 없다는 사실은, 벼농사 문화가 로컬인들에게는 생활 관여도가 낮다는 것을 의미한다. 이는 어휘 분화 원리에 비추어 볼 때, 어휘분화의 역방향에 있는 어휘소멸 작용이 발생한 것이다. 즉 생활 관여도가 낮은 벼농사 관련 어휘가 어휘소멸 또는 어휘삭제 현상으로 나타난 것이다. 이로 보아 울릉도 언어의 어휘체계에서 어휘삭제의 원리는, 생활의 관여도가 낮은 어휘일수록 어휘체계에서 소멸, 삭제될 가능성이 높다는 것으로 추론될 수 있다. 울릉도 로컬인들의 공유인식 속에는 생활 관여도가 낮은 대상은 인식의 세계에서 소멸, 삭제되는 문화모형이 자리잡고 있음을 알 수 있다.

---

18 울릉도의 초기 이주민들 대부분이 이주하면서 농기구를 가지고 온 것으로 보아 언표주체들이 울릉도에 이주할 당시에는 벼농사와 관련된 어휘들을 사용했을 것이다. 하지만 120여 년 동안의 세월을 거치면서 그들의 농경문화에서 벼농사가 차지하는 비중이 미약함에 따라, 벼농사에 꼭 필요한 것들만 어휘로 남아 전승 되고 나머지는 기억에서 사라지고 어휘 체계에서 삭제된 것이다.

또한 울릉도 언어에는 '명이' 같은 로컬에서의 생활경험을 통해 생성된 어휘가 존재한다. 개척 당시 울릉도에서는 벼농사를 거의 지을 수 없었을 뿐만 아니라, 어업 기술도 발달하지 못했던 상황이었다. 긴 겨울동안 굶주림에 시달려야 했던 사람들은 눈이 녹기 시작하면 산에 올라 가 눈을 헤치고 나물을 캐어 끼니를 이었는데, 이때 먹은 나물이 '명이'다. 이것을 먹고 생명을 이었다고 해서 붙여진 이름이다. '명이'의 학명은 산마늘이다. 중립적 의미를 지닌 산마늘과 비교해 볼 때, '생명을 이었다'라는 의미가 담긴 '명이'는, 명칭을 붙인 로컬인들의 삶의 체험이 그대로 표상되었다. '명이'라는 명칭 붙이기와 로컬에서의 사용은 울릉도 로컬인들의 공유인식 속에 굶주림이라는 공동의 체험이 뿌리깊게 각인되었다는 것을 알 수 있다. 대상을 인지하는 태도에 굶주림의 체험이 중요한 공유인식 즉 문화모형으로 자리한다는 것을 보여준다.

하지만 '명이'는 항상 '굶주림의 경험'을 표상하지는 않는다. 1960년대 울릉도와 2017년의 울릉도에서 '명이'의 내포적 의미는 같지 않다. 거칠게 말해 전자의 명이가 '굶주림의 경험'으로 표상된다면, 후자의 '명이'는 '울릉도의 특산품, 경제적 자원'으로 표상된다. 물론 이 두 가지 의미표상 아래에도 수많은 의미들이 구체적인 차이로 존재한다.

이렇게 로컬 언어표상은 기층적 로컬리티를 구성하는 내부 구성요소의 다양한 상호작용에 따라 생성되며, 그 표상은 수많은 차이를 가지는 의미들이 공유망을 형성함으로써 문화모형으로 자리한다. 이러한 공유망의 의미를 읽어내는 작업이, 기층적 로컬리티를 통해 로컬리티의 한 부분을 구체화하는 작업이다. 하지만 이 표상을 통해 읽어낸 문화모형은 고정된 것이 아니라, 구성요소의 다양한 상호작용에 따라 지속적으로 변화하며 재구성된다. 그리고 언어표상의 의미 역시 지속적으로 의미 차이를 만들어내며 변화한다.

2) 위계적 로컬리티

로컬리티의 생성은 로컬 내부만이 아니라 외부와도 다양하고 중층적인 관계를 맺고 있다. 공간에 구현되는 중심의 일원성과 통일성은 구체적 공간과 그곳에 사는 인간을 지배하는 삶의 틀로 작동하면서, 로컬적인 것들을 위계적으로 배치한다. 로컬이 중앙, 국가, 글로벌에 종속되는 위계관계 속에서 규정되면서, 위계적인 것들은 로컬리티를 특징짓는 하나의 속성으로 자리잡았다. 위계적 로컬리티는 중심이 배치시킨 주변으로서의 로컬이 보여주는, 동일성으로의 포섭과 저항, 갈등, 조정 등 다양한 양상으로 드러난다.

중앙, 국가, 글로벌과의 위계관계 속에서 타자화 되고 주변화된 로컬의 의미는, 관계를 통해 로컬적으로 인식되는 모든 것들로 의미감염이 발생한다. 로컬의 언어 역시 그 가운데 하나이다. 로컬언어는 서울말, 표준어, 영어라는 보편성, 중심성에 의해 타자화 되고 포식되는데, 그 기저에는 인간과 실세계를 배제하고 언어의 자율적 체계를 기획한 구조주의가 자리한다. 학문적 주류인 구조주의가 언어정책을 매개로 현실에 개입함으로써 로컬언어의 타자화가 가속화 된다. 구조주의는 언어 조직, 체계 형성과 관련하여, 역사, 지리적 환경, 문화, 정치, 경제 등을 외적언어학이라 명명하고 연구에서 배제시켰다. 구조주의가 언어를 가치평가 한 것은 아니지만, 외적언어학의 배제를 통해 과학적 객관성과 보편성을 중심으로 언어를 배치하면서, 결과적으로는 언어에 대한 가치평가의 기준을 제공한 것이 되었다. 체계적이고 조직적인 언어와 빈칸이 있는 언어, 과나한 언어, 보편성을 확보한 언어와 그렇지 못한 언어 사이에 위계관계가 형성되었다.

자율적 체계로서의 언어는 언어사용의 문제와 부딪히면서 비판이 제기된다. 언어는 자율적 독립적 존재가 아니라 언어 사용자를 포함한 실세계의 맥락에 따라 다양하게 차이를 보이기 때문이다. 인간, 공간, 시간, 문화(정치, 경제, 사회) 같은 맥락은 다양한 언어의 차이를 생성시키기도 하지만 그 차이의 해석지점이 될 수 있다. 그리고 인간, 공간, 시간, 문화 같은 맥락은 언어의 권력과 위계성 형성에 대한 해석의 계기를 제공하기도 한다. 이런 점에서 인간과 실세계의 복원은 언어에 투영된 보편성과 위계성의 시선을 다양성, 특수성으로 전환시킨다. 하나의 보편 표상체계의 외부 혹은 주변부에 자리하던 특수한 것, 다양한 것들이 의미를 찾는 계기가 된다.[19] 그리고 한편으로는 언어 권력 형성에 작동하는 요인들을 확인하고 이를 해체시키는 계기가 되기도 한다.

로컬언어와 외부(지배) 언어와의 역학 관계에서 형성된 위계적 구조는, 로컬언어의 타자화를 넘어 언어포식 현상을 통해 언어적 동일화를 구축해 나가고 있다. 언어적 동일화의 배경에는 언어 외적인 정치, 경제 문화적 권력이 작동한다. 지배언어의 포식 현상은 국내외적 현상인데, 국내 언어에서는 표준어의 로컬언어 포식 현상이 대표적이다. 이런

---

19 물론 여기서 말하는 다양성이나 특수성은 소통이 불가능한 개인별 차이를 의미하는 것은 아니다. 언어는 본질적으로 사회성을 가지기 때문이다. 적어도 같은 문화를 공유하는 집단의 공유망(획일적으로 동일하다는 의미가 아닌)으로서의 차이다.

점에서 언어를 통한 위계적 로컬리티의 연구는, 언어의 보편성으로 작동하는 표준어의 권력에 대한 해체로부터 출발할 수 있다.

표준어는 "한 나라에서 공용어로 쓰는 규범으로서의 언어, 인위적이고 의식적인 방식에 의해 높은 수준의 규범화 및 표준화가 이루어진 언어"[20]라고 규정할 수 있다. 이에 따르면 표준어는 '공통어이자 규범이며, 표준화된 인공적 언어'로, 국가에 의해 보편성의 권력을 부여받은 언어이다. 그런데 표준어 권력의 또 다른 배경에는 탄생과 관련된 요인이 자리한다.

표준어 제정 작업은 일제 강점기라는 시대적 상황 속에서 언어민족주의를 배경으로 이루어졌다. 이러한 시대적 상황은 로컬언어에 대한 오해와 함께 표준어에 대한 절대적 신화를 만드는 주요 원인이 되었다. 당시 현실언어가 다양하고 순결하지 못하다는 진단과 함께, 통일되고 순화된 말인 표준어의 필요성이 제기되었기 때문이다.[21] 그 과정에서 구체적 삶을 배경으로 생성, 사용되는 현실언어는, 인공적으로 구성되는 표준어와 대비되면서 통일성을 저해하고 순화되어야 할 언어로 재의미화된다. 의사소통이라는 기능을 가진 언어는 사용자의 구체적 삶과 밀접하게 관계된다는 측면은 간과되고, 일제강점기라는 시대적 조건에 의해 민족어의 통일과 민족의 독립, 민족문화의 부흥을 위해 현실언어는 극복되어야 할 언어로 규정되었다. 로컬언어는 '민족' 개념을 앞세운 외부의 힘(일부 엘리트층)을 통해 강제로 위계화 되면서 타자화 된다. 1933년에 만들어진 표준어 규정은 이후 새로운 표준어 규정(1988)으로 바뀔 때까지 오랜 기간 유지되어 왔고, 새로운 표준어 규정 역시 1933년의

---

20 조태린, 「'국어'라는 용어에 대한 비판적 고찰」, 『국어학』 48집, 국어학회, 2006, 369쪽.
21 이희승, 「표준어 이야기」, 『한글』 5권 7호, 조선어학회, 1937, 16~17쪽.

규정을 거의 답습하고 있는 실정이다. 이처럼 표준어의 권력과 로컬언어에 대한 편견은 일제강점기라는 시대적 맥락과 '민족' 개념을 둘러싼 외부로부터의 힘이 상호작용하면서 만들어진 결과이기도 하다. 그 후로도 시간과 문화의 변화는 언어적 위계성의 변화나 해체로 작용하기보다는, 위계성을 더욱 공고히 하는 방식으로 작동해 왔다.

표준어 제정 과정에 대한 이해를 통해, 외부로부터 로컬언어에 강제적으로 부여된 부정적 의미가 로컬언어 타자화의 단초가 되었음을 알 수 있다. 언어가 구체적 삶을 배경으로 하는 표상체계이자 소통체계라는 점을 간과하고, 삶에 기반하지 않은 인공어, 추상적 언어를 기준으로 한 언어적 위계화는 언어로부터 인간을 소외시키고 타자화시키는 결과로 초래한다.

기층적 로컬리티에서 살펴본 바와 같이 울릉도의 로컬언어에 벼농사 관련 어휘가 삭제되어 빈칸이 생긴 것, 눈이나 벼랑, 소라, 오징어와 관련된 어휘가 과다한 것, 명이처럼 표준어와 다른 형태의 어휘가 존재하는 것은, 구체적 삶에서 그것들이 가진 의미의 강렬함이나 필요없음을 반영한 문화모형의 표상이지, 언어의 주변부적 위치를 나타내는 지표가 아니다. 오히려 로컬의 삶에서 필요 없는 표준어의 벼농사 어휘는 잉여적일 뿐이다. 이런 점에서 외부라는 생성요인의 작동으로 인한 위계적 로컬리티는, 로컬언어에 대한 언표주체적 시선의 회복을 요구한다.

로컬은 내부와 외부의 다양한 힘들이 경합하는 장이다. 국가의 권력을 등에 업고 외부로부터 이식된 표준어와 로컬에 기반한 언어도, 로컬이라는 장 속에서 경합하고 갈등한다. 언어의 경합과 갈등의 결과는 언어의 변화로 가시화 된다. 지금까지 표준어와 로컬언어의 접촉을 통한 언어변화는, 국어라는 거시적 관점(외부의 시선)에서 위계적으로 하위어인 로컬언어의 소멸이라는 일방향적인 기술이 이루어져 왔다. 하지만 로컬언어라는 미시적 관점에서 살펴보면 다른 논의들이 가능하다.

『대천일기』를 통한 로컬언어의 변화과정은 이러한 양상을 잘 드러내준다. 표준어와 로컬언어의 언어접촉 상황에서 나타나는 로컬언어의 변화 양상은, 크게 표준어로 포섭되는 변화와 표준어와 로컬언어의 원리가 부딪히고 조정되어 새로운 어형이 만들어지는 변화, 표준어가 로컬언어에 밀려나 여전히 로컬언어가 사용되는 경우 등으로 나타난다. 그런데 이러한 상이한 변화양상의 기저에는 로컬언어에 내재하는 언어원리가 작동한다. 로컬언어의 언어원리 중 로컬언어에서 일반적이고 보편화된 원리일수록 표준어와의 경쟁에서 저항성을 가지고 로컬언어를 유지하려는 양상을 보이며, 특수하고 특이한 형태일수록 표준어로 대체되는 경향을 보인다.

로컬을 기반으로 생성된 원리들은, 보편적이지만 추상성을 띤 외부로부터 이식되는 것들과는 '차이'를 가진다. 그리고 이 '차이'는 로컬로부터 유래한다. 로컬 차원에서 볼 때, 외부로부터 이식되는 추상적인 것들은 로컬의 상황과는 '차이'가 있기 때문에, 이식 과정에서 로컬의 모든 것을 다 포섭할 수 없다. 그래서 '차이'가 존재하는 곳에서 경합과 조정이 발생한다. 그 과정에서 로컬이라는 구체적인 삶의 장소를 기반으로 형성된 로컬의 질서에 따르려는 움직임이 발생하는데, 그러한 움직임이 외부로부터의 동일화의 요구에 저항할 수 있는 저항점이 된다. 이러한 지점에서 위계적 로컬리티가 기층적 로컬리티와 어떻게 교착되어 있는지를 확인할 수 있다.

로컬리티 연구에서는 이처럼 개체로서의 로컬이 외부로부터의 '동일화 요구에 포획되지 않고 끊임없이 동일성 아래로 미끄러지는 로컬의 변화무쌍함을 만들어내는 성질, 그리고 이를 통해 동일성에 균열을 일으키고 변화를 만들어내는 성질'을 역동성이라고 한다. 로컬이 지닌 역동성의 한 측면은, 외부로부터의 동일화 요구에 대응하는, '차이'를 가진 다양한 로컬적인 것들이 외부로부터 이식 되는 것에 대응하면서 변화무쌍한 모습들을 만들어 내고 위로부터 덮으려는 동일성에 균열을 가하는 모습을 통해 드러난다. 표준어와의 접촉에서 나타나는 로컬언어의 변화양상은 이에 대한 구체적 사례이다.

하지만 외부의 동일화 요구에 대응하는 로컬의 원리는, 로컬 내부에서는 또 다른 동일화의 기제로 작동할 수 있다. 내부의 보편성으로 작동하는 이 원리가 또 다른 위계화의 중심이 되지 않기 위해서는, 내부의 차이를 타자화 시키지 않고 변화의 가능성을 열어두어야 한다. '여럿-하나'인 로컬언어 내부에 존재하는 타자성은, 로컬언어를 고정된 실체로 묶어두지 않고 새로운 변화에 적극적으로 대응하면서 지속적으로 변화하는 운동을 하기 때문이다.

3) 인식의 로컬리티

인식의 로컬리티는 로컬리티의 위계적인 속성이 물리적 공간을 넘어 인간의 인식이나 사고방식으로까지 확산될 수 있다는 데에 착안하여 설정되었다. 주체와 타자, 다수와 소수 사이의 인식의 위계로 확장된 인식의 로컬리티는, 근대의 중심성의 원리에 의해 배제되었던 소수성, 타자성, 일상성, 다양성 등의 가치들을 로컬리티 연구와 접맥시킨다.

중심성으로 작동하는 표준어와의 관계 속에서 타자화된 로컬언어는, 언어 사용자인 로컬인들의 타자화로 이어진다. 언어의 위계적 구조가 인식의 위계적 구조로 확산된 것이다. 하지만 주변화와 타자화에 대한 로컬인들의 의식은, 중심성으로의 포섭만이 아니라 갈등, 저항을 통해 위계적 구조의 해체를 기도하기도 한다. 언어가 매개된 중심과 주변, 주체와 타자의 관계 속에서 나타나는 인식의 양상은 로컬인들의 행위를 통해서 확인된다. 로컬인들의 인식이 반영된 행위 양상을 논의하는 데에는, 페쇠의 행위자 분류가 유용한 틀을 제공한다. 페쇠Michel Pecheux는 대주체the Subject와 행위자the subject 사이의 관계 양상에 따라, 행위자를 대주체와 동일시하는 행위자, 반동일시counter-identification하는[22] 행위자, 대주체에 역동일시disidentification하는 행위자로 구분하였다.[23]

동일시하는 행위자는 자신을 지배적 사고 구성체와 동일시함으로써 자신이 속한 구성체가 생산하는 의미를 자명한 것으로 받아들인다. 우리의 의미에서 중심과 주변의 이분법적 분할을 내면화하고 표준어와 로컬언어의 구별 짓기를 자명한 것으로 인식하는 행위자들이 여기에 속한다. 『국민의 언어 의식조사』에서 자신의 로컬언어를 부정적으로 인식하거나, 자녀들은 표준어를 사용했으면 한다는 바람이 80%를 넘는다는 것은, 표준어와 로컬언어 사이의 언어적 지배 관계를 정당한 것으로 인식

---

22 반동일시 행위자와 역동일시 행위자의 의미변별을 돕기 위해, 이하에서는 역동일시 행위자를 대안적 행위자로 사용하기로 한다.

23 강내희, 「언어와 변혁─변혁의 언어모델 비판과 주체의 '역동일시'」, 『문화과학』 2집, 문학과학회, 1992, 40쪽.

하는 사고가 이미 보편화되어 있음을 보여준다. 이러한 행위자들은 표준어로의 자발적 포섭을 통해, 언어를 통한 욕망 실현을 꿈꾸기도 한다.

반동일시 행위자는 지배적 사고의 자명성에 반대하며 대주체를 거역한다. 그러나 지배적 사고를 생산하는 구성체에 실질적인 영향을 끼치지 못하고 어쩔 수 없이 받아들이는 냉소적 태도를 취한다. 표준어와 로컬언어의 구별 짓기, 로컬언어의 타자화에 대해 불만은 있으나, 그러한 인식을 실천적 행위로 옮기지 못하는 부류들이 여기에 속한다. 동일시와 반동일시는 서로 다른 차이점에도 불구하고 대칭적 관계 속에서 지배 내 구조를 지속시킨다는 점에서 유사하다.

역동일시 행위자는 지배 내 구조를 변형하거나 치환하여 구성체들의 재편을 가져올 수 있는 새로운 형태의 대안적 행위자다. 즉 대안적 행위자는 지배적 사고의 재생산 과정에 개입하여 새로운 변혁을 창조하기 위한 가능성을 담지하고 있다. 표준어와 로컬언어의 구별 짓기, 로컬언어의 타자화에 대한 문제점을 인식하고 실천적 행위를 통해, 언어적 지배 구조의 변혁을 꾀하는 부류들이 여기에 속한다. 제주인들의 로컬언어 부흥 운동과 탯말두레의 헌법소헌 및 로컬언어 운동 사례가 이러한 예에 속할 수 있을 것이다.

국민통합을 강조하던 시기 '통일성을 위한, 또는 욕망 실현을 위한' 도구라는 기준에 따라 위계화 되었던 언어는, 신자유주의의 확산과 함께 '욕망 실현을 위한' 도구로서 더 큰 보편성을 중심으로 위계화 되고 있다. 언어를 통해 철저한 타자화를 경험했던, 제주인들은 영어공용화 문제를 계기로 언어의식의 변화를 일으키게 된다. 제주 사회는 언어환경의 국제화에 대한 중요성을 인정하면서도, 언어에 대한 경제논리적 접근의 문제점과 문화정체성, 영어 〉표준어 〉제주어라는 언어 헤게모니 형성에 대한 위기감이 조성되었다. 이와 함께 중심의 시선에서 제주어의 '차이'가 '차별'로 치환되고 로컬인들이 이를 내면화함으로써, 제주어가 소멸 위기에 처하게 된 것도 계기가 되었다. 제주어에 대한 인식 변화를 보여주는 가시적 현상이 제주어의 10대 상징물 선정, 제주어 부흥운동, 제주어 사용의 확산 등이다. 물론 인식 전환의 이면에는, 제주어를 문화유산 혹은 자본화 가능한 것으로 생각하는 부분도 존재한다.

지방자치 시대의 흐름 속에 언어 속의 정체성 문제가 크게 부각되고, 민간 주도의 다각적인 노력과 논의가 수렴되어 지자체를 움직임으로써, 제주어 부흥운동의 핵심인 '제주어 보전 및 육성 조례'가 제정되었다. 이 조례는 교육정책에 반영되어 학교에서도 부분적으로 제주어 교육을 실시하고 있으며, 민간단체와 개인에게까지 확산되어 다층적 차원에서 제주어 부흥운동을 전개하고 있다. 이는 아직 출발점이기는 하지만 제주인들이 언어 권리를 인식하기 시작함으로써 언어를 통한 로컬의 주체형성으로 나아가고 있는 것으로 해석된다. 인간으로서 누려야할 당연한 권리로서 언어 권리와 언어의 주체적 사용을 담보하는 언어주체형성은, 언어를 통한 타자화의 극복이라는 의식의 전환을 보여준다는 점에서 인식의 로컬리티의 단면을 보여준다고 할 수 있다.

언어를 매개로 형성된 인식의 위계성은, 보편성의 논의와 밀접한 관련을 갖는다. 언어를 통한 보편성에 대한 이해는, 보편성에 대한 추상적 차원의 논의를 구체화시킴으로써 그 작동논리를 파악하는 데 기여한다. 표준어와 로컬언어 사이에 존재하는 보편성-특이성, 일반성-특수성의 관계는, 표준어를 중심으로 하는 위계 관계를 성립시킨다. 추상적, 거시적 차원의 사유에서는 보편성과 일반성을 확보한 것이 중심으로 작동할 것이라는 일반적 가정을 성립시킨다. 하지만 이러한 규모로서의 보편성과 일반성은, 구체적 장소와 만나게 될 때 항상 절대적인 진리로 작동하지는 않는다. 예를 들어 언어 사용의 경우, 표준어가 국가적으로 보편화, 일반화 되었다고 해서 특정 언어집단 내에서도 그와 비례해서 항상 일반성과 보편성을 획득한다고 보기 어렵다. 표준어가 일반성과 보편성을 획득하고 있기 때문에 의사소통 수단으로서 중요한 의미를 갖는다는 것은, 국가라는 거시적 차원에서 보았을 때의 문제이다. 로컬 차원에서는 아직도 표준어보다는 로컬언어로 의사소통하고, 외부인과는 표준어로 소통하지만 지역인들 끼리의 일상대화에서는 로컬언어를 사용하는 경우도 있기 때문이다.[24] '로컬언어'와 '표준어'의 관계는, 관점의 차이에 따라 다른 양상으로 드러난다. 이와 같은 사실로부터 보편성과 일반성에 결합된 권력의 해체 가능성은 구체적 현장인 로컬이라는 장을 개입시켰을 때 가능하다는 것이 확인된다. 그리고 이러한 권력 해체의 가능성은 로컬 내부에서 형성되는 '(여럿이) 하나'의 권력에도 그대로 적용된다.

동일화시키려는 힘들은 로컬을 중심으로 내외부적으로 작동하고 있다. 표준어와 로컬언어 사이에 작동하는 동일화의 문제가 있는가 하면, 로컬 내부에서도 로컬언어를 구성하고 있는 수많은 언어들 사이에 동일화하려는 힘('하나')이 작동하고 있다. 로컬언어 내부의 '(여럿이) 하나'의 문제는 특정 로컬을 기반으로 사용되는 언어는 다른 로컬의 언어와

---

24   강윤희, 「제주사회에서의 두 방언 사용에 대한 민족지적 연구」, 『제주도 연구』 제11집, 제주학회, 1994, 83쪽.

구별되는 특징을 가진다는, 로컬언어 정체성과도 관련된다. 하지만 이 것은 로컬언어의 원형 설정과는 다르다.

로컬언어의 정체성 문제는 자칫 로컬언어의 원형 설정 문제로 오해 될 수 있다. 로컬언어의 원형을 상정하는 관점은, 로컬언어가 단일하게 상정되는 어떤 추상적인 원형이라고 생각하는 것이다. '언어는 하나의 개체군을 이룬다'[25]는 관점에서 보면 로컬언어는 단일하게 상정되는 어 떤 추상적인 원형이라고 볼 수 없으며, 각각의 개인들이 사용하는 변이 로서의 로컬언어들이 점점이 모여 관계망을 형성하고 있는 개체군(무 리), 혹은 총체라고 할 수 있다. 따라서 이 관계망은 다양한 요인들에 의 해 지속적으로 변화하고 있는 또 다른 개체이다. 이런 점에서 로컬언어 의 정체성은 원형과 달리 변화의 가능성에 대해 열려 있다.

로컬언어가 보여주는 이러한 측면은 인식의 로컬리티의 측면에서 개체의 특성인 '여럿-하나'와 관련된다. 로컬언어는 그 구성요소인 개 별 언어들이 전체를 구성하기는 양상을 띠고 있지만, 그것은 소통이란 측면에서 '공유될 수 있는 관계망'을 형성한다. 이것이 로컬언어의 '(여 럿이) 하나'의 측면이다. '(여럿이) 하나'의 측면이 유지되어야 로컬언어 가 소통의 기능을 담당할 수 있다. 하지만 로컬언어를 구성하고 있는 각 개별 언어는 결코 공유의 관계망을 형성하는 언어, 즉 추상화된 로 컬언어와 동일하지 않으며 무수한 변이들을 형성하는 차이들이다. 따 라서 로컬언어를 구성하는 개별 언어는 추상화된 로컬언어로 환원될 수 없는 차이를 지닌다. 이처럼 로컬언어는 '여럿'과 '하나'의 긴장 관

---

[25] 이향천, 「언어 변화의 양상과 원인」, 『배달말』 57집, 배달말학회, 2015, 46~47쪽.

계 속에서 시공간과 문화 인간이라는 내외부적 구성요인들의 상호접촉과 교차를 통해 끊임없이 변화한다. 따라서 로컬언어를 통해 드러나는 정체성이나 그것들을 구분하는 경계선은 확정적이고 고정된 것일 수 없다. 로컬 내외부적으로 '하나'와 '여럿'의 관계 변화를 통해 수많은 언어의 경계들이, 형성되었다가 해체되고 또다시 형성되는 연속적 변화의 과정에 놓여있다. 이러한 변화의 과정을 통해 확인할 수 있는 것이 언어를 통한 인식적 로컬리티의 한 양상이다.

5. 로컬, 다양체를 상상하다

『로컬리티의 인문학』의 연구 과정은 수많은 질문들의 생성 과정이자 그 답을 찾아가는 과정이다. 『로컬리티의 인문학』이 현실의 문제에 어떻게 인문학적으로 개입할 수 있는가?, 『로컬리티의 인문학』은 지역학과는 어떻게 다른가? 라는 문제는 여전히 마침표를 찍을 수 없는 문제이며, 『로컬리티의 인문학』이 만들어 온 담론을 통해서 답해야 할 부분이다. 어쩌면 이 문제의 해답은 『로컬리티의 인문학』이 출발과 함께 진단한 '타자화된 로컬' 속에 이미 들어있었는지도 모른다. '타자화 되지 않는 로컬들'에 대한 상상은, 자율성을 가진 존재로 타자와의 접촉에 늘 열려 있고 언제든지 새로운 변화로의 이행이 가능한 존재로서의 로컬로 이어진다. 이러한 로컬에 대한 상상은 생성론적 사유에서의 '개체' 개념의 전유를 가능하게 한다. 로컬리티 연구에서 지향하는 로컬은 개체 특히 '여럿-하나'된 다양체로서의 로컬이다. 하지만 현실의 로컬은

'여럿-하나'의 관계 양상에서 다양한 질적 차이를 보이며 존재한다. 여기에 『로컬리티의 인문학』의 인문학적 개입 지점이 생긴다. 그리고 이 지점이 지역학과의 차이이기도 하다.

'개체' 개념의 전유는 로컬리티와 로컬의 생성, 경계의 문제에도 유의미한 해석을 제공한다. 로컬리티 연구에서는 로컬리티를 고정된 실체가 아니라 특정 국면에서 구성요소들의 상호작용을 통해 생성되는 '효과'라고 본다. '효과'로서의 로컬리티의 생성은, '개체화' 개념을 전유한 '로컬화'를 통해 설명 가능하며, 이를 통해 로컬(리티)의 (열린)경계에 대한 설명도 가능하다.

그동안 로컬리티 개념을 체계화하지 않은 상태에서 다양한 주제로 연구를 확산시킴으로써, 로컬리티 개념의 모호성을 자초해 왔다. 이 글에서는 로컬리티 개념을 재규정하고 그동안 로컬리티 연구에서 다루어왔던 다양한 주제들은 이 개념 아래 포함된 하위주제들이라는 점, 그리고 이 하위주제들의 구분은 복합적이고 중층적인 로컬리티를 어떻게 바라보는가라는 분석시각과 관련된 문제라는 것을 밝혔다. 또 로컬리티를 잠재된 로컬리티와 발현된 로컬리티로 구분하여 제시하고, 이를 통해 로컬리티의 생성 및 로컬리티의 유동성과 차이에 대해 설명하였다. 그리고 구성요소를 통한 로컬리티의 이해를 위해, 구성요소이자 연구범주로 설정된 표상에 대해 논의하고 표상이 특정한 로컬리티로 의미화 되는 과정에 대한 경로를 제시하였다. 끝으로 표상범주의 하나인 언어표상을 통한 로컬리티 연구 사례를 중심으로, 로컬리티를 물리적, 위계적, 인식적 로컬리티로 잠정적 유형화하여 제시함으로써, 복합적이고 중층적이며 추상성이 높은 로컬리티를 구체화시켜 이해하고자 하였다.

이 글은 그동안 로컬리티의 인문학 연구가 던져 놓은 수많은 문제에 대한 답을 찾아보려는 시도였으나 여전히 남겨진 문제들을 다시 한 번 확인하는 계기가 되었음을 밝히며 남겨진 과제는 후속 논의를 기약한다.

참고문헌

강내희, 「언어와 변혁―변혁의 언어모델 비판과 주체의 '역동일시'」, 『문화과학』 2집, 문학과사회, 1992.

강윤희, 「제주사회에서의 두 방언 사용에 대한 민족지적 연구」, 『제주도 연구』 제11집, 제주학회, 1994.

김영희, 「들뢰즈의 비재현주의에 관한 연구―'재현에서 추상으로의 이행'을 중심으로」, 부산대 박사논문, 2007.

남경란, 「경북 동해안 방언의 어휘적 특징―울릉군 지역의 방언 어휘를 중심으로」, 『민족문화연구 총서』 27집, 영남대학교 민족문화연구소, 2003.

류지석, 「로컬리톨로지를 위한 시론」, 『한국민족문화』 33집, 부산대 한국민족문화연구소, 2009.

이상봉, 「인문학의 새로운 지평으로서 '로컬리티 인문학' 연구의 전망」, 『로컬리티 인문학』 1집, 2009.

이진경, 「코뮨주의에서 공동성과 특이성 」, 『탈경계인문학』 6집, 이화여대 인문과학원, 2010.

이향천, 「언어 변화의 양상과 원인」, 『배달말』 57집, 배달말학회, 2015.

이희승, 「표준어 이야기」, 『한글』 5권 7호, 조선어학회, 1937.

조정환・황수영・이정우・최호영, 『인지와 자본』, 갈무리, 2011.

조태린, 「'국어'라는 용어에 대한 비판적 고찰」, 『국어학』 48집, 국어학회, 2006.

조현수, 「들뢰즈의 '차이의 존재론'과 '시간의 종합'이론을 통한 그 입증 」, 『철학』 제115집, 한국철학회, 2013.

차윤정, 「로컬 언어 다시 보기」, 『한국민족문화』 33집, 부산대 한국민족문화연구소, 2009.

_____, 「〈자갈치 아지매〉를 통해 본 로컬의 경계 허물기 방식에 대한 고찰」, 『한국민족문화』 36집, 부산대 한국민족문화연구소, 2010.

_____, 「언어권리와 로컬의 주체형성―제주로컬어 부흥운동을 중심으로」, 『한국민족문화』 40집, 부산대 한국민족문화연구소, 2011.

_____, 「지역어에 대한 인식과 언어 주체형성―'탯말두레'를 중심으로」, 『우리말연구』 29집, 우리말학회, 2011.

_____, 「비동일성의 관점에서 본 로컬리티와 표상」, 『한국민족문화』 57집, 부산대 한국민족문화연구소, 2015.

_____, 「로컬리티 연구의 관점에서 본 언어접촉과 지역어 변화의 한 양상」, 『호남문화연구』 60집, 전남대 호남학연구원, 2016.

질들뢰즈, 펠릭스 가타리, 김재인 역, 『천 개의 고원』, 새물결, 2001.

Bonvillain, Nancy, Language, Culture, and Communication, 한국사회언어학회 편, 『문화와 의사소통의 사회학』, 한국사회언어학회, 2002.

『철학사전』, 중원문화, 2009.

     http://terms.naver.com/entry.nhn?docId=388122&cid=41978&categoryId=419 85(검색일 : 2015.8.20.)

로컬리티 연구의
새로운 맥락과 확장

재현과 물질의 교차지대로서 로컬리티

박규택

1. 교차지대로서 로컬리티의 필요성

'지금now, 여기here'에 토대를 둔 로컬리티 연구는 로컬리티의 존재와 인식에 관한 의문으로부터 시작되어야 한다. 연구 질문은 '로컬리티는 존재하는가?'와 '우리는 로컬리티를 어떻게 인식하는가?'이다. 로컬리티가 존재하지 않는다고 가정하면 로컬리티 연구가 필요하지 않을 것이다. 따라서 전자의 질문은 '로컬리티가 어떠한 형태로 존재하는가?'로 바뀌어야 할 것이다. 일반적으로 로컬리티는 본질적·선험적·절대적 형태로 존재하거나 혹은 다양한 관계를 통해 생성과 변화하는 과정의 형태로 존재할 수 있다. 본 연구는 전자가 아닌 후자, 즉 다양한 힘 혹은 요인 간의 상호 관계적 활동을 통해서 '만들어지고 변모하는 로컬리티making and transforming locality' 존재를 전제前提한다. 두 번째 질문은 '생성과 변화의 과정으로서 로컬리티 존재를 어떻게 인식할 것인가?'이다.

이 질문은 '로컬리티 존재가 직접적으로 혹은 간접적으로 인식되는가?'로 전환될 수 있다. 인식 주체의 몸을 통해서 직접적으로 혹은 매개체(언어, 기호, 이미지, 기술, 제도)를 통해서 간접적으로 로컬리티 존재가 인식될 수 있다.[1]

본질적·절대적으로 주어진 로컬리티가 아닌 생성·변화하는 과정으로서 로컬리티 존재와 인식은 근대 이성과 과학의 영향으로 이원론과 환원론으로 이해되어 왔다. 로컬리티는 관념론idealism과 유물론materialism[2] 혹은 주관주의와 객관주의의 이분법 혹은 환원론으로 논의되었다. '지금, 여기'의 시공간에 기반을 둔 로컬리티는 인간과 물질로 구성되어 있다. 근대적 시간과 공간 개념[3]에 의하면, 로컬리티의 시간과 공간은 선험적이고 절대적인 특성을 갖고 있기 때문에 인간 혹은 물질과 분리되어 독립적으로 존재한다. 따라서 로컬리티에 속한 인간과 물질은 시간과 공간으로부터 독립된 존재이며, 물질적 공간은 인간 활동의 무대 혹은 배경으로 인식되어 왔다.

근대 이성과 과학에 기반을 둔 로컬리티는 주관과 객관, 인간과 시공간, 인간과 물질의 관계를 이분법적으로 분리시키거나 결합시킬 수 있

---

1 몸과 매개체는 로컬리티 인식의 매개 수단일 뿐만 아니라 수행적 관계성을 통해 특정한 형태의 기존의 로컬리티를 다양한 형태로 변형시키는 동인(動因)이 될 수 있다.

2 "헤겔은 정신으로부터 출발하여 물질의 세계를 설명하는 반면, 맑스는 물질로부터 출발하여 정신의 세계를 설명한다. 헤겔에 있어서 물질의 세계는 정신의 타재(anderssein)이다. (…중략…) 맑스는 현실적이고 물질적인 기초와 조건들로부터 출발한다. 역사는 (헤겔의 주장처럼) 신적 정신의 변증법적 자기활동으로 인하여 이루어지는 것이 아니라, 생산방식의 변화로 인하여 일어나는 제반 생산관계의 변화와 이로 말미암은 사회체제의 변혁으로 인하여 일어난다. 정신이 물질의 세계를 결정하는 것이 아니라 물질세계의 조건이 인간의 정신을 결정한다."(김균진, 「정신과 물질—헤겔의 정신론과 맑스의 물질론의 교차로에서」, 『Yonsei Magazine』 4, 1990, 7쪽)

3 근대적 시간과 공간은 초월적 이성, 유클리드 기하학 그리고 뉴턴 물리학에 토대를 두고 있다.

는 관점으로 이해되어 왔다. 이러한 시각은 탈근대화론,[4] 후기구조주의, 탈식민지론에 의해서 근본적으로 비판을 받게 되었으며, 대안으로 로컬리티를 상대적이고 관계적 관점으로 이해하게 되었다. 이것은 두 가지 측면에서 논의되고 있다. 하나는 언어, 기호, 이미지를 통한 재현과 로컬리티의 관계에 관한 논의이다. 다른 하나는 재현이 아닌 몸과 물질을 통한 로컬리티의 존재와 인식이다. 이 논의는 '로컬리티를 구성하는 인간의 몸과 물질을 어떻게 이해할 것인가?'란 질문과 관련이 있다. 문제는 로컬리티의 존재는 재현과 로컬리티의 구성물 간에 혹은 물질과 로컬리티의 인식 간에 지속적인 틈새 혹은 사이가 발생한다는 것이다. 본 연구의 목적은 이 문제의 해결책으로 특정한 맥락(혹은 조건, 환경) 하에서 작동하는 재현과 물질의 교차지대로서 로컬리티의 개념적 틀을 제시하는 것이다.

2. 재현과 로컬리티

탈근대화론, 후기구조주의, 탈식민지론에 의하면, 로컬리티의 존재와 인식은 진리, 객관, 거대 서사가 아닌 언어, 기호, 이미지를 매개한 복잡하며 갈등을 일으키는 다양한 재현을 통해 이해될 수 있다. 즉, 재현과 관련된 주제들, 재현과 대상의 관계, 재현의 주체, 재현의 정치, 재현의 위기가 논의되고 있다. 여기서 재현이 로컬리티의 존재와 인식

---

4   탈근대적 시공간 이해는 현대과학, 특히 아인슈타인의 상대성이론, 양자론, 비유클리드 기하학에 토대를 두고 있다.

을 이해하는 데 기여할 수 있는 부분과 한계를 고찰한다. 기여 부분은 두 가지 측면에서 논의될 수 있다. 하나는 재현을 통해 로컬리티가 본질적·절대적이지 않고 상대적이고 관계적임을 보여 주는 것이다. 다른 하나는 재현의 정치를 통해 기존의 로컬리티가 변화될 수 있는 가능성을 보는 것이다. 재현의 한계는 언어, 기호, 이미지를 매개한 재현과 대상 간의 불일치이다. 이것은 로컬리티가 재현불가능한 성질을 갖는 인간의 몸과 물질을 포함하고 있기 때문에 발생한다. 즉, 재현이 몸과 물질 자체와 같을 수 없기 때문에 양자 간에는 항상 틈새 혹은 사이가 존재한다.[5]

우선 재현의 개념에 대한 논의가 필요하다. 재현 용어는 다양한 분야에서 흔히 사용되고 있지만 어떠한 의미로 사용되고 있는지를 명시적으로 밝히고 있지 않다. 이유는 재현의 개념이 일반적으로 받아들이는 정의가 있다고 묵시적으로 전제하거나 혹은 복잡하고 모호한 의미를 내포하기 때문이다. '재현의 위기'란 말이 문화, 철학, 기호학에서 흔히 사용되고 있는데, 이는 재현이라는 개념의 다양성에 기인한다.[6] 문학과 예술 그리고 미디어 분야에서는 준거 상실로 인해 재현의 위기가 발생한다.

---

5   "현상은 사물의 현존이 전제되지만, 이미지는 그와 반대로 사물의 부재로 나타난다. (…중략…) 이미지의 재현 대상은 실제의 부재에서 그 이미지가 시작된다고 할 수 있다. 이미지란 재현하는 사물의 현존이 비어있다는 의미에서 '비어있는 상태'를 나타내는 이상한 현상이다. 이미지는 실제 사물의 현상과 항상 간격을 유지하고 있다."(김희경, 2005, 99쪽) 이미지는 현상, 즉 사물의 현존과 일치하면 더 이상 이미지가 아니다. 김희경, 「존재의 이미지, 이미지의 존재─심층적 존재의 이해를 위한 상징적 이미지에 대한 연구」, 『불어불문학연구』 63, 한국불어불문학회, 2005.
6   빈프리트 뇌트, 신항식 역, 「재현의 위기에 관하여」, 『문학과 경계』, 12, 2004, 123쪽. 이도흠은 네 가지 차원, 기호학, 철학, 예술, 문화 차원에서 재현의 위기론의 타당성과 한계를 논의하고 있다. 이도흠, 「재현의 위기론의 타당성과 한계」, 『미학·예술학 연구』 22, 한국미학예술학회, 2005.

일반적으로, 다다이즘, 큐비즘 그리고 추상미술과 같은 현대예술은 시지 각(이미지)과 언어를 통해 재현할 준거를 잃어버린 것으로 이해된다. 물론 현대예술은 준거를 일부러 거부했다. 준거로부터 기호로 급격하게 옮겨가 려 했던 것이다. 그 결과 20세기 예술에는 더 이상 재현이 가능하지 않다는 루카치(G. Lukacs)의 결론이 유도된다. (…중략…) 보드리야르에 따르면 재현의 위기가 정점에 다다르는 곳은 미디어와 하이퍼 미디어의 세계이다. 여기서 기호는 단지 가상(simulation)으로 존재한다. 가상기호는 오리지 날조차 단지 카피인양 추방되어 버리는 현실 속에서 현실을 가상화한다. 위기상황에 대한 보드리야르의 이러한 비판은 '텅빈 기호'와 아무 것도 '지 시하지 않는 코드'가 지배하는 사회를 지적한 것이다.[7]

철학의 영역에서는 다른 맥락에서 재현의 위기를 말해 왔다. 이는 '다시 현전시킨다re-presentation'는 사고에 기인한다. 위기는 재현의 용 어로부터 시작되었다.

재현한다는 것은 그 무엇을 우리의 마음속에 다시 한 번 더 현전시키는 것이다. 이러한 어원은 기호학의 흐름 속에 뿌리박혀 있다. (…중략…) 현 전과 재현의 대립은 후설(E. Husserl)과 하이데거(M. Heidegger)의 현상 학을 통해 드러난다. '현전'과 '현전화(presentification)'는 우리의 의식 에 아무런 매개없이 바로 들어오는 현상을 지칭한다. 반면 재현은 이전에 존재하는 현존을 복사하거나 재생산 혹은 발전시킨 것으로서 기호학적 과 정이 개입된 것으로 이해된다.[8]

---

7   위의 글, 125쪽.

재현再現은 '한 번 경험한 사물의 형상이 뒤에 다시 의식 안에 나타나는 일'이라고 정의[9]되고 있다. 재현의 동사(재현하다, represent)가 보다 다양한 의미들, 즉 묘사하다, 상상하다, 말로 표현하다 등을 포함하고 있다.[10] 서명수(1997)는 재현의 개념을 포괄적이고 체계적으로 이해하는 데 도움을 주고 있다.(표 1)

"재현은 ① 재현하려는 '무엇' ― 구체적인 사물이든, 추상적인 개념이든간에 ― 이 전제되고, ② 전제된 무엇이 지금은 부재하며, ③ 이 무엇과 상응하는 어떤 수단(주로 기호)을 통해서 이것을 어는 정도 현존하게 하지만, ④ 이 무엇이 완벽하게 재현되는 순간 재현은 사라진다는 역설적인 개념이기도 하다."[11] 또한 서명수(1997)는 재현이 존재와 인식 그리고 관념과 경험이 중첩적으로 관계되어 있음을 잘 보여주고 있다.

(표 1에 의하면) 기호는 실재 경험 세계에서 표현과 소통의 수단이고 존재에 대한 인식의 수단이며, 관념의 세계에서는 이 수단(자기 자신, 즉 기호)에 대한 메타-담론의 기능도 담당하고 있음을 알 수 있다. 기호가 '어떤 것'을 대신하고 또는 '결여된 것'을 표시한다고 할 때, 여기에서 '어떤 것' 또는 '결여된 것'은 대상 (또는 지시 대상 referent)을 의미한다. 대상과 물 자체는 서로 다른 차원의 개념이다. 먼저 물 자체란 실재 물질 세계 속에 존재하는 사물이거나 또는 관념세계에 속한다고 판단되는 개념(concept) (또는 사고 pensee) 그 자체를 말한다.

8   위의 글, 126쪽.
9   신기철·신용철 편,『새우리말 사전』, 삼성출판사, 1975, 2868쪽.
10 『엣센스 실용영한사전』, 민중서림, 1997, 1370쪽.
11 서명수,「기호와 재현-탈근대주의 기호물을 위한 정초」,『기호학 연구』3, 한국기호학회, 1997, 409쪽.

〈표 1〉 재현과 존재의 관계도식

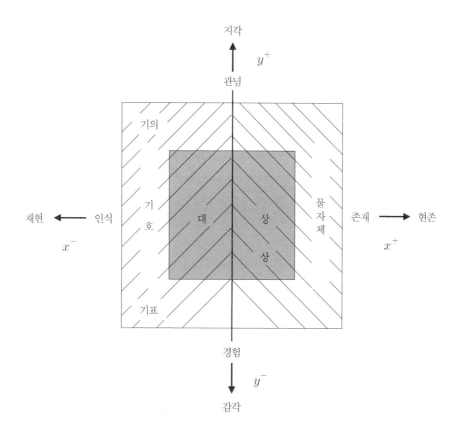

* X(수평선)는 재현(- 방향) 혹은 현존(+ 방향)을 그리고
Y(수직선)는 감각(- 방향) 혹은 지각(+ 방향)을 나타내는 축이다.
X축의 - 방향은 인식론 영역과 + 방향은 존재론 영역을 그리고
Y축의 - 방향은 경험론 영역과 + 방향은 관념론 영역을 나타낸다.
출처 : 서명수(1997), 411쪽.

재현 개념과 로컬리티의 관계와 관련하여 근본적인 질문들이 제기될 수 있다. 즉, 로컬리티란 재현 대상과 주체와 관련된 질문이다. '누가 로컬리티를 왜 혹은 어떻게 재현할 것인가?'이다. 이에 대한 일반적 답은 '로컬리티에 관한 보편적 혹은 객관적 재현이란 존재하지 않는다'이다. 다시 말해, 주체의 이념, 지식, 계층, 성, 인종 등에 따라 로컬리티는 다양한 형태로 재현될 수 있다. 그리고 상이한 재현들 간에는 충돌이 발생하며, 이는 기존의 로컬리티 인식과 존재 형태를 변화시킬 수 있다. 예를 들면, 국가세계문화유산을 혹은 세계문화유산을 보존을 위해 이들이 위치한 특정한 로컬에 많은 영향을 미치는 문화재 보존(호)법을 제정하고 실천하고 있다. 이러한 현상에 대해 다양한 주체들의 가치, 지식, 관습과 무관한 보편적이고 객관적인 재현이 가능한가? 특히 문화재 보존과 관련법의 제정과 실행은 중앙과 지방, 시민일반과 해당 주민, 전문가와 일반인 간에 견해 차이가 있으며, 이로 인해 갈등이 발생한다. 다음은 재현공간의 갈등을 보여주는 사례이다.

김소진의 연작 장편 『장석조네 사람들』에 나타난 재현공간 분석을 통해 1970년대부터 1990년대까지 존재했던 서울 변두리의 달동네와 달동네 거주민의 삶을 고찰하였다. (…중략…) 미아리 산동네는 경제적, 사회적 요인에 의해 거주제한구역에서, 삶과 죽음의 경계를 나누는 지역으로, 다시 해방 이후에는 안정적인 주거지를 구할 수 없던 사회적 약자의 자리로 '배치'된 공간이다. (…중략…) 『장석조네 사람들』은 계층 간의 격차에서 오는 희망이나 절망보다는 도시 속의 '낯선' 모습을 보여주는데 그 낯선 모습은 미아리 달동네라는 '공간'의 특수성에서 빚어진다.[12]

위의 유사한 사례는 국제적 분쟁을 둘러싼 재현 투쟁에서도 나타나고 있다. 이들(에이즈 위기, 걸프전, LA 폭동, 9·11사건, 이라크 전쟁 등)은 폭력, 질병, 전쟁을 둘러싼 세계질서와 힘, 국가적 정체성, 종교, 윤리 등과 결부된 사건들이고, 그 재현들은 대중매체에 의해 무시되거나 혹은 새로운 테크놀로지와 결합한 영상으로 대대적으로 확산되면서 그 어느 시대보다 역사 구성적constructive 양상을 띠게 된다. 즉 미디어 재현들은 현실을 반영한다기보다는 새로운 현실을 구성하고 내일의 쟁점을 극명하게 유도하는 공간이 되고 있다.[13]

3. 물질[14]과 로컬리티

'지금, 여기'에 토대를 둔 로컬리티는 인간, 물질, 시공간으로 구성되어 있다. 로컬리티는 언어, 기호, 이미지를 매개한 재현을 통해서 존재와 인식이 고찰될 수 있다. 이러한 재현은 로컬리티의 물질(성)과 관련된 이원론과 환원론을 극복하지 못하고 있다. 따라서 물질(성)과 로컬리티 간의 관계에 대한 고찰이 필요하다. 근대 인문학과 사회과학은 물질을 인간과 분리되어 독립적으로 존재하며, 수동적 무대 혹은 용기로

---

12 이양숙, 「재현공간으로서의 서울 미아리 달동네」, 『인문과학연구』 46, 충남대 인문과학 연구소, 2015, 29쪽.
13 김진아, 「에이즈(AIDS), 그 재현의 전쟁―미국의 대중매체와 예술사전 그리고 행동주의 미술」, 『서양미술사학회』 28(2), 서양미술사학회, 2008.
14 물질은 인간의 몸, 자연적 혹은 인공적 물질을 포함하는 포괄적 의미로 사용된다. 그러나 물질은 생명체(인간을 포함한 동식물) 자체를 이해하는 데 한계가 있다. 물질과 몸, 물질과 생명체 등과 관련된 로컬리티 문제는 별도의 논문으로 다루어져야 할 주제이다.

인식되었다. 로컬리티의 시공간(성)과 물질(성)에 관한 논의도 예외가 아니었다. 본 장에서는 물질의 관계 속에서 로컬리티 존재와 인식을 논의한다.

물질의 존재는 두 가지 측면으로 물음이 제기될 수 있다. 하나는 '물질은 인간의 인식과 무관하게 존재하는가? 그리고 존재한다면 어떻게 존재하는가?'이다. 다른 하나는 '물질의 존재는 인간의 인식과 활동 간에 어떠한 관계가 있는가?'이다. 후자의 질문은 재현 (혹은 서사 담론), 몸 그리고 물질 간의 상호 관계를 통해서 해결되어야 한다. 본 장은 전자의 질문에 초점을 두고자 한다. 전통적으로 물질주의는 관념론의 대척지점으로 혹은 관념론과의 변증법적 관계로 설명되어 왔다. 즉, 물질은 인간의 이념, 지식과 무관하게 존재함과 동시에 이들과 변증법적 관계를 통해 변화하는 것으로 이해되어 왔다.

마르크스와 엥겔스에 의하면, 기계론적 유물론의 잘못은, 그것이 사물을 그의 생성·소멸의 과정 중에서 이해하지 않고, 단지 사물을 정지적으로만 파악한데 있다. (…중략…) 헤겔의 변증법은 존재의 발전의 논리이고, 이 변증법을 발견해낸 것은 확실히 헤겔의 불후의 공적이라고 하지 않으면 안된다. 그러나 헤겔의 잘못은 관념론적 입장에서 서 있었기 때문에. 참으로 존재하는 것이 물질이 아니라 추상적인 개념이라고 생각해버린 점이 있다. (…중략…) (마르크스와 엥겔스가 발전시킨) 변증법적 유물론은 유물론적 입장에 서서 일체의 존재를 고찰하고, 거기에서 변증법적 구조, 즉 모순과 그것의 통일이라고 하는 구조를 찾아내는데, 이 입장에서 특히 중시되는 존재의 변증법적 구조는 양에서 질에로의 전화(轉化)의 법칙이라는 것이다.[15]

본 연구는 '물질이 인간과 독립적으로 존재한다'는 전제와 '인간 존재는 현상학적 몸과 외부의 물질에 절대적으로 의존한다'는 전제 모두에 토대를 두고 있다. 따라서 물질에 대한 인간의 이해는 유물론과 관념론이 중첩되는 혹은 만나는 관점으로 이루어져야 한다. 이것은 다음 장에서 논의될 것이다. 여기서는 '물질이 어떠한 양식으로 존재하는가?'란 물음에 답하고자 한다.

물질은 다양한 물질 간의 상호 관계적 작용을 통해 존재하면 또한 새로운 형태의 존재로 변화한다.[16] 이러한 존재 양식은 인간중심적 물질 이해, 즉 인간의 인식 혹은 육체적 체험을 통한 물질 존재를 파악하는 관점을 벗어나 생태중심적 물질의 이해로 나아갈 수 있다. 생태적 관점으로 물질의 존재는 유기체와 그 환경과의 상호 관계적 작용에 기반을 두고 있다. 여기서 인간은 유기체와 환경 간에 수립된 생태계 체계의 한 구성 요소일 뿐이다. 나아가 지구상의 생태계 체계는 인간의 존재와 무관하게 생성·변화하고 있다. 예를 들면, 나무는 뿌리, 줄기, 잎으로 구성되어 있으며, 뿌리는 지표 아래에서 흙 속의 유기물과 수분을 빨아들여 줄기와 잎으로 보내고, 줄기는 뿌리와 잎을 연결하는 매개체로 그리고 물과 영양분을 잎과 열매로 보내거나 자체에 저장하는 역할을 하며, 잎은 햇빛을 받아 광합성 작용을 하면서 나무의 생명유지와 성장을 촉진시킨다. 즉, 나무라는 유기체는 그 환경(토양, 물, 햇빛, 물리적 공간)과의 상호 관계적 활동을 통해서 존재한다. 또한 나무는 지표면 식물, 조류 등의

---

15 이와자끼 다께오, 허재윤 역, 『서양철학의 흐름』, 이문출판사, 1986, 316~317쪽.
16 물질의 관계론적 존재론은 관계를 맺는 물질에 대한 설명을 필요로 한다. 즉, 절대적이고 불변하는 최소의 물질적 존재 혹은 존재 기원론에 대한 논의이다. 이것은 여전히 철학과 과학의 근본 논쟁으로 남아 있다.

생존과 번식을 위한 환경으로 작동한다.

　　낙동강 하구는 삼각주에 갈대군락이 무성하고, 간석지에 조개와 같은 저
서동물군집이 왕성하게 서식하며, 이들을 먹는 수많은 철새가 날아오는 생
태계이다. 이 생태계에는 홍수에 의하여 상류로부터 비옥한 토사와 무기영
양소가 밀려오고, 태풍에 의해 연안의 모래와 염분이 밀려와서 삼각주와
간석지를 덮는다. 그런데 비옥한 토사와 무기영양소를 받은 삼각주의 갈대
군락은 무성하게 자라지만 두꺼운 토사로 덮인 저서동물군집은 일시적으
로 사라진다. 그리고 홍수와 태풍의 피해에 관계없이 철새는 일정한 시기
에 변함없이 날아온다.[17]

　　자연적 물질 혹은 유기체와 환경으로 구성된 생태계는 인간의 존재
와 무관하게 생성·변화한다. 그러나 '지금, 여기'에 토대를 둔 인간,
물질, 시공간으로 구성된 로컬리티는 자연적 물질 혹은 생태계와 필연
적으로 연관될 수밖에 없다. 따라서 물질은 인간의 존재와 인식과 관련
지어 고찰되어야 한다. 인간과 물질의 관계는 몸을 매개로 혹은 언어,
기호, 이미지를 매개로 이루어지고 있다.

17　김준호 외, 『현대생태학』, 교문사, 1997, 8쪽.

4. 재현과 물질의 교차지대로서 로컬리티

재현과 물질의 관점에서 로컬리티의 존재와 인식은 분리된 것으로 혹은 독립적으로 설명되고 있지만 실질적으로 상호 밀접하게 관련되어 있다. 자연nature 혹은 양육 / 문화nurture는 양자를 고립시켜 연구되지 않아야 한다. 이는 '이들의 상호의존성이 사소하지 않고 중요하기 때문이다'란 인식이 사회과학자와 자연과학자 사이에 확산되고 있다.[18] 재현과 로컬리티 관계의 경우, 로컬리티는 언어, 기호, 이미지를 매개한 재현 속에 존재하며, 재현을 통해서 그리고 재현의 수행성에 의해서 생성·변화하는 것으로 인식된다. 그러나 재현으로서 로컬리티의 한계는 재현과 재현 대상 간의 관계에서 발생하는 불일치로 인해 언제나 틈 혹은 간극(사이)이 발생한다. 물질은 로컬리티를 구성하는 중요한 요소이지만 물질 자체 혹은 물질들 간의 관계만으로 로컬리티를 규정할 수 없다. 즉, 로컬리티는 인간의 가치, 인식, 제도, 실천과 긴밀하게 연관되어 있기 때문이다. 따라서 본 연구는 재현과 물질이 로컬리티와의 관계에서 나타나는 한계를 극복하기 위한 대안으로 특정한 맥락 하에서 작동하는 재현과 물질의 교차지대로서 로컬리티[19]를 제안한다.(표 2)

---

18 Marchand, T.H.J., "Making knowledge : explorations of the indissoluble relation between minds, bodies, and environment", *Journal of Royal Anthropological Institute*, 16(S1), 2010.

19 개념적 틀의 핵심인 맥락, 재현 그리고 물질 간의 관계 혹은 맥락과 교차지대로서 로컬리티의 관계가 2차원 공간(평면)이 아닌 비유클리드 기하학에 토대한 3차원 공간 혹은 4차원 시공간으로 시각화되면 개념적 틀의 복합성, 중층성, 역동성을 보다 잘 이해될 것이다.

〈표 2〉 재현과 물질의 교차지대로서 로컬리티

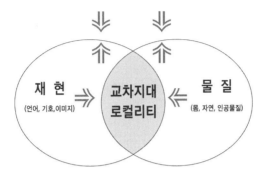

맥 락
(인문사회와 자연 환경)

재 현
(언어, 기호,이미지)

교차지대
로컬리티

물 질
(몸, 자연, 인공물질)

　〈표 2〉에 제시된 개념적 틀은 ① 맥락성, ② 수행적 상호관계성, ③ 생성과 변화의 역동적 과정성에 토대를 두고 있다. 맥락성은 특정 맥락과 재현과 물질이 상호 관계적 작용을 하고 있다는 의미이다. 로컬리티는 특정한 인문사회 환경과 자연 환경과의 상호 작용하고 있음에도 불구하고 전통적으로 로컬리티 연구는 로컬리티 외부의 인문사회와 자연 환경을 용기 혹은 무대로 인식하였다. 그러나 이 개념적 틀에서는 '지금이 아닌 과거와 미래, 여기가 아닌 저기'와 관련된 다양한 환경은 교차지대로서 로컬리티와 상호 관계적 작동을 하며, 또한 서로 영향을 미치는 요인 혹은 변수로 취급한다. 수행적 관계성과 과정성은 교차지대로서 로컬리티를 재현과 물질과의 상호 관계적 작동 속에서 생성과 변화의 특성을 의미한다.

　개념적 틀은 로컬리티 속에서의 주체화 그리고 로컬리티의 능동성을 이해할 수 있는 장점이 있다. 이 틀은 절대적 이성에 근거한 근대적 주체가 아닌 상대적이고 관계적 사유와 실천에 의한 탈근대적 주체화를 가능하게 할 수 있다. 특히 이 틀은 기존의 지배체제 속에서 억압되고 차별받는 주변인, 소수자의 주체화 논의에 도움이 될 것이다. 두 번째로 로컬리티 연구에서 논쟁이 되고 있는 '로컬리티 자체의 능동성'은 제시된 개념적 틀을 통해서 이해될 수 있다. 로컬리티의 능동성이 로컬리티 내부에 위치한 인간의 행위에 의해서 쉽게 이해될 수 있지만 로컬리티 자체와 관련했을 때 의문이 제기될 수 있다. 질문은 '로컬리티 자체의 능동성이란 무엇이며, 이것이 어떻게 작동하는가?'이다. 이에 대한 답은 재현과 물질의 교차지대로서 로컬리티의 수행성과 관련되어 있다. 즉, 로컬리티는 재현과 물질의 교차지대로서 표출될 수 있으며, 이것의 반복적 인용 혹은 사용을 통해 영향을 받는다. 예를 들면, 대도시 내부에 위치한 저소득 밀집지역의 로컬리티는 부정적인 언어 혹은 이미지, 슬럼화된 건축물과 하부시설, 범죄 장소의 재현과 물질이 교차하는 지대로서 로컬리티로 표출되며, 당면한 문제들을 해결하기 위한 대책으로 상업과 주거가 결합된 자족적 거주지대로 재개발이 제안된다. 그리고 도심부 로컬리티의 재개발 계획이 금융기관, 부동산 개발업자, 대중 매체, 전문 학술지를 통해 지속적으로 주장 혹은 인용됨에 따라 효과가 나타난다. 그러나 이러한 교차지대로서 로컬리티의 재개발은 주민들이 자신들의 삶의 터전을 지키려는 행동과 갈등을 일으킬 수 있다.

특정 맥락 하에서 작동하는 재현과 물질의 교차지대는 바슐라르G. Ba-chela의 물질적 상상력(혹은 이미지)[20]과 인류학과 고고학에서 발전시킨

---

20 가스통 바슐라르, 곽광수 역, 『空間의 詩學』, 민음사, 1990.(Gaston Bachelard, *La Poetique de l'espace*, Paris : PUF, 1957); 정호정·김지혜, 「물질적 상상력에 기반한 맑은 물의 이미

인간과 객체 / 물질object or thing 간의 관계[21]를 통해서 잘 이해할 수 있다. 바슐라르는 물질적 상상력을 통해 물질과 마음(혹은 영혼, 정신)이 만나는 지점을 파악하려고 노력하였다. 이것은 물질과 마음이 분리된 이분법적 존재와 인식이 아님과 동시에 하나가 다른 하나로 환원되지 않는 다양하고 역동적인 중간지대를 탐색하고 있다. 이러한 면은 시적 이미지를 통해 간접적으로 이해될 수 있다.

우리가 새로운 시적 이미지와, 무의식의 밑바닥에서 잠자고 있는 原型(원형) 사이의 관계에 언급해야 할 때에라도, 우리는 그 관계가 엄밀히 말해 (과학적 혹은 객관적) 인과관계가 아니라는 것을 이해시키도록 해야 될 것이다. (…중략…) 시적 이미지는 그 자체의 존재와 그 자체의 힘을 가진다. 그것은 하나의 직접적인 존재론에 속하는 것이며, (…중략…) 시적 이미지가 인간의 마음의, 영혼의, 존재의 직접적인 산물 ― 그 현행성에서 파악된 ― 로서 의식에 떠오를 때, 이미지의 현상을 연구하는 것.[22]

지 연구―가스통 바슐라르의 이론을 중심으로」, 『한국도자학연구』 13(3), 한국도자학회, 2016; 홍명희, 「이미지와 상상력의 존재론적 위상」, 『한국프랑스학논집』 49, 한국프랑스학회, 2005; 홍성호, 「바슐라르의 물질적 상상력과 흙의 이미지」, 『대한건축학회지』 36(3), 대한건축학회, 1992.

21 Appadurai, A., *The social life of things ―commodities in cultural perspective*, Cambridge : Cambridge University Press, 1986; Bauer, A. and Kosiba, S., "How things act : an archaeology of materials in political life", *Journal of Social Archaeology*, 16(2), 2016; Gell, A., "Vogel's net―traps as artworks and artworks as traps", *Journal of Material Culture*, 1(1), 1996; Hodder, I., "Human-thing entanglement : towards an intergrated archaeological perspective", *Journal of Royal Anthropological Institute*, 17(1), 2011; Rubio, F.D., "On the discrepancy between objects and things : an ecological approach", *Journal of Material Culture*, 21(1), 2016.

22 가스통 바슐라르, 곽광수 역, 앞의 책, 1990, 83~84쪽.

바슐라르는 물질과 형체를 구분하고 있다. 전자는 유동적이며 가능성의 대상으로 물질적 상상력을 통해 파악되는 반면에 후자는 물질이 특정한 형태로 굳어져 고정화된 현상으로 형식적 상상력을 통해 파악된다.[23] 그는 형식적 상상력이 모든 것을 정태적이고, 이미지를 재현적으로 이해한다고 비판하였다. 반면에 그는 물질적 상상력을 주어진 형태를 다시 그려내는 의미의 재현이 아니라 형태 자체를 변모시킬 수 있는 역동적 힘으로 파악하였다. 정호정·김지혜(2016)는 물의 물질적 상상력을 맑은 물, 깊은 물 그리고 복합적인 물로 설명하고 있다. 깨끗하고 맑은 물은 순수함을 상징하며, 깊은 물은 물의 깊이를 느끼게 하면서 삶과 죽음의 이미지를 갖고 있으며 그리고 복합적인 물은 다른 물질(불, 흙, 공기)을 받아들이고 용해시키는 이미지를 나타낸다.[24]복합적인 물의 예로 물과 불이 결합된 상상력 혹은 이미지이다. 물과 불이 합쳐지며 "수증기, 뜨거운 습기는 마른 대지에 생기를 부여하는 이미지"가 탄생한다. 물과 불이 결합되면 물과 불이 아닌 새로운 물질이 탄생하며 또한 새로운 물질적 이미지가 창조된다.[25] 상이한 물질(불, 물, 흙, 공기)이 지속적으로 결합하고 분리되면서 새로운 물질과 이에 토대를 둔 물질적 이미지가 창조된다.

로컬리티는 인간, 물질 그리고 시공간으로 구성되어 있으며, 이들 요소들 간의 상호 관계적 활동에 의해 기존의 로컬리티는 유지되거나 변화한다. 여기서 시공간은 인간의 인식과 활동 그리고 물질과 분리되어

---

23 홍성호, 앞의 책, 63쪽.
24 정호정·김지혜, 앞의 책, 185~189쪽.
25 위의 책, 188~189쪽.

있지 않기 때문에 인간과 물질의 상호관계성에만 초점을 둔다. 마르크스의 자본주의 생산양식에 사용가치와 교환가치의 변증법적 관계가 자리 잡고 있다. 자본주의 체제 하에서 로컬리티 자체[26] 혹은 로컬리티 구성요소인 인간과 물질은 사용가치use value와 교환가치exchange value 모두를 내포하고 있다. 로컬리티의 인간과 물질은 사회·역사적 혹은 자연적 시간 속에서 만들어진 다양하고 고유한 사용가치를 지니고 있다. 이에 반해 역사적으로 출현한 특정한 생산양식인 자본주의 체제에 속하게 된 인간과 물질은 노동력과 상품성에 기초한 교환가치로 전환되며, 이것은 자본을 매개로 유동한다. 그리고 자본은 단순 축적 혹은 더 많은 축적을 위해 끊임없이 노동력과 상품의 교환가치를 이질화 혹은 동질화시킨다. "자본의 목적은 잉여가치의 추구이다. 『자본 1』에 관한 원론적인 이해는 현대자본주의 사회의 다양한 변화를 이해할 수 있게 한다. 그래서 자본주의 사회가 맹목적으로 자본의 자기증식을 추구하는 사회이고, 결국 인간의 행복과 (지속가능한 생태계 유지와) 거리가 먼 사회일 뿐만을 보여준다. 자본의 운동에 관한 통찰은 자본주의 사회에 대한 비판으로 이어지고, 이러한 무자비한 자본주의 사회에 대한 새로운 대안, 혹은 완화된 형태의 자본주의 사회를 추구하게 한다."[27] 결론적으로 자본주의 체제 내에서 인간과 물질의 사용가치와 자본의 논리

---

26 자본주의 체제 내에서 로컬리티 자체도 사용가치와 교환가치의 원리가 작동한다. 인간, 물질 그리고 이들과 관련된 이념, 가치, 제도, 관습 등의 상호 관계적 활동으로 생성·변형되어 온 로컬리티의 내재적 사용가치는 로컬리티가 자본주의 체제 내부로 편입됨에 따라 자본의 논리에 따라 교환가치로 전환됨에 따라 이들 간에는 갈등이 유발한다. 이러한 갈등은 산업자본주의 하에서 만들어진 대도시 내부의 로컬리티가 쇠퇴함에 따라 이를 해결하고자 진행되는 재개발 혹은 젠트리피케이션(gentrification)을 통해서 잘 이해될 수 있다.
27 하용삼, 『자본 1』의 이해, 『인문학연구』 3, 2006, 21쪽.

에 근거한 이들의 교환가치 간에는 지속적인 갈등이 유발되며, 이는 역으로 자본주의 체제 자체의 불안정을 초래하고 있다.

맥락, 몸과 마음, 재현이 사회·경제·문화·정치의 시공간 속에서 상호작용하면서 어떻게 생성되고 변화되는가는 소위 '흑인', '노예', '주변인 혹은 소수자', '열등인종'의 명명naming과 수행성performativity 그리고 이와 관련된 아프리카 혈통의 디아스포라인의 몸과 마음을 통해서 잘 이해될 수 있다. 서구 제국주의의 침략과 무역 그리고 자본주의적 재식농업이 시작되기 전의 아프리카 사람들은 상이한 자연 환경 속에서 자신들의 고유한 사상과 인식체계 그리고 문화와 정치·사회 조직과 제도를 구축하여 살아 왔다. 그러나 서구 제국주의의 침략과 무역은 아프리카의 거의 모든 것들, 로컬인의 가치와 삶의 양식, 관습, 물질문화, 생태계를 파괴하거나 변형시켰다. 더욱이 다양한 혈통과 로컬 문화를 지닌 아프리카인들은 소위 '노예'란 단일한 명명 하에 무역 상품으로 전락하여 거래되기 시작하였다. 즉, 사회·역사·자연에 토대를 두고 만들어진 아프리카인의 몸과 가치는 상품의 교환가치로 탈바꿈하게 되었다. 그리고 노예무역을 통해 낯선 땅, 특히 북아메리카 대륙으로 팔려간 아프리카인들은 열등한 인종으로, 지배를 받거나 복종해야 하는 주변인, 잉여인간으로, 인식 혹은 이미지화된 디아스포라인으로서 삶을 살게 되었다. 즉, 노예무역으로 팔려와 미국 남부의 대규모 농장에 소속되어 구속을 받게 된 아프리카인들은 '흑인', '지적으로 혹은 문화적으로 열등한 인종'의 이미지로 재현되고, 이러한 재현이 대중매체 혹은 백인들에 의해서 반복적으로 인용 혹은 사용됨에 따라 고정적 / 객관적 인식이 되고 인종차별의 효과를 가져 왔다. 그리고 아프리카 혈통의 시민에 대한

'흑인', '열등한 인종', '문제 집단'으로의 재현과 수행은 이들이 거주하는 장소 혹을 로컬리티에도 부정적인 영향을 미쳤다.

Gell(1996)은 예술 작품과 그 대상 사이에 이루어지는 구별 양식을 고찰하였다.[28] Gell은 단순히 물질이 예술 작품으로 전시될 수 있음을 동물을 잡기 위해 만들어진 덫animal traps을 예로 들었다. 예술 대상으로서 덫은 인간과 동물 간의 관계를 보여주는 인간의 아이디어 혹은 의도를 내포하고 있다. Dominguez Rubio(2016)는 Gell의 주장을 발전시킨 생애주기life cycle의 개념을 통해 물체things의 변화를 고찰하였다. 즉, 객체object는 단순한 물질이 아닌 물체와 인간의 가치, 의미, 권력 간에 이루어지는 수행적 관계 속에서 구별되고 변모한다. 즉, 물체와 객체의 구별 혹은 변모는 물체와 인간 간의 상호관계 속에서 구체화되고, 생명처럼 주기적으로 순환한다. 예를 들면, 나무를 원료로 만들어진 종이 혹은 책은 나무의 성질과 인간이 부여한 가치, 의미, 권위 간의 상호 관계적 활동에 의해 객체와 물체 사이를 주기적으로 순환한다. 인공물인 종이는 자본주의 시장체제 하에서 수행되는 인쇄기술, 사용과 교환가치, 의미, 권위에 의해 책, 공문서, 상품 포장지, 한지공예품의 다양한 객체로 전환된다. 그리고 이들은 각자의 사용가치, 상품성, 의미와 권위의 수행성이 상실되면 폐기물이라는 단순한 물체로 전환되어 자연으로 돌아가거나 박물관의 소장품으로 혹은 재활용 예술작품의 재료로 활용되어 이전과는 다른 객체로 전환된다. 물질적 상상력과 객체의 생

---

28 이하 글은 박규택의 논문에서 옮겨 온 것임을 밝힌다. 박규택, 「사이공간으로서 로컬리−수행적 관계성, 미결정성, 관계적 스케일의 정치」, 『한국도시지리학회지』 19(3), 한국도시지리학회, 2016, 4~5쪽.

애주기에 대한 서술과 같이 서사와 상상력을 매개한 공간과 물질이 접촉하는 지점에 위치한 사이공간으로서 로컬리티는 양자가 분리되거나 어느 하나로 환원되지 않고 밀접한 상호 관계적 활동을 통해 생성되고 변화한다.

참고문헌

가스통 바슐라르, 곽광수 역, 『空間의 詩學』, 민음사, 1990.(Gaston Bachelard, *La Poetique de l'espace*, Paris : PUF, 1957)

김균진, 「정신과 물질―헤겔의 정신론과 맑스의 물질론의 교차로에서」, 『Yonsei Magazine』 4, 1990.

김준호 외, 『현대생태학』, 교문사, 1997.

김진아, 「에이즈(AIDS), 그 재현의 전쟁 : 미국의 대중매체와 예술사전 그리고 행동주의 미술」, 『서양미술사학회』 28(2), 서양미술사학회, 2008.

김희경, 「존재의 이미지, 이미지의 존재―심층적 존재의 이해를 위한 상징적 이미지에 대한 연구」, 『불어불문학연구』 63, 한국불어불문학회, 2005.

박규택, 「사이공간으로서 로컬리―수행적 관계성, 미결정성, 관계적 스케일의 정치」, 『한국도시지리학회지』 19(3), 한국도시지리학회, 2016.

빈프리트 뇌트, 신항식 역, 「재현의 위기에 관하여」, 『문학과 경계』 12, 문학과경계, 2004.

서명수, 「기호와 재현―탈근대주의 기호론을 위한 정초」, 『기호학연구』 3, 한국기호학회, 1997.

신기철·신용철 편, 『새우리말 사전』, 삼성출판사, 1975.

이도흠, 「재현의 위기론의 타당성과 한계」, 『미학·예술학 연구』 22, 한국미학예술학회, 2005.

이양숙, 「재현공간으로서의 서울 미아리 달동네」, 『인문과학연구』 46, 충남대 인문과학연구소, 2015.

이와자끼 다께오, 허재윤 역, 『서양철학의 흐름』, 이문출판사, 1986.

민중서림 편집부, 『엣센스 실용영한사전』, 민중서림, 1997.

정호정·김지혜, 「물질적 상상력에 기반한 맑은 물의 이미지 연구―가스통 바슐라르의 이론을 중심으로」, 『한국도자학연구』 13(3), 한국도자학회, 2016.

홍명희, 「이미지와 상상력의 존재론적 위상」, 『한국프랑스학논집』 49, 한국프랑스학회, 2005.

홍성호, 「바슐라르의 물질적 상상력과 흙의 이미지」, 『대한건축학회지』 36(3), 대한건축학회, 1992.

하용삼, 「『자본 1』의 이해」, 『인문학연구』 3, 2006.

Appadurai, A., *The social life of things ―commodities in cultural perspective*, Cambridge : Cambridge University Press, 1986.

Bauer, A. and Kosiba, S., "How things act : an archaeology of materials in political life",

Journal of Social Archaeology, 16(2), 2016.

Gell, A., "Vogel's net - traps as artworks and artworks as traps", *Journal of Material Culture*, 1(1), 1996.

Marchand, T.H.J., "Making knowledge : explorations of the indissoluble relation between minds, bodies, and environment", *Journal of Royal Anthropological Institute*, 16(S1), 2010.

Hodder, I., "Human-thing entanglement : towards an intergrated archaeological perspective", *Journal of Royal Anthropological Institute*, 17(1), 2011.

Rubio, F.D., "On the discrepancy between objects and things : an ecological approach", *Journal of Material Culture*, 21(1), 2016.

스케일의 측면에서 본
로컬공간의 대안적 의미와 가능성

이상봉

1. 국가공간의 안티테제로서의 로컬공간

'로컬리티의 인문학' 연구는 근대의 국가 중심적, 이분법적 원리나 공간구획이 낳은 병폐, 즉 중심-주변의 위계구도에 의해 피폐화된 로컬의 현실에 대한 비판적 성찰에서 비롯한다. 근대는, 공간 또는 스케일의 관점에서 보면, '국민국가'라는 영역에 기반 한 동질적·배타적·이분법적 공간인식을 통해 제도화되었으며, 그 과정에서 다양한 로컬공간들은 포섭·배제·억압되었기 때문이다. 이러한 점에서 로컬공간은 근대적 공간의 표상인 국가공간의 '안티테제'로서 존재해 왔다고 할 수 있다. 즉, 로컬은, 현실적 공간구획의 관점에서 보면, '전체' 또는 '중심'으로서의 국가공간에 대비되는 '국지' 또는 '주변'으로서의 로컬

공간이라는 배치를 통해 파악되어 왔다.

근대성의 구체적인 양상은 시기와 지역에 따라 다양하게 나타나지만, 일반적인 의미의 근대성이란 주로 계몽주의적 근대성을 말한다. 이는 이성에 대한 신뢰, 합리주의, 인간중심주의, 진보와 해방 등을 핵심 가치로 삼으며, 이러한 가치들은 대의제 민주주의, 자본주의, 관료체제 등과 같은 다양한 경로의 제도화를 통해 근대사회를 움직이는 원동력으로 작동해 왔다. 이런 의미에서 기든스A. Giddens는 "근대성이란 대략 17세기경부터 유럽에서 시작되어 점차 세계적으로 영향력을 확대하고 있는 사회생활이나 조직양식을 일컫는다"고 정리하고 있다.[1]

하지만 당시로서는 진보적 가치의 실현으로 여겨지던 근대성의 제도화는 다른 한편에 인간관계나 사회조직의 비인격화, 물신화, 도구화, 권력화 등의 부정적 성향을 품어 왔다. 근대성이 잉태한 이 같은 부정적인 요소들이 이성, 합리주의, 인간주의 등과 같은 근대성의 핵심 가치들을 총체적으로 부식시켜감에 따라, 근대성의 근간을 이루는 기본 가정들을 포함하여 근대성 그 자체에 대한 의문이 여기저기서 분출되기 시작했다. 특히 국가공간에 기반 한 근대적 공간인식이 차별과 배제, 양극화, 비인간화 등의 병폐를 낳았다는 현실에 대한 자각은 국가공간이 가진 한계, 즉 중심성, 위계성, 배타성 등에 대한 성찰과 대안의 모색으로 이어졌으며, 이는 '공간적 전환spatial turn' 이후의 공간에 관한 다양한 탈근대적 이해들의 등장과 함께 논의의 폭과 깊이를 더하고 있

---

1 기든스에 따르면 근대성은 자본주의, 감시체제, 군사력, 산업주의라는 4가지 영역의 제도화를 통해 구현되었다.(스튜어트 홀·데이비드 헬드·토니 맥그류, 전효관·김수진 외역, 『모더니티의 미래(Modernity and its Futures)』, 현실문화연구, 2000, 52쪽)

다. 국가공간의 한계를 비판하는 이러한 탈근대적 공간 해석들 속에서
국가공간의 안티테제로서의 로컬공간은 새로운 대안적 가능성으로서
자주 모색되고 있다. 특히, 당면한 축적위기를 자본의 유연화 전략, 즉
글로벌화라는 '공간적 확산'과 회전시간 가속화라는 '시간적 단축'을
통해 해결하려는, 이른바 신자유주의적 자본주의가 본격적으로 전개되
면서 근대의 국가 중심적 공간구획은 커다란 변화를 가져왔다. 국가공
간의 탈–재영역화를 수반하는 이러한 변화는 국가공간과 그 '스케일'
과 '원리'를 달리하는 로컬 및 글로벌 공간의 의미와 가능성에 대한 관
심을 증대시켰으며, 나아가 근대적 공간인식 자체에 대해서도 다시 생
각하는 계기가 되었다. 즉, 로컬리티에 기반 한 공간인식은 단지 국가
공간과 스케일을 달리하는 또 하나의 공간단위에 그치지 않고, 영역,
스케일, 경계, 장소 등과 같은 근대적 공간인식이나 개념에 대한 재해
석과 재구성을 포함한다. 이하에서는 국가공간 및 근대적 공간인식에
대한 비판적·대안적 관점에서 로컬공간 및 로컬리티의 공간인식이 가
진 의미와 가능성에 대해 고찰하고자 한다.

2. 근대성과 국가공간에 대한 성찰

1) 국민국가의 공간적·원리적 특성

　인간 해방을 표방하며 야심차게 출발한 근대의 기획이 인간의 주변
화라는 자기부정적인 결과를 낳게 된 이유는 무엇일까? 근대성의 가치

그 자체에 문제가 없었던 것은 아니지만, 그 이유의 상당부분은 근대성이 제도화되는 과정에서 찾을 수 있다. 즉, 근대성의 제도화는 자본주의 시스템의 구축과 그 흐름을 같이하였고 이에 따라 근대성은 자본주의가 가진 모순을 그대로 내포하게 되었다. 여기서 근대성의 제도화가 자본주의의 구축과 동시적으로 진행되면서 드러냈던 가장 근본적인 모순이자 딜레마는 탈인간주의라 할 수 있다. 신으로부터 인간을 해방시키고 이성적 주체로서의 인간의 가치를 내걸면서 기획되었던 근대성이, 자본과 권력을 중심으로 제도화되는 과정에서, 주체인 인간을 주변화 시켜버리는 역설을 만들어내었던 것이다.

공간 또는 스케일의 측면에서 보면, 근대성은 국민국가라는 정치·경제·문화적 공동체를 자기완결적인 단위로 삼아 제도화 되었다고 할 수 있다. 근대성이 국민국가를 단위로 삼아 제도화되는 과정은 정치·경제·문화의 제 측면에서 각각 또는 상호 연관적으로 설명이 가능하다. 이를 간략하게 정리해 보면 다음과 같다.[2] 우선 정치적 측면에서, 근대 국가이론의 핵심은 이성적 판단으로서의 계약에 의해 국가를 형성하는 것에 있다. 홉스에서 루소에 이르는 사회계약론자의 고민은 이성적으로 사고하고 합리적으로 행위하는 개인에서 출발하여 어떻게 제도화된 사회질서를 도출할 것인가에 있었다. 그러한 고민에 대한 해답으로 나온 것이 국민을 구성하는 개인들을 새로운 주권자로 등장시키는 근대 국가 이론이었다. 여기서 새로운 정치공동체로서의 국민국가nation state 형성, 즉 국민nation과 국가state가 결합되는 과정에서 매개가 된 제도가 대의제

---

2   이 부분은 졸고 「탈근대, 공간의 재영역화와 로컬·로컬리티」, 5~7쪽의 내용을 발췌 및 수정·보완한 것이다.

민주주의이다.[3]

경제적 측면에서, 자본가들은 보다 광범위한 시장을 필요로 하였다. 하지만 이들은 동시에 복수의 국가가 존재하는 상황 또한 필요로 하였다. 여러 국가들이 경쟁적으로 존재하는 경우에서만, 자본가들은 국가 권력과 협조함으로써 배타적 이득을 얻을 수 있었을 뿐만 아니라, 자본에 적대적인 국가들을 피해 자신들에게 우호적인 국가들로 옮겨갈 수 있었다. 광범위한 분업체제로서의 세계 내부에 다수의 국가들이 존재하는 상황만이 이럴 가능성을 보장해 주었다.[4] 또한 내부적으로 국민국가는 사회적 격차를 고정하여 자본축적에 유리한 환경을 만든다. 이런 의미에서 국민국가와 그러한 국가들로 구성된 세계체제는 자본축적을 위해 근대시스템이 만들어 낸 가장 중요한 제도의 하나로 볼 수 있다.

문화적 측면에서, 문화적 단위로서의 민족과 정치적 단위로서의 국가가 일치해야만 한다는 점이 민족주의와 국가의 결합, 즉 가장 보편적인 민족주의의 표현이다. 즉, 민족문화를 토대로 국민문화가 만들어졌으며 이러한 문화적 유형의 표준화와 전파를 보증하기 위해서는 중앙집중화된 국가의 힘이 필요했다. 즉, 국민국가는 그 내부에 존재하는 다양한 민족이나 문화를 강압적으로 동질화해 가는 이른바 포섭과 배제의 과정을 수행했으며, 이것이 앤더슨B. Anderson이 말한 '상상의 공동체'가 형성되는 과정이다. 근대는 계몽주의라는 보편적 이념을 주창

---

3 민주주의의 매개역할은 세 가지 축을 통해 이해된다. 그것은 민주주의의 근대적인 주체를 형성하는 작업(시민권), 민주주의를 구체적으로 실현하는 방식(민주주의 형태, 국민주권의 제도화), 사회와 국가의 관계설정 방식(대의제)이다.(홍태영, 『국민국가의 정치학』, 후마니타스, 2002, 34~35쪽 참조)
4 이마누엘 월러스틴, 이광근 역, 『월러스틴의 세계체제분석』, 당대, 2005, 66쪽 참조.

하고 나섰지만 그와 동시에 국민국가의 성립을 통해 일종의 개별주의 도 만들어갔다. 배타적 영역(주권, 영토, 국민)을 토대로 국민국가가 만들어지는 과정에 내포된 이러한 이중성은, 국민이 일상의 친근한 대면접촉에 의한 자연적 산물이 아니라 그 범위를 넘어서는 인위적 관계까지 포괄하는 이른바 '상상의 공동체'임을 뜻한다.

이와 같은 정치·경제·문화적 제도화를 통해 형성된 근대 국민국가는 이전과는 다른 공간적 특징을 가지는 바 그 대표적인 것이 '영역성territoriality'이다. 우선, 근대국가는 경계 지어진 영토와 이에 근거한 배타적 주권을 가진다. 즉, 국민국가와 그 확장으로서의 제국주의는 그 내부와 외부의 변증법에 의한 영역적 지배에 근거를 두어 온 것이다. 여기서 국민국가의 경계는 자연적으로 형성된 것이 아니라 역사·정치적으로 형성된 인위적 산물이다. 이러한 국가공간의 공간적 특성에서 연원하는 중요한 원리가 '포섭과 배제'의 원리이다. 대다수 근대국민국가는 그 기원에서부터 다양한 구성원들의 고유한 역사·문화적 정체성을 부인하고 지배적 사회집단의 이해와 정체성에 부합하도록 건설되었다. 민족이 아니라 국가가 근대라는 시기에 국민국가를 창출한 것이다. 일단 한 국가의 영토적 통제 아래 국민이 형성되면nation building, 이들은 역사를 공유하게 되고 사회·문화적 유대도 만들어 간다. 그러나 국민국가에서 내부의 사회·문화·영토적 이해가 불균등하게 대표되면, 지배적 사회집단들의 이해나 정체성과 충돌하는 집단들의 이해나 정체성은 포섭되거나 배제되게 된다. 이러한 원리는 공간 스케일로서의 국가와 로컬의 관계에서도 확인된다. 즉, 국가는 국가의 재정운영의 통일성을 위해 조세와 금융부문을 체계화하고, 국내질서를 유지하기 위해 중앙집중식 행정 구조를 구축해 나가면서 로컬을 철저히 중앙의 통제 하에 예속시켰다. 퍼거슨J. Ferguson과 굽타A. Gupta는 이런 민족국가의 통합과정을 수직성verticality과 포위성encompassment이라는 공간적 이미지로 설명한다.[5]

근대 민족문화가 결국 민족 내부의 중심적이고 지배적인 문화임을 감안하면, 로컬문화가 근대적 민족문화 속으로 동질화되고 통합된다는 것은 로컬문화의 소멸이 아니라 그것의 새로운 재배치를 의미한다. 다시 말해, 중심과 주변의 이분법적 논리에 따라 로컬리티와 로컬문화는 '주변'으로 귀속되거나 '지방'이라는 이름으로 정형화되는 것이다. 여기서 로컬은 "진보에서 낙오된 후진성의 장, 도시와 산업 자본주의 문명의 역동성에 대립되는 시골 정체성의 장, 보편적·과학적 합리성에 대립되는 특수·개별적 문화 영역 그리고 정치적 근대성의 형식인 민족국가의 완전한 실현을 막는 장애물로 인식되고 만다. 즉, 로컬리티는 근대성 속에서 중심과의 대칭적 관계에 놓이면서 항상 '중심'에 미달하는 '주변'으로 폄하되는 것이다.[6] 이처럼 국민국가의 영역성은 이분법적인 근대적 시·공간의 창출을 통해 이루어졌으며, 이는 경계의 안과 밖, 중심과 주변, 동질성과 차이라는 이분법에 기반 한 '영역적 사고'를 일반화하여 사람들의 머리와 몸에 각인시켰다.

---

5 김용규, 「로컬리티의 문화정치학과 비판적 로컬리티 연구」, 『한국민족문화』 32, 부산대 한국민족문화연구소, 2008, 44쪽에서 재인용.
6 위의 글, 47쪽.

2) 근대적 공간구성의 변화와 그 의미

근대가 국민국가를 단위로 삼아 구성되었다는 의미는, 국민국가를 그저 적절한 규모scale의 공동체였다는 관점에서 파악하는 것을 넘어선다. 즉, 적절한 규모에 더해 '층위'의 관점을 추가해서 보면 그 의미는 보다 명확해진다. 세계는 주권을 가진 국가단위로 경계 지워지고 그 국가는 내부적 통합성과 대외적 배타성의 경계구분을 통해 존속해 왔다는 점이 잘 드러나기 때문이다. 이런 관점에서 보면, 최근에 확산되고 있는 글로벌화는 국민국가의 영역성에 변화를 초래한다는 점에서 스케일 또는 공간의 측면에서 나타나는 전형적인 탈근대적 현상이라 할 수 있다. 즉, 글로벌화는 국민국가의 영역성을 깨는 현상이며 또한 이는 국민국가의 내부적 관계(국가-로컬 관계)를 재구성하는 과정을 필연적으로 수반한다.

스케일의 관점에서 글로벌화가 나타내는 공간구성의 변화는 로컬-내셔널-리저널-글로벌로 이어지는 동심원 구조의 층위로 나타낼 수 있다. 동심원의 안쪽에는 로컬 그리고 바깥쪽에는 글로벌한 상호작용의 스케일을 가진 사회관계와 네트워크가 중첩적으로 존재한다. 따라서 글로벌화는 무엇보다도 정치·경제·사회적 활동이 국경을 가로질러 확장되어, 세계 어느 한 지역의 사건이 국경을 넘어 먼 지역의 개인과 공동체에까지 큰 영향을 미치는 현상을 의미한다고 할 수 있다. 이런 의미에서 글로벌화는 초지역적 상호연결성, 사회적 활동 및 권력의 네트워크 확장, 그리고 원거리 행위의 가능성을 구체적으로 표현하는 것이라고 할 수 있다.[7] 변화하는 다양한 현상들을 고정적인 정체성의 공간 안에 가두어버리는 국민국가와는 달리, 이러한 글로벌화가 추동하는 새로운 중층적 공간은 문화적 차이를 용인하여 공존을 모색하기도 하고, 때로는 이를 무력화해 관리하기도 하는, 서로 다른 경향이 병존하는 혼종성과 개방성을 나타낸다.

글로벌화에 따른 공간 스케일의 재구성이 전형적인 탈근대적 양상이라는 점을 바꾸어 말하면, 공간 스케일의 재구성은 탈근대 담론의 전개와 흐름을 같이한다는 것이 된다. 즉, 탈근대로의 이행을 통해 재구성되는 것은 국민국가의 영역성만이 아니라 국민국가를 구성하고 지지해온 '가치'와 '원리' 또한 마찬가지이다. 국가공간이 하나의 자기 완결적 단위로서 근대성의 이성중심주의, 동질성, 중심성, 효율성 등의 원리와 가치가 관철되는 일종의 그릇으로서 기능해 왔다면, 이의 재구성은, 이러한 원리나 가치에 대한 성찰과 함께, 이를 대신할 수 있는 대안적 가치의 탐색으로 이어진다. 여기서 로컬공간이 스케일에서만이 아니라 원리나 가치의 측면에서도 국가공간의 강력한 안티테제로서 존재해 왔다는 점에 주목하면, 성찰을 통한 공간 재구성의 계기와 가능성을 로컬공간에서 발견할 수 있다. 즉, 근대의 국가 중심성에 의해 배제되고 억압되었던 로컬을 독자적이고 자기완결적인 삶 또는 공동체의 단위로 상정함으로써 새로운 대안의 가능성이 모색될 수 있다는 것이다.

국민국가의 영역성에 기반 하여 진행된 근대성의 동일화 · 집중화 · 효율화 추구는 '다수'와 '같음'의 논리로 '소수'와 '다름'을 억압 · 배제했고, 이는 근대성이 기획한 인간중심주의가 비인간화로 이어지는 역

---

7 데이비드 헬드 외, 조효제 역, 『전지구적 변화(*Global Transformation*)』, 창비, 2002, 36쪽.

설을 초래했다. 따라서 근대성의 성찰에 기반 한 탈근대적 대안의 논의는 근대성의 구조 속에서 억압되거나 지워졌던 주변성, 소수성, 장소성, 다양성 등의 가치를 새롭게 확인하는 방향으로 이어져야 한다.

3. 영역성의 재구성과 그 의미[8]

1) 경계에 대한 새로운 인식

앞서 살펴 본 공간의 탈근대적 변화의 양상은 국가 공간 영역성의 근간이 되었던 '경계'와 '스케일' 두 측면에 주목해 보면 잘 파악된다. 우선 경계의 측면에서 보면, 근대 국민국가 체제는 국가의 영역을 구획하는 '경계boundary'를 토대로 성립하였다. 여기서 경계는 쉽게 넘나들 수 없고, 동질적 내부와 배타적 외부, 즉 주체와 타자를 구분하는 선이었다는 점에서 일종의 '장벽'의 의미를 가졌으며, 그리고 경계 내부로 들어오는 모든 것들을 동화시킨다는 점에서는 일종의 '거름장치'의 역할을 하였다. 또한 경계에 가까이 갈수록, 즉 국민국가의 중심에서 멀어질수록 주변적·부차적인 것으로 인식되었다. 즉, 경계는 '변방'이었다. 하지만 글로벌화는 이러한 경계를 넘나드는 물자와 사람의 이동을 급격하게 확산시킴으로써 경계에 대한 새로운 인식의 계기를 제공한다. 경계가 '장벽'이 아닌 '통로'로, 경계지대가 '변방'이 아닌 '접변지

---

8   이 장의 내용은 졸고 「트랜스-로컬리티-포스트모던의 대안적 공간정치」, 2014.12에서 발췌 및 수정·보완하여 작성되었다.

대'로 새롭게 인식될 가능성이 열리게 된 것이다.

국민국가의 국경이 '장벽', 즉 배타적·위계적 경계의 의미에서 '통로', 즉 유동적·수평적 경계의 의미로 새롭게 인식되는 양상은, 경계를 넘나드는 새로운 관계를 포착한 용어라 할 수 있는 '트랜스trans'의 의미와 이의 전유를 통해 잘 설명된다. 국민국가가 그 경계를 넘어 관계를 맺어가는 기존의 방식을 잘 나타내는 용어가 '인터-내셔널inter-national'이라 할 수 있다. 이는 주권 국민국가들로 구성된 세계체제에서 주체와 경계가 존중된 채 이루어지는 쌍방향적 상호관계를 주로 의미하고 있다. 이에 비해 트랜스라는 개념은 주체와 경계가 상호침투 또는 변형되는 과정을 수반하는 관계를 나타낸다. 즉, 경계를 넘나드는 다양한 관계들을 통해 경계가 허물어지기도 하고, 주체가 변형되기도 하는 결과를 상정한다. 이와 관련하여, 옹A. Ong은, "트랜스내셔널 개념의 의미망은 어간인 내셔널이 아니라 접두어인 트랜스에서 찾아야 하며, 여기서 트랜스는 횡단하는transversal, 과정적인transactional, 번역의translational, 위반하는transgressive 등의 의미를 포괄하는 합성어로 이해해야 한다"고 지적한 바 있다.[9]

이처럼 트랜스라는 용어는 근대적·이분법적 경계구분으로는 제대로 설명하기 힘든 새로운 현상을 해석해 내고 이를 통해 대안적 전망을 제시하려는 전략적 의미를 품고 있다. 이와 관련하여, 유럽 중심주의에 근거한 모더니즘을 강하게 비판한 뒤셀E. Dussel은 모더니티에 접두어 트랜스를 붙여 보다 적극적인 의미를 부여한다. 즉, 트랜스-모더니티

---

[9]   A. Ong, *Flexible Citizenship : The Cultural Logics of Transnationality*, Durham : Duke University Press, 1999, pp.4~7.

trans-modernity는 포스트-모더니티를 넘어서는 개념이라고 주장한다. "포스트모더니티는 인류가 글로벌한 차원에서 근대화할 때만 포스트모던의 유럽이나 미국과 똑같은 '문화적 상황'에 도달할 수 있다고 전제하고 있기 때문에 유럽 중심주의에 대해 문제를 제기할 수 없다."[10]는 그의 주장처럼, 포스트-모더니티에서 '포스트'의 의미는 근대적 이성에 대한 넘어서기일 뿐 유럽 중심주의를 넘어서는 것은 아니다. 이에 비해 트랜스-모더니티는 유럽 근대성이 배제해 왔고 또 포스트-모더니티에서도 제대로 자리하지 못하는 복수문화muticulture들의 자리를 마련한다. 여기서 접두어 트랜스가 갖는 의미는 근대성에 의해 무의미하고 야만적인 것, 비문화적인 것, 미지의 불투명한 타자성으로 배제·부정·무시된 것이면서 동시에 이러한 야만적, 비문명적, 저발전적, 열등한 것으로 평가된 것을 발판으로 삼는 도약을 의미한다.[11]

　'경계 넘기'로서의 트랜스가 가진 대안적 의미에 대한 적극적인 탐구와 전유는 경계의 의미와 역할에 대한 재사유를 촉구한다. 영역성을 기반으로 한 국민국가체제에서 영역의 안과 밖을 나누는 경계는 매우 중요한 요소였다. 트랜스는 이러한 경계를 넘나드는 흐름을 포착하여 이에 의미를 부여하기 위해 사용한 용어라는 점에서, 트랜스 현상의 확산은 일차적으로 경계의 약화나 해체로 이어진다고 볼 수 있다. 하지만 트랜스가 종국적으로 경계의 해체를 지향하는 것만은 아니다. 경계가 해체된 이후의 새로운 공간구성이 어떤 양상을 나타낼지를 상상해보면

10　E. Dussel, "World System and 'Trans'－Modernity", *Nepantla : Views from South* 3-2, Duke University, 2002, p.233.
11　Ibid, p.234.

그 답이 나온다. 대안이 없는 상태에서의 경계의 해체는 무질서와 무책임으로 귀결되기 쉽기 때문이다. 따라서 경계가 가진 긍정적 의미를 포함하여, 경계의 문제는 보다 신중하게 다뤄질 필요가 있다. 엄밀히 말하자면, 트랜스 현상이 약화·해체하는 것은 국민국가가 만들어낸 배타적 경계이지 경계 그 자체가 아니다. 해체되어야 하는 것은 근대 국민국가의 배타적·이분법적 경계이며, 이는 횡단과 교섭 그리고 새로운 혼종의 출현을 허용하는 방식으로 새롭게 재구성되어야 한다.

2) 스케일의 재구성과 트랜스-로컬리티

경계의 재인식은 스케일의 재구성과 깊이 관련된다. 트랜스 현상이 국민국가라는 스케일의 약화나 상대화를 초래하기 때문이다. 즉, 국민국가를 단위로 한 경계가 점차 약화되는 대신 다양한 스케일의 새로운 경계가 등장하여 공간의 단위가 다원화·중층화 된다. 유일·유력하게 여겨지던 국가공간은 이제 다원적·중층적인 공간 가운데 하나로 상대화되어 국가를 넘어선 스케일인 글로벌 공간과 국가 하위 스케일인 로컬공간 등과 경합하는 공간으로 인식된다. 이러한 공간 스케일의 '상대화'는 서로 다른 스케일의 공간들이 가진 상대적 특징은 물론 이들 간의 관계를 유동성과 고착성의 변증법적 관계 속에서 파악할 수 있게 한다. 또한 이 같은 상대화는 단지 공간구성의 측면에서 만이 아니라, 학문연구의 방법론에 있어서도 중요한 변화를 수반한다. 즉, 근대 이후 인문학과 사회과학 연구에서 주류를 차지하던 '방법론적 국가주의methodological nationalism'의 블랙홀에서 벗어나는 계기를 제공한다.

경계의 재인식은 '경계 짓기'라는 근대적 공간인식에 대한 성찰로도 이어진다. 즉, 근대의 이분법적 사고 하에서 경계는 다양한 차이를 배제하거나 동질화하는 기능을 하였다. 알다시피 근대적 공간은 성, 계급, 인종 등에 근거한 다양한 차이들을 억압하면서 형성·배치되었고, 이러한 차이의 억압이 경계를 통한 공간적 분리, 즉 '경계 짓기'를 통해 현실화되었던 것이다. 이것이 이른바 '권력의 공간화'이자 '차이의 공간화'이며, 이는 단지 물리적 공간에만 머물지 않고 인식의 공간으로까지 점차 확대된다. 지배 권력은 경계 내부에 존재하는 다양한 차이들을 동질화의 전략을 통해 끊임없이 포섭하고자하기 때문이다. 그 과정에서 차이들은 주변화 되거나 배제되기 일쑤이다. 지배 권력은 차이를 인정하는 것이 아니라 동질적인 공간을 만들어가기 위해 이러한 차이들을 이용하기 때문이다. 이처럼 차이의 공간화 전략이란, 이분법적 경계 짓기, 즉 권력의 필요에 의해 다양한 차이에 따른 새로운 경계를 만들기도 하고 또 동질성을 기반으로 그 경계를 확장하기도 하는 끊임없는 권력적 과정이며, 그 결과로 나타난 것이 위계적·억압적인 근대의 공간질서이다.

하지만 새로운 공간인식에서 경계는 차이를 인정하는 경계, 즉 '경계 넘나들기'를 지향하며, 이러한 경계 넘나들기가 만들어내는 새로운 공간은 혼종을 생산하기도 한다. 새로운 공간인식에서 혼종성은 중요한 의미를 가진다. 위계적·억압적 공간질서를 타파하기 위해서는 우선 다양한 차이들이 동질화되기 이전에 지녔던 본래적 가치인 로컬리티의 재발견과 그것이 경계를 넘나들면서 만들어내는 '혼종성'의 인정이 필요하며, 다양한 차이에 대한 인정 투쟁, 즉 '차이의 정치politics of difference'는 동일성의 가치가 작동하는 현실적 기반인 동질적 국가공간에 대한 의심과 성찰에서 비롯되기 때문이다.

차이의 공간화 전략에서 알 수 있듯이, 공간은 권력과 자본의 힘이 작동하는 '통제'의 장이면서 동시에 권력의 통제에서 벗어나기 위한 '투쟁'의 장이기도 하다. 공간은 가변적이며 기존의 권력관계를 유지하거나 또는 그러한 권력관계를 바꾸려는 정치적 투쟁들은 모두 공간을 대상으로 삼아 이루어지기 때문이며, 그 과정에서 공간의 스케일을 재조직하거나 재구성하려는 시도들이 끊임없이 생겨난다. 이처럼 권력의 유지나 획득을 위해 공간 스케일을 생산하고 변형하려는 일련의 정치적 과정을 '스케일의 정치Politics of Scale'라고 부른다. 여기서 차이와 장소성의 가치가 발현되는 장으로서의 '로컬 스케일'을 생산하려는 시도는 차이의 정치와 스케일의 정치의 결합, 즉 로컬 스케일의 생산을 통해 차이의 정치를 실현하려는 시도에 다름 아니다. 국민국가의 경계를 거스르는 다양한 경험과 실천을 통해 형성된 혼종의 공간이라 할 수 있는 이른바 '디아스포라적 공간Diasporic space'이나, 배타적 경계의 어느 한쪽으로의 포섭을 거부하는 제3의 공간인 '사이 공간Space in between' 등에 대한 새로운 관심은 이러한 경향의 반영이라고 할 수 있다.

스케일의 정치에서는 기존의 스케일들을 주어진 것이나 고착적인 것으로 보지 않는다. 이보다는 생산과 재생산을 반복하는 유동적 과정과 스케일 간의 관계 변화에 주목한다. 스케일의 지속적인 생산과 재생산은 상이한 장소들 간에 경계를 형성하여 차이를 만들거나 그러한 차이에 기반하여 새로운 스케일을 만드는 과정으로 보기 때문이다. 이런 점에서 글로벌화와 로컬화는 스케일을 통한 자본주의의 공간적 조절과정, 즉 스케일의 정치의 일환으로 볼 수 있다. 국민국가 스케일에서 행해지던 자본축적을 위한 조절이 점차 그 효율성을 잃어가면서 대안적 공간 스케일이 필요하게 되었고, 그것이 글로벌화와 로컬화라는 형태로 나타났기 때문이다. 이러한 정치적 전략이 바로 '스케일 뛰어넘기scale jumping'이며, 이는 스케일의 확대, 즉 글로벌화만이 아니라 축소, 즉 로컬화까지 포함하는 전략이다.[12]

또한 스케일의 정치에서 중요한 것은, 특정 스케일의 생산과 재생산만이 아니라, 서로 다른 스케일 간의 관계 맺기 방식에 있어서의 변화이다. 근대적 공간구성이, 동심원이 밖으로 확산되는 방식으로, 로컬-내셔널-리저널-글로벌의 스케일이 위계적으로 중첩되는 관계를 그 특징으로 한다면, 포스트모던의 공간구성은 로컬-내셔널-리저널-글로벌 등의 서로 다른 스케일들이 각기 고유의 영역과 서로 겹치는 영역을 따로 가지면서, 다원·중층적으로 존재하는 관계를 그 특징으로 한다. 이러한 스케일 간의 관계 맺기에 주목한다면, 스케일 뛰어넘기는 영역의 확장이나 축소만이 아니라 관계 맺기를 통해서도 이루어짐을 알 수 있다. 즉, 스케일 간의 연대를 통해서도 스케일 뛰어넘기가 가능해 진다.

이제까지 살펴본, 경계의 재인식과 스케일의 재구성이라는 변화의 양상을 잘 드러내는 현상이자 용어가 트랜스-로컬리티trans-locality이다. 여기서 트랜스라는 용어가 '경계에 대한 재인식'이나 '경계 넘기'의 새로운 방식을 의미한다면, 스케일로서의 로컬리티에 대한 관심은 국민국가의 상대화와 공간 스케일의 중층적 재구성을 의미한다고 볼 수

---

12 B. Miller, *Geography and social movement*, Minneapolis : University of Minnesota Press, 2000, p.18.

있기 때문이다. '트랜스-로컬리티'라는 새로운 공간구성 속에는 근대성에 대한 성찰, 경계에 대한 재인식, 삶과 세계를 구성하는 공간스케일에 대한 새로운 인식 등 다양한 의미와 전략이 포함되어 있다. 다만, '트랜스-로컬리티'를 강조한다고 해서 이것이 기존의 공간구성에 대한 인식, 즉 인터내셔널international이나 트랜스내셔널transnational 등의 상호관계를 부정하거나 전적으로 대체하자는 것은 아니다. 사람과 물자의 이동 증대가 만들어내는 포스트모던의 다양한 현상과 공간 변용을 제대로 이해하기 위해서는 경계나 공간구성에 대한 인식 또한 다양해 질 필요가 있기 때문이다. '트랜스-로컬리티'는 그러한 다양한 인식 가운데 우리가 주목해야할 유력한 공간구성의 하나의 방식이라 할 수 있다.

4. 대안으로서의 로컬공간의 가능성

새롭게 재구성되는 공간의 중요한 특징, 즉 유일·유력하던 국가공간이 상대화되면서 로컬-내셔널-글로벌로 이어지는 다원적·중층적·관계적 공간구성으로 변화되는 상황은 근대적 국가공간이 가진 한계를 성찰하고 이의 대안을 모색하는 직접적인 계기가 되고 있다. 특히 근대성 속에서 국가공간의 '안티테제'로 존재하며 인식되어온 로컬공간의 관점에서 보면, 국가공간이 드러내는 한계는 역으로 새로운 대안 모색의 가능성으로 다가온다. 로컬공간은 단순히 스케일의 측면에서만이 아니라 공간의 구성 원리나 작동방식 등에 있어서도 국가공간과 그 성격을 달리하기 때문이다. 다만, 로컬공간의 대안적 가능성을 탐색함에 있어 그것이 담론이나 이론적 차원에서만 머물러서는 안 된다. 대안이란 현실의 당면한 문제를 해결하기 위한 방안모색의 적극적인 표현방식이며 구체적인 실천이 담보되어야 하는 것이기 때문이다. 따라서 국가공간에 대한 대안모색은 현실의 국가공간이 봉착한 구체적 위기상황을 중심으로 실천적으로 모색될 필요가 있다. 이 장에서는, 앞서 제시한, 근대적 국가공간의 정치·경제·문화적 제도화과정과 관련시켜 현재의 위기상황을 구체적으로 진단하고, 이를 바탕으로 대안의 가능성을 제시하고자 한다. 이러한 관점에서 보면, 민주적 정치공동체로서의 국가공간은 '대의제 민주주의의 위기'라는 현실에 직면해 있고, 문화적 공동체로서의 국가가 제공하던 공공적 기능은 '공공성의 위기'라는 현실적 한계에 직면해 있으며, 경제공동체로서의 국가공간이 주도하는 글로벌화의 파고는 장소를 유린하여 이를 자본의 구미에 맞게 소비하고 있다. '민주주의의 위기'와 '공공성의 위기' 그리고 '장소 상실의 위기'가 현실의 당면과제로 대두하고 있는 것이다. 이에 대해 로컬공간은 과연 어떤 대안적 가능성을 제시할 수 있는가?

1) 대안적 민주주의의 공간

우리사회가 당면한 민주주의의 위기와 관련하여, 일상이 영위되는 삶터라 할 수 있는 로컬공간은 우선 '스케일'과 '의제'의 두 가지 관점에서 대안적 가능성을 제시할 수 있다. 먼저 '스케일'의 관점에서 보면, 대의제 민주주의를 위기 상황으로 이끈 가장 중요한 요인은 참여의 부재와 대표의 불평등성이라 할 수 있다. 국가공간을 단위로 이루어지는 대의 민주주의의 경우 거대한 스케일에 따른 관료화, 전문화, 분업화, 규제강화 등으로 인해 한계를 드러낼 수밖에 없었으며, 따라서 이를 극복하기 위한 대안들의 대부분은 실질적인 참여가 가능할 수 있는 방안 찾기에 골몰하고 있다. 여기서 구체적인 대안으로 모색되는 풀뿌리민주주의나 토의민주주의 등의 이른바 '참여 민주주의'는 대부분이 생활공간이라는 스케일과 밀접한 관계가 있다. 로컬의 생활공간은 국가공간이 지닌 규모에 따른 한계를 해소하는 유력한 대안이 될 수 있기 때문이다. 이러한 스케일의 차이는 의제의 차이로 이어진다. 정치가 이루어지는 공간을 이성과 제도에 의해 작동되는 의사결정과정 정도로 좁게 제약해온 대의제 민주주의와는 달리 로컬공간에서 이루어지는 정치는 일상생활에서 드러나는 다양한 모순과 갈등을 주된 정치적 의제로 삼는다. 즉, 대의제 민주주의에서의 '정치politics'와 달리 로컬공간에서는 생활과 관련된 다양한 '정치적인 것the political'들이 중요한 의제가 된다.

　정치가 이루어지는 공간을 국가에 의한 공적(서비스) 영역으로 좁혀가면서 정당 등 제도적 장치에 의한 대표에 치중했던 대의제 민주주의는 환경, 복지, 젠더 등의 다양한 일상의 쟁점들을 정치영역으로 받아들이는데 그리 효과적이지 못했다. 이처럼 정치영역에서의 쟁점과 일상의 쟁점이 점차 괴리되면서 정치영역은 소수의 가진 자들에 의해 지배되게 된 것이다. 이에 비해 로컬공간은 그 곳에 함께 거주함으로써 발생하는 다양한 공동의 문제들을 참여를 통해 정치적으로 해결해 가는, 이른바 '생활정치'의 장이 된다. 생활공간을 사람들이 태어나서 성장하며 살아가는 삶터로 본다면 육아나 교육, 돌봄care 등 생애주기와 관련된 일상의 문제들은 매우 중요한 정치적 의제, 즉 '정치적인 것'이 되기 때문이다.

생활공간으로서의 로컬공간에서 이루어지는 정치를 '생활정치'라고 할 수 있다. 여기서 생활정치는, 대의제에 기반 한 국가정치에 대비하여, 먼저 '주체'의 측면에서 대안적 의미를 가진다. 현대사회에서는 다양한 정치·사회·경제적 요구가 생활현장을 중심으로 분출되고 있지만 국가는 이러한 요구들에 효과적으로 대응하지 못함으로써 위기를 맞고 있다. 이러한 위기상황에 직면한 국가가 내놓은 하나의 해결방식이 국가권력의 일부를 지방에 나누어 주는, 이른바 '분권화'라고 할 수 있다. 즉, 정치가 일상생활과 유리되면서 발생한 참여의 부재와 재정상의 문제 등을 해소하기 위해, 주민생활과 관련된 문제들을 일차적으로 관리하는 책임을 로컬단위에서 맡도록 한다는 것이다. 여기에는 문제해결을 로컬정부에 떠넘기는 측면이 다분하지만, 일단 권력의 분권화가 진행되면 로컬정부는 주민과 지역사회가 당면한 문제들의 해결에 이전보다 큰 주도권을 쥘 수 있고, 경우에 따라서는 상위 권력인 국가와 경합하는 상황도 상정할 수 있게 된다.

이처럼 분권화는 일차적으로는 국가의 기능을 보완하거나 견제하는 의미를 가지지만, 이에 따른 생활정치의 활성화는 대안적 정치원리의 실천으로 이어질 수 있다. 생활정치에 근거하고 있는 풀뿌리민주주의는 이를 실현하기 위한 구체적인 하나의 시도이다. 풀뿌리민주주의 역시 분권을 주장하지만 그것은 실현을 위한 전제일 뿐이고 궁극적인 목적은 대의제의 한계를 극복하는 것이다. 풀뿌리민주주의에서는 대의제 민주주의에서 배제되거나 소외되기 쉬웠던 '생활인'이 자기 목소리를 내며 정치의 주체로 등장한다. 여기서 생활정치의 주체로서의 '생활인'이라는 말에는 일상생활과 관련하여 발생한 문제들을 외부의 장치나 개입에 의존해 해결하고자 하는 것이 아니라, 자율적인 참여와 실천 활동을 통해 스스로 해결하려는 의지가 포함되어 있다.[13]

속성이나 가치의 관점에서 로컬공간에서 이루어지는 생활정치를 살펴보면, 이는, 국가공간의 정치와 대비되는, '근접성'과 '친밀성'을 중요한 특징으로 삼는다. 즉, 생활정치의 실천은 근접해 사는 주민들 사이에서 발견되는 활동과 대화의 친밀성에서부터 비롯된다. 지역사회에는 친밀한 관계로 구성된 다양한 어소시에이션association들, 즉 아파트의 자치조직, 지역자치회, 육아공동체, 학부모모임PTA, 협동조합 등이 중층적으로 존재한다. 친밀성을 토대로 한 이러한 조직이나 공간을 '친밀권'이라 부를 수 있으며, 이는 국가공간이 가진 속성, 즉 이성, 추상성, 대체가능성, 등가성, 타율성 등에 대비되는 감성, 대면성, 대체불가능성, 비대칭성, 자율성 등의 대안적 속성을 지닌 공간이라 할 수 있다. 특히, 친밀권이 가진 '대체불가능성uniqueness'은 복제품이 넘쳐나는 세상에서 자신만의 존재의미, 즉 정체성을 찾는데 매우 중요하다. 육아공동체에서 이루어지는 비대칭·비등가적 돌봄care의 관계는, 시장에서 이루어지는 돈이나 시스템으로 언제든지 대체가능한 관계와 달리, 각 개인의 '대체불가능성'을 전제로 삼고 있기 때문이다.

그리고 공간의 구성이나 작동 원리의 관점에서 보면, 로컬공간에서

---

13 요코다 카스미, 나일경 역, 『어리석은 나라의 부드러우면서도 강한 시민』, 논형, 2004, 104쪽.

는 국가공간의 '대표의 원리'를 대신하여 '당사자의 원리'가 중요한 의미를 가진다. '당사자의 원리'는 누구에게도 양도하거나 침해될 수 없는 자기결정권에 입각하여 자신에게 관계된 일은 당사자 스스로가 결정해야 한다는 원리를 말한다. 여기서 당사자란 행정서비스 제공의 대상자만이 아니라 제공하는 주체이기도 하다는 의미이며, 이러한 당사자 의식은 자신이 생활공간을 공유하는 공동체의 일원이라는 인식에서 비롯한다. 이러한 점에서 당사자의 원리는 자치의 기본이 되지만 일반적으로 공간의 규모가 커질수록 이는 지켜지기가 힘들게 된다.[14] 즉, 당사자들이 총회를 통해 의사를 결정할 수 있는 규모를 넘게 되어 대의원을 선출하는 순간 그 대의원은 당사자의 대리인이 아니라 이와 분리된 대표자로 바뀌기 쉽기 때문이다. 생활정치를 표방하는 일본 가나가와 네트의 '대리인 운동'이 선출된 대의원을 '대표'가 아니라 주민의 '대리'에 불과하다는 점을 강조하고 있는 것은 이러한 까닭이다. 어쩔 수 없이 대리인을 통해 당사자의 원리를 실현할 수밖에 없다면, 되도록 대리인과 당사자 사이를 근접시키는 것이 중요하다. 추첨을 통해 대의원을 정하거나 대의원의 기간을 제한하는 것 등은 당사자의 원리를 지키기 위한 구체적인 방법의 하나이며, 당사자의 원리가 간접적으로나마 실현되기 위해서는 대리되는 자와 대리하는 자 간의 근접성이 요구된다. 이들 사이의 간극이 좁으면 서로 누가 누군지 알기 쉬운데다 인격적 관계를 통해 통제될 수 있기 때문이다.

---

14 뽀르뚜알레그리에서의 경험에 의하면, 5만 명 이하의 주민이 사는 지구(地區)의 참여율이 5만 명에서 15만 명의 주민이 사는 지구들보다 4배 더 높게 나타난다.(마리옹 그레・이브 생또메, 김택현 역, 『새로운 민주주의의 희망』, 박종철출판사, 2005, 128쪽)

당사자의 원리가 근접성에 기반 하여 잘 작동할 수 있다면, 이를 근접한 관계를 넘어 확산하는 방식이 이른바 '보충성의 원칙principle of su-bsidiarity'이다. 알다시피, 보충성의 원칙은 근접한 작은 단위에서의 자기결정권을 중시하여 이보다 상위의 사회단위는 이를 보충하는 역할만을 해야 한다는 것이다. 이 원칙의 핵심은 각각의 의사결정의 단위들이 어떤 상위의 단위에도 포섭되지 않고 자율적으로 존재하면서 그 역할을 분담하며, 상위 단위의 역할은 필요최소한으로 제한된다는 점에 있다. 말 그대로 보충성의 원칙은 근접성에 기반 한 당사자의 원리가 제대로 작동할 수 있도록 보충하는 역할을 하며, 당사자의 원리와 보충성의 원칙이 함께 지켜질 때 '대표의 원리'를 대신하는 대안적 의미는 증대된다.

2) 대안적 공공성의 공간

공공성의 위기를 로컬공간의 관점에서 바라보면, 이는 한편으로는 당면한 현실적 '과제'이지만, 다른 한편으로는 변화를 위한 '기회'이기도 하다. 즉, 로컬의 지역사회는 국가적 공공성의 기능부전이 초래한 '공공서비스의 결여'에 힘들어하면서도 스스로 이러한 위기를 타개할 계기, 즉 대안적 공공성의 가능성을 적극적으로 모색하고 있기 때문이다. 당면한 공공성의 위기와 관련하여, 로컬공간은 과연 어떤 대안적 가능성을 가지는가? 이 질문에 답하기 위해서는 위기를 맞은 국가적 공공성에 대한 성찰이 우선 필요하다. 공공성의 토대가 되는 것이 공동성이다.[15] 공동성에 대해서는 이를 인간 본성의 산물로 보기도 하고 아니면 생존의 필요에 따른 것으로 보기도 하지만 어찌됐든 인간은 공동성 없이 살아가기 힘들다는 점에는 인식을 같이하고 있다. 이러한 공동성의 문제를 해결하는 방식은 각 시기나 지역마다 다양했으며, 근대사회가 이를 해결하는 주된 방식이 공공성이라 할 수 있다. 이러한 점에 주목하면, 공공성, 특히 국가적 공공성은 공동성의 근대적 발현양태라고 할 수 있다. 따라서 공공성의 위기를 극복하기 위해서는 그 토대가 되는 공동성의 문제를 중심으로 보다 본질적으로 접근할 필요가 있다.

점차 약화되고 있는 공동성의 회복을 위해서는 공동성이 생성되는 구체적인 계기에 대한 고찰이 필요하다. 이에 대해서는 다양한 논의가 가능하겠지만, 경험적으로 볼 때 공동성은 공동 활동이 낳은 필요의 산물이라 할 수 있으며, 로컬의 생활공간은 생활을 위한 구체적인 공동 활동이 이루어지는 장이라는 점에서 생활공간은 공동성 형성의 토대가 된다.

생활상의 필요에 따른 공동 활동을 통해 생성되는 공동성은 공동의 필요에 입각한 자율적인 동의에 의해 만들어진 공동의 룰rule이라는 점에서 시스템으로서의 국가적 공공성과 대비된다. 공동성 생성의 계기가 공동 활동이라는 점에 주목하면, 로컬공간은 대안적 공공성의 중요하고 적절한 스케일이 된다. 특히 주거의 공동성은 대안적 의미의 로컬 공공성으로 직결된다. 예로부터 사람들이 집합해 사는 공간에서는 공동으로 대처할 문제가 반드시 발생했고 이러한 집합성이 공동성으로 이어진 것

---

15 이에 관해서는, 졸고 「도시와 공동성 – 탈근대의 대안적 공동성에 대한 탐구」, 『인문사회과학연구』 51집, 호남대 인문사회과학연구소, 2016, 7~17쪽 참조.

이다. 이러한 점에서 보면 사람들이 밀집해 있는 도시는 고도의 공동성을 필요로 한다. 하지만 역설적으로 현대도시에 사는 사람들은 공동성 없이도 살 수 있다. 도시 인프라, 행정 서비스 등과 같은 시스템이 공동성을 대신하기 때문이다. 현대 도시생활의 전형적인 거주형태인 아파트 생활은 이를 잘 드러낸다. 사람들은 공동주택이라고 불리는 초 밀집공간에 거주하면서도 특별한 공동 활동이나 귀속의식 없이도 불편하지 않게 살아가고 있다. 이러한 시스템이 제공하는 공공성 속에서, 인간의 삶은 점차 개인화·물신화되고 생활공간은 의미 있는 공동 활동이 이루어지는 공간이 아니라 소비의 대상으로 전락한다. 로컬공간에서 새로운 공공성의 계기를 찾는다는 의미는 로컬공동체가 가진 공동성을 통해 공동체의 삶을 풍요롭게 할 공공성을 창출하는 것에 다름 아니다.

새로운 공동성은 전근대적인 촌락의 공동성과는 다르다. 즉, 새로운 공동성은 '우리가 남이가'라는 식의 배타성과 '전체를 위해 개인이 희생하는' 식의 자율적 권리에 대한 억압에서 벗어나 차이가 인정되고 개인의 자유가 보장되는 것이어야 한다. 이런 점에서 보면, 도시는 새로운 공동성의 중요한 실마리가 된다. 이동성이 극도로 증대한 현대의 도시사회는 생전 처음 보는 타자와의 공동성을 전제로 하지 않으면 성립할 수 없기 때문이다. 이와 관련해 오다小田亮는, "관계의 다양성이나 개개의 특이성을 유지한 채 근접성에 기반 해 만들어지고 있는 공동성이야말로 도시적인 것"이라고 말하고 있다.[16] 즉, 도시적 공동성이란, 문화의 이질성에 대한 상호승인, 거주의 공동성에 기반 한 공동 활동, 공통

---

16 小田亮, 「都市と記憶(喪失)について」, 關根康正, 『都市的なるものの現在 : 文化人類学的考察』, 東京 : 東京大出版會, 2004, 441쪽.

의 관심에 기반 한 공동인식 등의 다양한 조건이 얽혀 성립하는 것이다.

이와 관련하여, 최근에 활기를 띠고 있는 대면의 소규모 공동체 활동이나 마을 만들기 등은 자율적 개인에 기반 한 공동 활동, 즉 새로운 도시적 공동성을 만들기 위한 노력으로 평가할 수 있다. 특히 도시사회에서 확산되고 있는 마을 만들기는 거주공간을 함께하는 사람들이 더 나은 삶을 위한 공간을 어떻게 만들어 갈 것인가에 대해 함께 고민한다는 점에서 그 본질은 공동성과 자율성을 동시에 추구하는 것이라고 할 수 있다. 즉, 시장이나 국가에 의해 외부 시스템화한 공동성의 기능을 공동체에 되돌리는 것이 바로 자율적 참여활동, 즉 자치이며, 자율성은 자치라는 행위를 통해 비로소 실질적인 것이 된다. 자치라는 관점에서 보면, 공동성의 새로운 존재방식은 국민국가보다 훨씬 작은 생활공간의 스케일이 보다 적절한 것이 된다.

3) 대안적 장소성의 공간[17]

근대적 공간인식은 '뿌리내리는 것'으로서의 장소나 장소정체성을 강조하며, 이의 형성은 국가공간의 영역성, 즉 배타적 경계 구획의 사고와 그 궤를 같이 한다. 즉, 장소성의 토대가 되는, 하이데거가 말한 '뿌리내리는 것'이란 일정한 영역을 둘러싸는 경계를 만들어 다른 곳으로는 대체할 수 없는 그곳만의 고유한 특성을 가진 배타적 장소를 구축

---

17 이 부분은 졸고 「모빌리티의 공간정치학—장소의 재인식과 사회관계의 재구성」, 2017.2 에 수록된 내용을 발췌하여 수정・보완한 것이다.

하는 것을 의미한다. 하지만 글로벌화로 대변되는 탈근대적 공간의 변용은 근대적 공간인식이나 장소성의 의미에 큰 영향을 미쳤다. 특히 글로벌화에 수반하는 시·공간의 압축은 뿌리내림에 근거를 둔 장소의 존재방식이나 의미를 크게 약화시키고 있으며, 이는 인간 삶에 있어 정주와 장소정체성이 가진 의미에 주목해온 로컬리티 연구의 관점에서 볼 때 중대한 도전으로 여겨지고 있다.

탈근대적 공간변용, 즉 장소를 구획하는 경계가 허물어지고 고유의 역사적·고정적 정체성을 가지지 않는 이른바 '비장소Non-Place'가 확산되는 상황은 분명히 '장소상실'의 위기로 여겨질 수 있다. 하지만, 앞서 살펴본 경계에 대한 재인식과 공간인식의 변화에 주목하면, '장소상실'의 위기는 장소의 의미에 대한 새로운 인식, 즉, '뿌리내림으로서의 장소'에서 '이동하는 장소'로의 인식 전환을 통해 새롭게 해석될 수 있다. 이러한 관점에서 보면, '비장소'는 장소의 반대 개념이 아니라 장소에 대한 새로운 이해로 볼 수 있으며, 여기에는 장소의 속박에 대비되는 자유, 장소의 고정성에 대비되는 유동성이라는 새로운 가치가 포함되어 있다. '비장소'에 내재하는 이러한 가치, 즉 자유와 유동성에 주목하면, 그동안의 다소 낭만적이고 선험적이던 장소 이해에서 벗어나 장소를 새롭게 이해하는 것이 가능해진다.

'이동하는 장소'라는 새로운 인식은 장소를 유동적·관계적으로 해석하는 것이다. 즉, 장소를 그곳이 가진 내재적 특징만으로 파악할 것이 아니라 다른 장소들과의 '관계'를 통해 파악해야 한다는 것이다. 이처럼 유동적·관계적으로 장소를 인식하면, 이는 '고정'된 것이 아니라 '이동'하는 것이며, '사물'이 아니라 '과정'이고, '주어진 것'이 아니라 '구성되는 것'이 된다. 즉, 매시의 주장대로, "장소는 '지금, 여기'에 대한 불가피한 협상으로서의 사건event"이 되는 것이다.[18] 하지만 장소가 사건이 된다고 해서 장소의 고유성이나 정체성이 무의미해지는 것은 아니다. 장소성은 이제 그곳에 '뿌리내린' 사람들만이 아니라 '함께 있는' 사람들의 열린 교섭을 통해 유동적·관계적인 방식으로 새롭게 구성될 뿐이다. 따라서 장소는 교섭이 이루어지는 현장locus이며, 여기서는 당연히 장소의 정치의 정치가 발생할 수밖에 없다. 또한 장소는 글로벌한 흐름과 네트워크 속에서 다른 장소들을 포함한 다양한 관계들에 중층적으로 얽혀 있으며, 장소의 고유성, 즉 로컬리티는 특정 시·공간에서 이러한 관계들이 상호 절합articulation되어 새롭게 구성되는 것으로 파악된다. 이와 관련하여, 매시는 "로컬리티의 원천은 공간적 격리와 절합의 내부적 과정에 의한 창발적emergent 효과만이 아니라 그 바깥 너머와의 상호작용에도 있다"는 점을 지적한다.[19] 여기서 '내부적'인 것은 '뿌리내림'에 '그 바깥 너머'는 '이동하는'에 대응하며, 양자의 '절합'이란 닫힌 중심화를 지향하지 않고 열린 상호관계를 만들어가는 것이라고 해석할 수 있다.

현대사회의 고도화된 모빌리티 속에서 장소가 다른 장소들과 열린 상호관계를 맺어가는 방식은 물리적 공간에만 한정되지 않는다. 즉, 장소는 모빌리티의 증대에 힘입어 다양한 추상적 또는 가상적 공간들과 관계를 맺으며 이를 통해 다른 장소들과 끊임없이 연결된다. 물론, 이러한 상황은 표면적으로는 '장소상실'로 여겨지기 쉽다. 멀리 떨어진

---

18 도린 매시, 박경환·이영민·이용균 역, 『공간을 위하여(For Space)』, 심산, 2016, 268쪽.
19 위의 책, 130쪽.

장소들이 인터넷을 통해 '순간적'으로 연결되는 네트워크상에서는 거리와 경계에 기반 한 장소들 간의 차이가 미약해지기 때문이다. 하지만 좀 더 주의 깊게 살펴보면, '장소상실'로 여겨지는 추상적·가상적 공간 자체도 어딘가의 구체적 장소에 기반 할 때 비로소 그 존재 의미를 가짐을 알 수 있다. 즉, 여전히 구체적 장소를 필요로 한다는 것이다. 게다가 추상적·가상적 공간이 현대인의 일상에 침투하여 이를 지배하는 듯 보이지만 여전히 대다수의 사람들은 구체적 장소를 토대로 생활하고 있으며 자신이 그곳에 뿌리내리고 있다는 인식을 갖고 있다. 따라서 추상적·가상적 공간과 구체적·현실적 장소는 서로 영향을 주고받는 상호보완적인 관계로 해석될 필요가 있다.

'관계'로서의 장소는 글로벌한 다른 장소들과 연결되어 있으며, 그런 의미에서 장소는 네트워크를 통해 안과 밖을 연결하는 경로Path라고 할 수 있다. 또한 '관계'로서의 장소는 상호관계의 토대를 형성하는 의미의 중심이며, 고정성과 닫힌 경계를 넘어 확장되는 상호관계의 산물이기도 하다. 매시가 말하는 '글로벌 장소감Global Sense of Place'은 장소의 개념을 개방적·혼종적·확장적으로 보려는 새로운 시도 가운데 대표적인 것이며, 여기서 장소는 경로이자 상호 관계된 흐름의 산물로 파악된다.[20] 즉, 영역에 고정된 장소나 흐름만으로 이루어진 공간 양자 모두 독자적으로는 존립하기 힘들며, 따라서 이 양자가 구체적 시기나 상황에 따라 '관계'를 맺으면서 새로운 장소성을 만들어낸다고 보는 것이다.

장소와 네트워크의 관계를 잘 확인할 수 있는 사례가 최근 도처에서

---

20 D. Massey, "Global Sense of Place", in *Space, Place and Gender*, Minneapolis : University of Minnesota Press, 1994.

표출되고 있는 '광장정치'나 '점거운동'이라고 할 수 있다. 2011년의 월스트리트 점거운동Occupy Wall Street은 글로벌한 스케일에서 구체적인 장소와 가상의 네트워크가 연결되는 새로운 사회운동으로서 주목받고 있다. 이러한 사회운동은 보통 인터넷 네트워크상에서 시작되지만, 점거나 거리시위 등을 통해 구체적인 장소를 차지함으로써 지속적인 하나의 운동이 된다. 즉, 점거운동의 점거자들은 월스트리트라는 상징적인 장소를 차지하기 위해 인터넷 네트워크라는 자율적인 흐름의 공간을 활용했으며, 이러한 네트워크들은 공동체 건설, 대인적 상호작용, 소셜 네트워크와 인터넷 포스팅에 기반을 둔 디지털적이면서 대면적이기도 한 복합 커뮤니케이션의 형식을 띠었다.[21] 이처럼 글로벌한 흐름의 공간에 대항하는 일련의 사회운동들은 로컬의 구체적 장소에 기반하면서도 이를 넘어 글로벌한 스케일로 전개된다. 역설적이게도 글로벌화에 저항하는 운동 또한 현실을 지배하는 글로벌한 흐름의 공간에 자신을 투영하지 않을 수 없기 때문이다.

글로벌한 스케일에서 장소나 장소성의 의미는 어떻게 변화되고 있는가? 이와 관련하여, 카스텔은 '흐름의 공간space of flow'과 '장소의 공간space of place'이라는 대비적 메타포를 통해 글로벌화에 따른 사회공간의 변화를 설명한다.[22] 여기서 다양한 흐름을 통해 작동하는 흐름의 공간은 다국적기업이나 초국가적 권력조직에 의해 주도되며, 이는 자본의 요구에 부합하는 형태로 장소들을 균질화하거나 아니면 장소가

---

21 마누엘 카스텔, 김양욱 역, 『분노와 희망의 네트워크(*Network of Outrage and Hope*)』, 한울, 2015, 156쪽.
22 M. Castells, *The Rise of the Network Society*, Massachusetts : Blackwell Publishers Inc, 1996, pp.410~418.

가진 차이를 부각시켜 이를 소비한다. 이러한 흐름의 공간이 확산된다는 것은 일차적으로 특정 장소가 가진 영역성, 즉, 경계와 거리를 순간적인 것으로 만들어 탈맥락화시키면서 동시에 글로벌한 균질화를 강화하는 것을 의미한다. 반면에 이러한 흐름에 대치되는 것이 '장소의 공간'이다. 카스텔은 이를 역사적인 뿌리를 가진, 공통의 경험에 관한 공간조직으로 설명하며, 글로벌화란 이러한 장소의 공간이 사회의 배경으로 물러나고 흐름의 공간이 전면에 모습을 드러내는 것, 즉 장소성이 부정되고 세계가 흐름의 공간에 의해 지배되는 경향을 의미한다.

여기서 주목해야 할 것은, 글로벌화가 흐름의 공간이 장소의 공간을 유린하거나 소비하는 일방적인 과정으로만 진행되지는 않는다는 점이다. 즉, 흐름의 공간이 유인·강요하는 경제적 측면의 위압에도 불구하고 로컬에 기반 한 장소의 공간은 문화적 측면에서 그 정체성identity을 지속하고자 하며, 흐름의 공간에의 경제적·기능적 의존과는 별도로 장소가 가진 역사적인 뿌리가 뽑히지 않고자 저항한다. 글로벌화 하는 자본주의에서 경제적 생산은 주로 흐름의 공간에 의해 규정되지만, 사회적 재생산은 여전히 로컬의 구체적 장소에서 이루어지고 있기 때문이다. 다시 말해, 흐름의 공간이 압도적이기는 하지만 이것이 인간 삶의 모든 분야에서 관철되는 것은 아니다. 여전히 대다수의 사람들은 구체적인 장소에 기반 하여 생활하고 있으며 그 까닭에 자신의 삶이 장소에 뿌리내리고 있다고 여기는 경향이 강하다. 여기서 장소란 로컬공간에 다름 아니며, 이러한 로컬의 형태, 기능, 의미는 물리적 근접성을 통해 주로 드러나게 된다.[23] 여기서 글로벌화에 저항하는 장소의 의미를 발견할 수 있다. 즉, 글로벌화는 흐름의 공간을 강화하는 일방적인 방향으로만 진행되는 것이 아니며, 이에 대항하는 장소성에 근거를 둔 사회운동을 통해 대항 글로벌화counter-globalization가 모색된다는 점이다. 전자를 '위로부터의 글로벌화'라고 한다면, 후자는 '아래로부터의 글로벌화'라고 할 수 있다.

'아래로부터의 글로벌화'라는 관점에서 보면, 흐름의 공간이 장소에 영향을 미치는 것과 마찬가지로 장소 또한 흐름의 공간에 영향을 미치거나 이를 이용할 수 있다. 즉, 자본 주도의 흐름의 공간이 장소를 없애가며 이를 차지하려 든다면, 장소 또한 역으로 흐름의 공간을 통해 그 의미를 확장할 수 있다. 즉, 모빌리티의 증대가 초래한 글로벌화와 네트워크화를 받아들이면서 동시에 거기에 저항하는 것이 가능하며, 그 구체적 지점이 되는 것이 장소인 것이다. 물론 자본이 주도하는 글로벌한 흐름의 공간이 현실의 사회공간을 압도적으로 지배하고 있는 것이 사실이다. 하지만 현실의 사회공간이 처한 상황과 우리가 지향해야할 바람직한 사회공간의 구성방식은 다르며, 현실의 상황을 바람직한 것으로 바꿔가는 것이 사회운동이 지향해야할 목표인 것이다.

---

23 Ibid, p.453.

참고문헌

김용규, 「로컬리티의 문화정치학과 비판적 로컬리티 연구」, 『한국민족문화』 32, 부산대 한국민족
　　　문화연구소, 2008.

데이비드 헬드 외, 조효제 역, 『전지구적 변환(*Global Transformation*)』, 창비, 2002.

도린 매시, 박경환·이영민·이용균 역, 『공간을 위하여(*For Space*)』, 심산, 2016.

마누엘 카스텔, 김양욱 역, 『분노와 희망의 네트워크(*Network of Outrage and Hope*)』, 한울, 2015.

마리옹 그레·이브 생또메, 김택현 역, 『새로운 민주주의의 희망』, 박종철출판사, 2005.

스튜어트 홀·데이비드 헬드·토니 맥그류, 전효관·김수진 외역, 『모더니티의 미래(*Modernity
　　　and its Futures*)』, 현실문화연구, 2000.

요코다 카스미, 나일경 역, 『어리석은 나라의 부드러우면서도 강한 시민』, 논형, 2004.

이마누엘 월러스틴, 이광근 역, 『월러스틴의 세계체제분석』, 당대, 2005

이상봉, 「탈근대, 공간의 재영역화와 로컬·로컬리티」, 『한국민족문화』 32, 부산대 한국민족문화
　　　연구소, 2008.

＿＿＿, 「트랜스-로컬리티-포스트모던의 대안적 공간정치」, 『21세기정치학회보』 24(3), 21세
　　　기정치학회, 2014.

＿＿＿, 「도시와 공동성-탈근대의 대안적 공동성에 대한 탐구」, 『인문사회과학연구』 51집, 호남
　　　대 인문사회과학연구소, 2016.

＿＿＿, 「모빌리티의 공간정치학-장소의 재인식과 사회관계의 재구성」, 『대한정치학회보』
　　　25(1), 대한정치학회, 2017.

홍태영, 『국민국가의 정치학』, 후마니타스, 2002.

小田亮, 「都市と記憶(喪失)について」, 關根康正, 『都市的なるものの現在：文化人類学的考察』,
　　　東京：東京大出版會, 2004.

大澤眞行, 「ナショナリズム」, 梅棹忠夫…松原正毅 編, 『世界民族問題事典』, 平凡社, 1995.

Smith, A. D., *Theories of Nationalism*, 2nd edn, New York : Holmes & Meier, 1986.

Ong, A., *Flexible Citizenship : The Cultural Logics of Transnationality*, Durham : Duke University
　　　Press, 1999.

Miller, B., *Geography and social movement*, Minneapolis : University of Minnesota Press, 2000.

Massey, D., "Global Sense of Place", in *Space, Place and Gender*, Minneapolis : University of

Minnesota Press, 1994.

Dussel,E., "World System and 'Trans'—Modernity", *Nepantla : Views from South* 3-2, Duke University, 2002.

Castells, M., *The Rise of the Network Society*, Massachusetts : Blackwell Publishers Inc, 1996.

장소성과 로컬리티

차철욱

1. 외부로부터 도움

로컬리티 인문학은 다양한 분과학문과 학문 조류의 시대적 분위기를 배경으로 탄생했다. 아주 우수한 초능력자에 의해 창조된 것이 아니라는 점이다. 아젠다는 주류 혹은 중앙 중심의 논리를 비판하는 학문 흐름이었던 탈근대 담론과 지방에서 생존을 모색하던 연구자들의 합작품이라 할 수 있다. 그래서 로컬리티 인문학은 탈근대 담론과 기존의 지역학 혹은 지방학의 성과에 많은 부분 신세를 지지 않을 수 없었다. 우리가 자주 사용했던 '탈근대' '탈중심' '타자성' '경계' '공생' '혼종성' 등의 키워드가 연구의 배경을 짐작케 한다.

한편 로컬리티 연구는 지역 혹은 현장연구에 많은 기반을 두었다. 지역학 연구는 이론적인 토대에서 차이가 있을 수 있지만 로컬리티 연구가 의존해 온 중요한 분야였다. 로컬리티 연구와 지역학 연구의 차이는 무엇일까. 지역학 연구의 지향점이 '지역정체성' 연구에 있다고 한다면, 로컬리티 연구에서 로컬리티는 이와 어떻게 다른 것인가? 많은 연구자들은 로컬리티 연구를 지역정체성 연구로 이해하기도 한다. 당연하게도 우리의 임무는 '지역'과 '로컬', '지역정체성'과 '로컬리티'를 명확하게 구분하고, 정의하려는 노력을 게을리 하지 않았다. 그렇지만 명확한 답을 찾지 못하고 있다.

필자는 지역학 가운데 지역사를 연구의 기반으로 해 왔다. 특히 발을 딛고 생활하는 부산이 주요 연구 대상이었다. 필자뿐만 아니라 대부분의 지역사 연구자들은 지역정체성 연구가 주요 목표였다. 특히 역사는 정체성 만들기에 빠져서는 안 되는 분과학문이다. 과거의 인물이나 사건이 현재의 정체성을 만드는 주요 재료였다. 정체성 연구는 차이 보다 같은 것 즉 '공통의식'에 관심을 가진다. 그리고 연구결과를 이용해 다른 구성원들로 하여금 공통의 의식을 가질 수 있도록 노력하였다.

그런데 지역정체성 연구는 로컬리티 연구가 출발한 탈근대 담론이 지닌 동일화 논리에 대한 비판으로부터 자유로울 수 없었다. 지역정체성이 로컬리티와 유사한 점도 적지 않지만 비판의 지점도 많았다. 특히 동일화에 비판적인 차이의 논리를 포함하는 새로운 방법론을 고민하지 않을 수 없었다.

이 글은 '장소성'이라는 아주 커다란 그릇을 동일화 논리인 장소정체성만으로 읽는 것이 아니라 '차이'와 '공감'이라는 비동일화 논리로도 읽어 볼 수 있는 가능성을 제안하려는 것이다. 물론 차이와 공감은 '장소성' 뿐만 아니라 로컬리티를 읽는 방법이 될 수도 있다. '정체성' '차이' '공감'은 철학적으로 중요한 의미를 담고 있는 보편적 주제들이다.

이들 주제를 로컬리티 연구로 가져올 수밖에 없는 것은 존재를 읽어 내는 방법으로 유용성을 가지기 때문이다. 이 방법으로 우리는 '장소성'과 '로컬리티'를 읽어 보려는 것이다.

2. 로컬리티의 인문학과 인문지리학의 만남

로컬리티 연구가 인문지리학에서 사용하는 장소와 장소정체성 개념을 빌려오게 된 이유는 뭘까. 로컬리티 연구는 연구의 단위인 로컬을 인간 삶이 구체적으로 이루어지고, 다양한 사회적 구조와 관계를 맺는 현장[1]으로 정의하였다. 로컬리티의 인문학은 로컬과 거기서 살아가는 인간이 대상이 아닌 주체로서 자신의 삶터를 의미있게 구성해 나가는 모습을 연구한다. 그런데 로컬리티 연구를 앞서 진행한 사회과학에서는 '정치경제적 관계 또는 권력의 메커니즘을 매개로 한 사회적 공간으로서 로컬리티를 강조하기도 하고 문화적인 맥락에 초점을 맞추기 위한 이론적인 틀'로서 주목하였다.[2] 이러한 흐름은 우리가 지향한 로컬리티에 대한 인문학적 접근과는 거리가 있었다. 반면 인간과 그들의 삶터인 장소와의 관계에 주목한 인문지리학의 '장소, 장소정체성' 개념은 이제 막 로컬리티 연구를 시작하던 우리에게는 희망이었다.

지리학에서 지금 우리가 관심을 가지는 장소라는 개념의 등장은 그리

---

1   부산대 한국민족문화연구소, 「로컬, 로컬리티 개념 정리」, 2011, 1쪽.
2   류지석, 「로컬리톨로지를 위한 시론」, 『로컬리티, 인문학의 새로운 지평』(로컬리티 연구 총서 1), 혜안, 2009, 23쪽.

오래되지 않는다. 신지역연구는 전통 지역연구와 달리 인간과 환경 이외에 사회를 지역 형성의 매개로 추가하고, 지역을 사회적 행위에 의해 '형성되는 것'으로 이해하였다. 그 과정에서 지역 개념으로 로칼레locale, 로칼리티locality, 장소place 등을 사용하였다.[3] 이런 분위기에서 등장한 장소에 대해 인문지리학자들이 개념화하였다. 장소는 일반적으로 인간이라는 존재가 세계와 맺는 방식이자, 인간의 실존이 이루어지는 '생활세계' '생활의 場'으로 정리되었다. 인문지리학자의 대표자인 렐프는 장소를 여섯 가지로 분류하였는데,[4] 이 가운데 위 정의에 가장 잘 어울리는 장소로 실존적, 지각적 장소를 거론하였다. 생활세계나 생활의 장은 인간이 장소와 직접 관계를 맺는 경험을 중요시하였고, 그것은 양적인 것보다 질적인 측면을 강조한다. 인문지리학자들은 인간의 자연과의 관계에서 장소경험의 대표적인 것으로 '거주'를 들고 있다.[5]

거주는 장소가 인간에게 부여하는 다양한 의미를 가지고 있다. 체험공간으로서 집(거주)을 분석한 오토 프리드리히 볼노에 의하면, '거주한다'란 편안하다, 만족한다, 친숙하다, 저항하다, 든든하다, 익숙하다, 안락하다 등 다양한 의미를 포함하고 있다.[6] 저항하는 공간으로서 집,

---

3 최재헌, 「지역정체성과 장소 마케팅─세계화시대의 지역과 지역정체성에 대한 개념적 이해」, 『한국도시지리학회』 8-2, 한국도시지리학회, 2005, 5쪽. 여기서 로칼레는 지역의 맥락성을 구체화하는 구조, 제도와 조직, 행위주체의 상호작용이 발생하는 공간이면서 사회적 행위가 발생하는 장소이며, 로칼리티는 1980년대 영국의 산업 재구조화와 도시지역체계를 분석하기 위해 제시한 지역 개념이다.

4 에드워드 렐프는 공간의 유형을 여섯 가지로 나눈다. 그 기준은 인간의 장소와 관계를 맺는 경험에 두고 있다. 무의식 공간인 실용적(원초적)공간, 건축(계획)공간인간과 직접 만나는 지각공간과 실존공간, 직접 경험이 없이 인식 가능한 공간으로 인지공간, 추상공간을 설정하였다.(에드워드 렐프, 김덕현·김현주·심승희 역, 『장소와 장소상실』, 논형, 2005, 39~69쪽)

5 위의 책, 73쪽.

6 오토 프리드리히 볼노, 이기숙 역, 『인간과 공간』(로컬리티 번역총서 L5), 에코리브로,

거주는 외부로부터 자신을 지키는, 보호하는, 저항의 의미도 포함하고 있음에 관심을 가질 필요가 있다. 장소경험을 통해 인간은 자신이 거주하는 장소에 대해 장소애착, 소속감, 소중함, 아낌, 친밀감, 장소의식(정체감) 등 다양한 가치를 만들어 낸다.[7] 이런 점에서 장소는 인간 삶의 가치를 생산하는 근원으로서 로컬과 닮아있는 부분이다.

그리고 장소성이 로컬리티 연구에서 자주 활용된 이유는 뭘까. 아젠다 계획에서 우리는 로컬리티를 분석 단위에 대한 '세계관'으로 규정지었다. 세계관이 구체적으로 무엇을 의미하는지 불분명했다. 드러내지는 않았으나 '정체성'으로 인식하는 분위기도 강했다. 물론 아젠다 여기저기에 정체성이라는 단어가 산재해 있기도 하다. 좀 더 구체적인 고민은 로컬리티를 유형화하면서 시작되었다. 류지석은 로컬리티를 기층적로컬리티, 위계적로컬리티, 인식적로컬리티로 유형화했다. 이 가운데 기층적로컬리티는 로컬이 지니는 자연 물리적 측면이 로컬리티 형성과 밀접하게 연결되어 있는 것으로 이해했다.[8] 우리는 여기서 형성되는 '로컬다움', 지역성, 장소성이 로컬리티의 한 측면이 될 수 있다고 생각한다. 이 가운데 장소성이 기층적로컬리티의 대표적인 것으로 우리의 주요 연구대상이 되었다.

  2011, 161~176쪽.
7 에드워드 렐프, 앞의 책, 77~96쪽.
8 류지석, 앞의 글, 26쪽.

3. 장소정체성과 로컬리티의 관계

우리 연구가 장소성과 장소정체성을 명확히 구분하지 않고 사용해 온 것이 사실이다. 우리 연구만이 그런 것이 아니다. 이 개념을 주로 사용하는 인문지리학에서도 마찬가지다. 여기서는 두 개념을 분리해 내는 작업을 시도하려고 한다. 물론 이 작업은 무리한 시도일 수 있으나 로컬리티 개념을 좀 더 분명히 하고, 풍부하게 만들기 위한 노력의 과정이라 할 수 있다.

정체성은 수적 유일성(개별성), 질적 정체성(내적 동일성), 나-정체성(특이성)이 포함된 개념으로 이해되고 있다. 수적 유일성(개별성)은 다른 것과 구분되는 외적인 것이고, 그것이 내적인 특성을 규정짓지 못하기 때문에 정체성 논의에서 그다지 중요한 위치를 점하지 못한다. 개인의 성질을 규명하기 위해서는 인간이 맡은 사회적 역할과 규범을 자신의 의지에 의해 구성하는 정체성을 통해 가능하다. 이 과정이 내적 동일화 과정이다. 일반적으로 정체성identity이라 하면 질적 정체성 즉 내적 동일성을 의미한다. 그리고 개인의 질적 정체성은 시간과 공간에 따라 다양하다. 이러한 다양한 정체성을 내적으로 다르지 않는 구조로 통합하는 능력을 나-정체성이라 정의한다.[9] 이러한 개인 정체성을 그대로 우리-정체성, 지역정체성 혹은 장소정체성으로 확대해서 정의할 수 있다. 장소정체성은 내적으로 일관된 동일성을 유지하려는 성질과 외부와의 관계에서 상대적인 특이성을 가지는 성질 모두를 포함한다. 정체

---

[9] 이현재, 「"정체성(Identity)" 개념 분석—자율적 주체를 위한 시론(試論)」, 『철학연구』 71집, 철학연구회, 2005.

성 논의에서 후자의 특이성은 전자의 내적 동일성을 전제로 할 때 가능하다.

장소정체성에 대해 렐프는 장소의 구성원이 주어진 물리적 환경 속에서, 다양한 활동을 하면서 얻게 되는 장소에 대한 의미의 융합이 정체성을 구성한다고 설명하였다.[10] 장소정체성은 다른 장소와 구별되는 외부적인 특이성과 내적인 동일성으로 구분된다. 내적인 동일성의 원리가 더 본질적이며, 구성원들의 우리-정체성의 통합은 외부와의 관계에서 특이성을 보인다. 장소란 의미가 부여된 주관적이며 경험적인 공간이므로, 장소 형성의 중심은 경험을 통한 인간의 역할에 있다.[11] 장소정체성은 장소를 무대로 살아가는 집단을 구성한 개인들의 상호작용(합의, 사회화)에 따라 형성된다. 즉 의도성이 중요하다. 렐프는 장소정체성을 집단 구성원들의 '장소에 대한 정체성'으로, 구성원들의 '합의된 의식' '합의된 정체성' '최대공약수' 등 구성원의 공통된 의식적인 노력임을 역설한다. 장소정체성을 이처럼 구성원의 '공통된 의식'으로 규정짓는다면 개인 정체성의 다양성을 전제로 한다. 개인정체성과 장소정체성 사이의 차이를 해소하는 방법으로 렐프는 합의된 장소정체성이 준거점이 될 수 있다고 판단한다.[12] 렐프는 장소정체성의 구성 방식을 내부의 경험(내부성)과 외부의 경험(외부성)으로 크게 나누어 정리한다. 무엇보다 후자가 무의미한 것은 아니지만 전자가 더 본질적인 영향을 끼친다고 해석한다. 정체성 형성에서 내부성의 중요성은 장소와 대

---

10 에드워드 렐프, 앞의 책, 107~115쪽.
11 최재헌, 앞의 글, 11쪽.
12 에드워드 렐프, 앞의 책, 130쪽.

면하는 인간의 장소경험, 친밀도, 다른 장소와 구분하는 가시성, 장소애착 등이 중요하게 작용하기 때문이다. 장소정체성 논의에서 핵심은 그 성질을 표현하는 '동일성'과 구성되는 방식에서 '내부성'이라고 할 수 있다.

장소정체성 형성과 관련해 등장하는 다양한 개념들을 보면, 장소애, 장소감, 소속감, 장소성 등 다양하다. 이들 개념들의 관계와 관련해 대부분의 개념을 장소정체성으로 통일해서 거론하는 논자가 있는가 하면, 이들을 포괄하는 개념으로 장소성을 정의하기도 한다. 최병두는 장소감을 개인의 활동이나 의식과 관련된 개념으로 보고, 장소성(정체성을 포함)을 사회적 의식으로 승화된 것으로 이해한다.[13] 이석환은 장소성을 한 장소가 인간의 실용적 국면, 개인의 지각적 국면, 그리고 문화집단의 구성원으로서 지니는 실존적 국면에 제대로 부합함으로써 진솔성을 확보하고 장소정체성과 장소애착을 유발하여 진솔한 장소감과 장소정신이 형성된 총체적 특질[14]로 파악하고 있다. 최병두는 장소성을 장소정체성과 같은 개념으로 이해한 반면, 이석환은 두 개념을 구분하고 있으나, 장소성이 장소정체성, 장소애착, 장소감 등을 포괄하는 개념으로 이해하였다. 이런 차이에도 불구하고 두 논자는 장소와 관련된 구성원들 개인적인 의식과 집단적인 의식을 구분하고 있음을 알 수 있다. 집단적인 의식을 장소성, 장소정체성이라고 부르는 데는 의견의 일치를 보인다.

---

13 최병두, 「자본주의 사회에서 장소성의 상실과 복원」, 『도시연구』 8, 한국도시연구소, 2002, 256~257쪽.
14 이석환·황기원, 「장소와 장소성의 다의적 개념에 관한 연구」, 『국토계획』 32-5, 대한국토·도시계획학회, 1997, 181쪽.

그런데 장소정체성 논의에서 개인의 장소의식은 그다지 중요한 지위를 획득하지 못한다. 장소정체성이 장소를 매개로 한 집단의 내적 동일성이기 때문에, 동일성에 포섭되지 못하는 구성원 개인의 장소경험, 장소애착, 장소의식은 이 범위에 포함될 수 없다. 인문지리학자들이 장소정체성 형성과 관련해 언급하면서 뿌리내림rootedness, 친밀성, 장소애착, 장소경험 등 개인적인 경험에서 출발하고 있으면서, 장소(정체)성을 정의할 때에는 이것들을 포함시키지 않고 있다. 외부의 동일화 논리든, 내부의 동일화 논리에서 배제된 개인적인 경험이 지닌 가능성에 대한 인식이 중요하다. 누락된 개인의 장소감이나 장소의식이 지닌 의미를 되살려 낼 필요성이 있다. 그래서 장소성은 집단의 공통되고 동일화된 장소의미(장소정체성)와 그것과 차이를 보이는 개인의 장소의미를 포함한 개념으로 재정의 되어야 할 필요가 있다. 로컬리티의 하나로서 장소성은 장소에 대한 구성원의 공통의식(정체성)뿐만 아니라 동일화에서 배제된 차이들을 포함하는 장소의미로 확장할 필요가 있다.

동질성과 특이성을 가진 장소 의미, 즉 장소정체성은 로컬리티와 어떤 관계에 있는가. 장소정체성이 지닌 어떤 점 때문에 로컬리티 연구에서 사용하였는가를 검토해 본다. 본 연구단은 로컬리티의 개념과 관련하여 로컬의 "다양한 사회적 현상과 세계관의 총체"[15]에서 출발하여 "로컬이 지닌 가치 혹은 속성"[16] 등으로 정리해 왔다. 하지만 개념이 지닌 추상성 때문에 내부적으로 구체적인 개념을 거론하기 어려운 것이 현실이었다. 그리고 구체적인 정의가 가져올 위험성 때문에 제대로 된

---

15 부산대 한국민족문화연구소, 『로컬리티의 인문학』, 부산대 한국민족문화연구소, 2007, 1쪽.
16 부산대 한국민족문화연구소, 「로컬, 로컬리티 개념 정리」, 2011, 2쪽.

합의를 하지 않고 연구자에 따라 다양하게 정의하였다. 차윤정은 아젠다에서 제시한 로컬리티 개념인 '로컬이 지닌 속성'에 천착해, 속성이 단순히 고유한 성질이 아니라, '부단히 변화하는 로컬의 다양한 운동성의 총합'으로 이해하면서 로컬리티의 생성을 두 가지 측면에서 접근할 것을 강조한다.[17] 로컬리티를 로컬을 움직이는 운동성의 총체로 규정짓는다고 할 때, 과연 장소정체성이 이러한 역할을 하고 있는가. 장소정체성은 장소를 구성하는 구성원들의 내적 동일성에 근거한 정체성의 형성을 전제로, 외부적인 관계에서 드러나는 특이성 혹은 차이성[18]도 동시에 지니고 있다. 한 장소에는 다양한 단위의 정체성을 포함하고 있어, 정체성은 다층적이고 복잡하다. 질적 정체성은 자신의 역할을 사회적 규범으로 받아들이고 이에 대응해 책임과 의무를 다할 때 형성된다. 이 과정에서 개인의 의지는 실천적 맥락에서 아주 중요한 의미를 지닌다. 그래서 정체성이 개인이나 집단의 실천적 동력으로서 의미가 있는 것이다. 장소는 다양한 하위단위들을 포함한다. 그래서 장소는 다층적이고 복잡하다. 내적 동일화 과정, 즉 실천적 과정에서 다양한 충돌지점이 발생한다. 상위단위의 내적 동일화 노력과 하위단위의 내적 동일화에 의한 차이가 충돌하기 때문이다. 국가의 동일화 정책이 지역에 따라 다양한 대응으로 나타나는 것은 이러한 이유일 것이다. 여기에서 로컬의 속성인 운동성의 한 형태를 발견할 수 있다는 점에서 장소정체성

---

17 차윤정, 「비동일성의 관점에서 본 로컬리티와 표상」, 『한국민족문화』 57, 부산대 한국민족문화연구소, 2015, 344~354쪽. 차윤정은 두 가지 측면을 인간의 인지여부와 상관없이 존재하는 것(잠재적 로컬리티)과 밖으로 드러남으로써 인식될 수 있는 것(발현되는 로컬리티)으로 구분하였다.

18 정체성 논의에서 차이성은 4장에서 논의하는 차이성과 구별된다. 이 차이성은 내적으로는 동일성을 전제로 한 외적인 관계에서 구별되는 차이이다.

은 로컬리티의 하나로 이해할 수 있을 것이다.

장소정체성 형성에서 중요한 요소는 내부 구성원들의 상호작용을 통한 장소의식의 형성이다. 로컬리티연구에서 장소와 관련한 기층적로컬리티는 인간 삶터로서의 물리적 장소, 이 물리적 장소와 인간의 관계, 인간과 인간의 상호관계가 로컬리티를 형성한다고 이해한다. 로컬리티와 장소정체성의 형성이 구성원들의 상호작용이라는 공통점을 가지고 있다. 로컬리티 연구가 로컬 내 다양한 관계에 주목한 것은 장소정체성 연구와 맞닿아 있는 지점이라 할 수 있다.

로컬리티 연구는 로컬의 가치 탐색을 지향하고 있다. 장소의 가치와 관련한 장소감, 장소성, 뿌리내림, 장소정체성 등과 같은 규범적 가치가 어떤 의미를 지니고 있는가? 위와 같은 규범들은 먼저 장소 구성원들에게 '뿌리내림'을 통한 삶의 안정감을 제공한다. 뿌리내림에 근거한 장소성은 소속감뿐만 아니라 '집에 있음(거주)'의 상태, 즉 존재론적 안정성을 전제로 한다. 그래서 장소는 단순한 사건이나 활동의 현장이 아니라, 존재의 근원으로 간주된다.[19] 장소정체성은 구성원에게 자신이 속한 집단에 대한 소속감이나 구성원들과의 동일시를 통해 소외되지 않고 포함되어 있다는 안정감과 만족감을 준다.[20] 이런 점에서 장소정체성은 구성원 개인이 집단의 일원임을 확인하고, 자신을 보호받고 생존할 수 있는 안전망의 기능을 할 수 있게 해 준다. 이러한 안전망은 또 다른 외부의 동일화 논리에 저항하는 저항점이 되기도 한다. 앞서 오토

---

19 최병두, 앞의 글, 2002, 256~258쪽.
20 최병두, 「일본 외국인 이주자의 다규모적 정체성과 정체성의 정치」, 『공간과 사회』 35, 한국공간환경학회, 2011, 223쪽.

프리드리히 볼노의 논의에서 '거주하다'에 '저항하다'의 의미가 포함된 것은 이러한 의미로 이해된다. 우리 연구가 이 부분에 많은 관심을 보였다는 것은, 안전망으로서의 로컬이 지닌 가치에 주목한 결과라고 할 수 있다.

로컬리티는 존재론적 관점뿐만 아니라 고정되지 않고 끊임없이 새롭게 구성된다는 구성적 관점에 무게를 두고 있다. 정체성을 구성하는 사회적 관계는 본질적으로 매우 역동적이며 변화하는 속성을 가지고 있으므로 장소정체성은 고정되어 있는 것이 아니라는 견해가 일반적이다.[21] 내적시각에 의해 형성되는 질적 정체성은 끊임없이 자신을 변화시킨다. 개인은 자신에게 주어진 사회적 역할규범(사회적 보편성)에 대해 수용만 하는 것이 아니라 끊임없이 부정하면서 보편적 가치지평을 변형시키고, 질적 정체성을 재구성해 간다.[22] 집단화된 사회구성원들 또한 보편성에 대한 부정과 변형을 통해 장소정체성을 재구성한다. 이런 점에서 장소정체성이 고정되지 않고 재구성되는 것이라는 점에서 로컬리티와 유사한 점을 발견할 수 있다.

이상에서 로컬리티 연구에서 장소정체성 연구가 지닌 유의미한 점을 살펴보았다. 그러면 장소정체성 논의를 로컬리티 연구로 곧바로 연결시킬 때 오는 한계를 고민해 본다. 하나는 동일성 논리에 근거한 논의의 문제점이고, 둘째는, 친밀성, 뿌리내림에 근거한 장소를 매개로 한 정체성 논의가 지닌 한계이다.

장소정체성이 다층적이고 복잡하지만, 동일화 논리에 포함되지 못

---

21 임병조, 『지역정체성과 제도화』, 한울아카데미, 2010, 64쪽.
22 이현재, 앞의 글, 272~273쪽.

한 차이의 영역은 항상 배제될 수밖에 없다. 동일화 논리가 특정 국면에서 가능성으로서 의미를 지니기도 하지만 국면의 변화는 영속적인 가능성을 불허하기도 한다. 장소정체성은 장소를 배타성과 차별성의 공간으로 만들기도 한다. 하지만 실재하는 장소는 고립적이고 배타적이지 않다는 점이 여러 연구결과를 통해 확인되었다. 마을을 단위로 한 마을 사람들의 일상생활과 이동을 살펴보면 마을은 결코 고립되고 폐쇄적 배타적이지 않다는 것을 잘 알 수 있다. 동일화 논리를 극복하기 위해서는 여기에 포섭되지 않는 차이들에 주목할 필요가 있다. 따라서 차이를 포함하는 장소성 개념의 확장 적용이 필요하다.

다음은 후자의 경우이다. 글로벌화는 세계의 장소를 균질화하고, 이에 따라 인문지리학자들이 말하는 비장소화가 진행되고 있다. 렐프를 비롯한 인문지리학자들이 뚜렷한 대안을 제시하지도 못하고 있다. 이러한 상황에서 장소의 의미를 강조하는 논의에 대응하는 논리들이 부각되고 있다. 장소와 인간의 조화로운 연결이 초역사적으로 존재할 수 있느냐에 대한 질문이다. 현대 사회는 인간과 장소의 직접적인 연결, 직접적인 접촉과 경험이 점차 결여되고 있다. 반면 장소를 만들어 내는 힘으로 미디어와 자본, 국가 등의 요소가 점차 확대되고 있다. 이런 시대적 상황에서 장소를 매개로 한 구체적인 경험에 토대를 둔 장소정체성이 지니는 의미가 얼마나 유효하냐에 대한 의문이 제기되고 있다.[23] 글로벌화에 따라 '뿌리내림의 장소'가 흔들리고 반대로 '이동하는 장소'를 본질로 삼아야 한다는 논의가 증가하고 있다.[24] 즉 장소정체성의

---

23 遠城明雄, 「場所をめぐる意味と力」, 『空間から場所へ―地理學的想像力の探求』, 古今書院, 1998.

개념을 장소를 매개로 한 구성원의 의미화 과정이라는 본질적인 흐름과 달리 장소와 인간의 본원적인 유대를 전제로 하지 않고 장소성을 구성시킬 수 있는 다양한 계기에 대해 관심을 가져야 할 것으로 보인다.[25]

이러한 논의의 연장선에서 다원적 공간의 생산과 가능성을 생각해 볼 수 있다. 글로벌화와 균질화의 영향으로 비장소화가 진행되는 상황에서 지역에는 서로 다른 공간이 혼재하는 모습을 보인다. 현실의 로컬은 단일한 장소정체성에 의해 '공통공간'으로 기능하지 못하고, 장소정체성을 잃어 버렸다. '공통공간' 때문에 지역에 갇혀 있던 모든 공간이 해방되어 공간이 재편되면서 장소정체성의 재검토가 요청되고 있다.[26] 그래서 하나의 단위를 전제로 한 장소정체성 형성은 요원한 상태가 되었다. 하나의 지역에 이질적인 다양한 공간의 존재를 인정하며, 오히려 이 상태에서 최적의 혼재 상태를 만들어 내자는 '다원적 장소주의'의 견해는 눈여겨 볼만하다.

글로벌화의 영향으로 이동이 확대되고, 전지구적 네트워크화가 급속히 진행되면서 생활공간이 비장소적인 모습을 보이고 있으나, 여전히 인간의 일상생활은 장소에 근거를 두고 있다.[27] 이런 점에서 인간과 장소의 관계는 여전히 유효하다고 볼 수 있다. 다만, 양자의 관계 맺기가 인문지리학자들이 주장했던 자연과 맺었던 관계만이 아니라 다양한 계기에 주목할 필요가 있다. 오늘날 인간이나 장소는 끊임없는 변화의

24 이상봉, 「모빌리티의 공간정치학―장소의 재인식과 사회관계의 재구성」, 『대한정치학회보』 25-1, 대한정치학회, 2017, 124~126쪽.
25 浮田典良 편, 『(改訂版)最新地理學用語辭典』, 原書房, 2012, 227쪽.
26 마루타 하지메, 박화리・윤상현 역, 『'장소'론―웹상의 리얼리즘과 지역의 로맨티시즘』(로컬리티 번역총서 H4), 심산, 2011, 122~124쪽.
27 최병두, 앞의 글, 2011, 229쪽.

과정에 있고, 그것에 어울리는 결합방식이 있다는 점을 염두에 둘 필요가 있다. 이러한 관계를 이해하기 위해 동일화 논리를 벗어나 차이에 관심을 가지는 것이 장소성 이해의 또다른 방법이 될 수 있을 것이다.

4. 장소성 개념의 재인식

1) 차이성

장소성 개념에 대한 재인식의 계기는 장소정체성 형성에서 제외된 개인의 장소경험과 장소의식은 어떻게 의미를 가질 수 있을까에 있었다. 우리는 앞서 오늘날과 같은 글로벌 사회에서 장소정체성이라는 공통의 장소의식이 형성될 수 있느냐에 의문을 가지게 되었다. 글로벌화라는 동일화 논리는 로컬 내부에 의해 구성되는 동일화를 허용하지 않는 상황에서 장소정체성이 적절한 대응논리가 될 수 있을까. 로컬리티 연구는 글로벌화에 포섭되지 않는 로컬의 다양성과 차이에서 그 답을 찾으려는 노력을 해 왔다. 장소정체성 논의에서 배제된 차이에서 장소성이 지니는 새로운 가능성을 찾아보려고 한다.

들뢰즈는 이 세상에 존재하는 모든 것은 자기동일성을 갖지 않는 차이체들이라고 강조하였다. 물론 차이는 플라톤에 의해서도 언급되었지만, 그는 이데아(원상)와 닮은 모상에 불과한 부차적인 것으로 취급하였다. 그래서 세상의 모든 존재는 초월적인 힘에 의해 지배받는 것으로 이해되었다. 여기에 반해 들뢰즈는 세상에는 절대 자기동일성을 갖지 않고 차이들만 존재한다는 점을 분명히 한다.[28] 들뢰즈가 진화를 둘러싸고 신다윈주의자들과 진행한 논쟁은 그의 철학적 근거가 동일성을 부정하고 차이를 얼마나 강조하는가, 그리고 차이의 힘이 얼마나 대단한가를 잘 보여준다. 신다윈주의자는 진화는 언제나 자신을 불변적으로 복제하려 하는 '자기동일성' 원리가 생명체의 내적본성이며 차이(변이)란 본성에 외부로부터 가해지는 우연적이고 비본성적인 것이라는데 반해, 들뢰즈는 진화를 가져오는 차이(변이)는 생명체의 내적본성이라고 주장했다. 진화를 위한 차이(변이)에 대해 전자가 자기동일성에서 벗어난 우연적인 것이라고 했다면, 들뢰즈는 내적본성이라고 한 점에서 커다란 차이가 있다. 들뢰즈는 생명체를 비롯한 세상의 모든 존재는 자기동일성을 가지지 않고 차이를 가진 존재로 이해한다. 이러한 차이는 개체들의 상호작용에 따라 끊임없이 반복되는 '차이의 축적'에 따른 역사적 구성물이다.[29]

이상과 같은 논리를 토대로 들뢰즈는 차이가 지닌 힘을 가장 중요시한다. 이런 차이가 엄청난 일을 해 낸다고 생각했다. 생명체의 차이는 그 내적본성이며 속성이다. 생명체를 움직이는 '변용의 능력'을 만들어 내는 것은 차이이다. 즉 생명체를 움직이는 운동성으로 이해할 수 있다. 결국 로컬의 속성, 운동체의 종합으로 설명하는 로컬리티는 차이가 지닌 역동성과 연결된다.

차이를 로컬리티 연구로 끌어들이는 방식에 대해 고민할 필요가 있

---

28 조현수, 「들뢰즈의 '차이의 존재론'과 '시간의 종합' 이론을 통한 그 입증」, 『철학』 115, 한국철학회, 2013, 72~75쪽.
29 조현수, 「들뢰즈의 '차이의 존재론'과 신다윈주의의 만남」, 『철학연구』 104, 철학연구회, 2014, 137~144쪽.

다. 차이의 존재로서 로컬에 대한 이해가 필요하다. 차이와 로컬의 관계를 찾기 위해 들뢰즈의 '개체' 논리로 접근해 본다. 들뢰즈는 차이를 가진 존재하는 모든 생명체를 개체라 불렀다. 차이를 내적본성으로 하는 실체는 개체이다. 개체는 다른 개체와 상호작용을 통해 또 다른 개체(전체)를 구성한다. 개체의 상호작용을 추동하는 힘은 '변용의 능력'이라 불리어지는 차이이다. 개체는 자기동일성을 가지고 있지 않는 차이를 지닌 존재이기 때문에 상호작용 후 어떤 방향으로, 어떤 개체를 구성할지 예측할 수 없다. 즉 초월적인 규범에 영향 받지 않는 모든 것이 허용된 존재이다. 이런 의미에서 초월적인 규범을 가진 개체가 존재하지 않기 때문에 개체들 사이에서 더 우월하다거나 열등한 관계는 성립되지 않고 동등하다. 이를 들뢰즈는 '존재의 일의성'이라 불렀다. 차이가 있다면 '변용능력의 차이'만이 존재할 뿐이다.[30] 여기서 우리는 개체(부분)와 개체들의 상호작용에 의해 구성되는 또 다른 개체(전체)의 관계를 이해할 수 있다.

한편 개체의 상호작용은 그 개체가 구성하고 있는 전체의 범주 내에서만 진행되지 않는다. 전체의 범주를 벗어나 자유롭게 관계를 맺는다. 이러한 관계 맺기에서 개체에게 이득이 되는 관계만이 아니라 해로운 관계도 맺어진다. 국가나 자본 등과의 관계에서 발생하는 위계적 관계는 후자의 사례이다. 개체가 상호작용을 통해 구성하는 전체는 어떤 동일화 논리에 의해 연결되는 것이 아닌가 하는 의심을 받기도 한다. 하지만 들뢰즈는 이러한 연결을 '평균적인 유사성'이라는 말로 대체한

---

30 조현수, 「들뢰즈의 '존재론적-윤리학'－들뢰즈의 '정동의 윤리학'과 그 존재론적 근거로서의 '존재의 일의성'」, 『동서철학연구』 78, 한국동서철학회, 2015, 580~583쪽.

다.[31] 즉 내적인 동질화로서 유사성이 아니라 관찰자의 판단에 의한 동질화이지 본질적인 동질화가 아니라고 강조한다. 들뢰즈는 존재에 대해 끊임없는 차이만을 강조할 뿐 차이를 묶어줄 본질적인 동일화 틀은 제시하지 않는다. 이러한 개체의 논리를 로컬리티 연구로 가져와 보자.

개체들의 부분과 전체의 관계는 우리가 관심을 가진 부분(로컬)-전체(글로벌, 국가, 다수 등)의 관계로 전환해서 사용할 수 있다. 로컬은 다양한 개체들로 구성된다. 로컬 또한 상위의 전체를 구성하는 하나의 개체에 지나지 않는다. 즉 로컬은 다양한 로컬들에 의해서 구성되며, 또 다른 전체를 구성하는 개체이다. 따라서 로컬은 그것을 구성하는 개체들과의 관계가 상대적이지 절대적으로 규정되지 않는다. 이런 점에서 로컬들은 상호 독립된 작동원리를 가지며 동등한 지위를 지닌다. 로컬의 독자적인 차이가 로컬을 움직이는 힘이다. 즉 로컬의 속성인 로컬리티를 차이로 이해할 수 있을 것이다. 차이화의 논리에서는 로컬리티란 로컬을 구성하는 개체들의 공통의 동일한 에너지가 아니라, 끊임없이 연결되어 차이를 생산해 내는 개체들의 차이라고 할 수 있다. 들뢰즈에게 개체란 인간, 돌과 같이 일차적인 대상만이 아니라 이 대상들에 이차적으로 덧붙여지는 사랑, 미움 같은 감정들도 존재하는 것인 한 모두 개체로 거론된다.[32] 이처럼 로컬이 차이를 가진 다양한 개체들로 구성되었다는 점을 고려할 때에 비로소 로컬의 다양성과 다층성을 설명해 낼 수 있고, 로컬은 전체의 동일화 논리에 포섭되지 않을 수 있는 독자성을 지닌 존재임을 알 수 있다. 하지만 근대의 동일화 논리는 끊임없이

---

31 조현수, 앞의 글, 2014, 143쪽.
32 조현수, 앞의 글, 2015, 588쪽.

로컬을 포섭하거나 아니면 배제시켜 왔다. 로컬의 차이는 이런 동일화 논리에 포섭되기도 하고, 대응하는 역동성으로도 기능하였다.

　이상과 같은 개체의 논리는 로컬이 근대의 논리나 국가의 논리와 다른 이질적이고 차이들이 존재하는 현장임을 논리적으로 설명해 준다. 로컬은 중심에 의해 끊임없이 중심을 따라야만 하는 대상으로, 계몽의 대상으로 취급되어 왔다. 개체의 논리에 따르면 로컬은 나름의 에너지를 가진 존재로서, 근대의 논리가 지닌 한계가 잘 드러나는 곳이기도 하다. 이런 점에서 로컬은 근대의 주변이라기보다는 그 논리를 비켜갈 수 있는 가능성의 현장임을 알 수 있다. 따라서 로컬리티 연구는 단순히 주변학으로서의 지역학에 머물지 않고 근대의 논리에 정면으로 대응할 수 있는 보편학으로서의 가능성도 가졌다고 할 수 있다.

　들뢰즈가 강조하는 차이와 개체의 논의를 이해한 상태에서 장소성 논의로 다시 돌아가 보자. 우선 장소성 논의에서 동일화에 편입되지 못한 개인의 경험이나 의식이 차이로 남는다. 장소정체성 논의에서는 하찮은 존재였으나, 차이화 논의에서는 중요한 동력으로 인식된다. 오히려 이러한 차이를 지닌 개체들만이 존재할 뿐이다. 그리고 장소성을 구성하는 주체의 의미 또한 달라진다. 인문지리학자들의 논의에서 장소 구성원들의 자기의식이 장소성을 만들어 낸다고 한다면, 여기서는 개체들이다. 주체의 변화이다. 여기서는 개체들의 장소의미를 동일화로 포섭할 수 있는 초월적인 힘은 존재하지 않고 오로지 개체들의 장소의미만이 남는다. 이 지점이 최근의 글로벌 사회에서 장소를 매개로 한 장소의미 생산에만 집중하지 않고, 다양한 계기를 생각해 볼 수 있게 하는 여지를 제공해 준다.

그러면 차이가 끊임없이 차이를 만들어 내는 이러한 개체의 속성을 인식하는 것, 즉 개체들만의 장소의미를 인식하고 수용하는 것이 현실적인 대안으로서 어떤 의미를 지니는가? 동일성의 논리가 개체의 장점을 결여했을 때는 차이의 존재를 인정하는 것이 유효했다면, 글로벌화에 의해 끊임없는 동일화 논리가 강제되고 있는 현실에서 개체화는 대안이 될 수 있는가. 끊임없는 차이의 생산에서 우리가 직면한 현실에 대응할 수 있는 논리로 적합한가에 대해 의문이 생긴다.

2) 공감대

내적인 동일성에 대응한 차이에 대한 인식은 우리로 하여금 차이가 지닌 역동성에 새로운 가치부여를 가능하게 했다. 하지만 동일성이 없는 차이체인 개체의 인정은 우리 사회가 필요로 하는 집단화의 연결고리를 불가능하게 만든다. 인간들 사이에 '동일성'이 아니라 오직 '근사성' '유사성'만이 있는 차이만 있다면, 개인적인 다양한 이해를 어떻게 전체 보편 이해와 조화 시킬 수 있을까라는 비판이 제기되기도 한다. 차이성에서 강조되는 개체들의 상호작용만으로 개체들 사이의 보편적인 논리를 만들어 낼 수 있는가? 로컬 현장에서는 개체들의 공통된 실천이 자주 요구되기 때문에 차이의 존재만으로 로컬의 욕구를 충족시키기는 어렵다는 비판이 종종 나온다. 이러한 차이를 전제로 집단의 정체성을 만들 수 있는 방법으로 '공감(대)'가 적절한 개념으로 등장하였다.[33] 공감은 개체들의 내적 차이를 전제로 가능하다. 만약 개체들의 내적동일성이 존재한다면 공감은 필요가 없기 때문이다.

공감이론은 공자와 그의 제자들이 중심이 된 공감적 정치철학에서 출발하여, 17, 18세기 유럽으로 건너가 흄, 스미스, 루소, 쇼펜하우어 등에 의해 체계화되었다. 다윈의 진화론적 공감, 동정심, 도덕감각 연구를 바탕으로 생물학, 뇌과학, 사회심리학 분야에서 중요한 연구 분야로 자리 잡고 있다.

공맹사상에서 공감은 유교 경전에 나오는 '恕'자의 풀이, 즉 '마음이 같다'에서 출발한다. 공감과 관련하여 황태연은 '공감' '공감된 감정' '동감' '공감감정' '연대감' 등 다양한 개념을 사용한다. 공감은 긍정적 부정적 감정을 가리지 않고 남의 감정을 자기 속에서 '재현'하여 남의 감정과 유사한 감정을 '남과 같이 느끼는' '작용' 또는 '능력'이라 정의했다.(상호 공감을 필요로 하지 않는 단순 공감) 공감된 감정은 공감에 의해 내 안에서 남의 감정을 재생한 감정, 즉 동감이다. 공감감정은 공감된 감정 / 동감으로부터 이차적으로 생겨난 별도의 감정을 말하고(자아와 타아의 상호 공감), 연대감까지 포함하는 개념이다.[34] 이처럼 황태연의 공감 개념은 다양하다. 상대방의 감정을 느끼는 단순 공감 단계에서 감정의 상호작용이 일어나는 상호 공감, 나아가 연대감까지 그 범주에 넣고 있다. 이런 공감 또한 흄의 '자연적 공감론'과 스미스의 '인위적 공감론'으로 구분된다. 행위자와 관찰자의 공감 과정에서의 차이를 드러낸

---

33 황태연, 『감정과 공감의 해석학』 1, 청계, 2014, 244쪽. 여기서 황태연은 정체성을 내적 동일성을 전제로 한 정체성으로 이해하지 않는다. 차이를 묶어줄 수 있는 동일한 형식을 의미한다.

34 위의 책, 86~87쪽. 상호공감에서 자아와 타자의 연대란 이성적인 연대라기보다 감정적 연대라고 할 수 있다.

다. 전자의 공감은 마음의 유사성에 기초한 자연적 작용이지만, 후자는 양자 사이의 입장교환을 전제로 한다는 점에서 차이를 보인다.[35]

공감은 사유작용이 아닌 감정 작용이다. 프란스 드발은 공감이 자신도 모르게 저절로 반응하는 것으로, 이성보다는 감정이 앞서고, 충동적이라고 설명한다. 그리고 감정의 반복을 통한 수월성이 이성적 사유 작용을 필요치 않도록 익숙하게 만든다.[36] 타인의 곤경을 정서적으로 공유함으로서 촉발되며, 도움을 주기 위해 감정적 반응과 실천적 반응이 뒤따르게 된다.[37] 어떤 사고 장면을 목격하면 생각보다 몸이 먼저 움직이는 행위를 말한다.

그러면 이런 공감은 어떤 의미를 지니는가. 남의 감정과 같이한다는 공감은 부정적 긍정적인 요소가 포함되어 있음은 앞서 언급하였다. 공감은 도덕적으로 항상 선하지도 않고, 선한 결과를 만들어 내지 않지만 선한 행위를 가능케 하는 감정의 작용이다.[38] 그래서 공감은 우리 사회에서 의미있는 역할을 하기도 했다. 공감을 유발하는 감정인 부끄러움과 분노가 한국현대사의 민주화운동에 중요한 에너지가 되었다고 밝힌 연구도 있다.[39] 감정은 단순히 심리적인 차원에 머물지 않고 구체적인 신체 표현으로 드러나며, 경우에 따라서는 개인의 정서적 차원을 넘어 다중의 집단적인 의사를 형성하는 기제로 작동하기도 한다.[40] 타인의

---

35 島内明文, 「スミスの道德感情說における共同性の問題－ヒュームとの比較を軸にして」, 『倫理學研究』(關西倫理學會)39, 2009, 5~6쪽.

36 이영재, 「현대공감이론을 통한 공맹철학의 재조명」, 『정신문화연구』35-2, 한국학중앙연구원, 2012, 436~437쪽.

37 제러미 리프킨, 이경남 역, 『공감의 시대』, 민음사, 2010, 21~54쪽.

38 이영재, 앞의 글, 432쪽.

39 김창규, 「지식인의 분노－자유를 향한 여정」, 『인문과학연구』41, 강원대 인문과학연구소, 2014, 388~389쪽.

마음을 같이하는 공감은 우리 사회를 작동시키는 하나의 에너지가 될 수도 있다. 이런 점에서 공감은 앞서 언급한 정체성, 차이와 더불어 로컬리티의 하나로 이해해도 좋을 것이다.

그러면 공감과 장소는 어떤 관계가 있는가. 이와 관련해 황태연은 맹자에 나오는 '先近後遠'에 주목한다. 인덕은 가까운 집안과 가까운 이웃에 먼저 베풀고 차츰 먼 곳으로 확대한다는 의미이다. 사람들 관계가 혈족적으로, 사회적으로, 공간적으로 가까울수록 또는 직접적일수록 공감이 강하다는 의미이다. 드발 또한 맹자 이야기를 토대로 공감이 '신체적 연결'에 절대적으로 의존한다는 점을 중시하여 근접성, 유사성, 친숙성에 기초하고 있다는 점을 강조했다.[41] 맹자의 '先近後遠'이나 드발의 '신체적 연결'은 공간과 사람들 사이의 관계가 공감에 중요한 전제임을 알 수 있게 해 준다. 같은 이웃에 사는 사람이 먼 곳에 사는 잘 알지 못하는 사람보다 공감 감정이 더 잘 발휘될 수 있고, 심리적으로 가까운 사람이 먼 사람보다 공감감정이 크다는 의미이다. 이것은 물리적 공간이든 인식적 공간이든 공간이 공감형성에 중요한 역할을 한다는 것을 잘 설명해 준다. 공감은 인간과 인간을 연결하는 공동감정의 관점에서 공동성共同性, 공동체共同體와 연결해서 논의되고 있다.[42] 따라서 이들 공감이 이루어지는 공간은 구성원들의 상호관계와 작용에 의해 삶이 이루어지는 현장이라는 점에서 장소이며, 로컬이라 할 수 있다. 결국 로컬은 개체들 사이에 공감대가 작동하는 '공감장場'[43]이 될 수 있다.

---

40 김경호, 「슬픔은 어디에서 오는가? - 신체화된 마음을 중심으로」, 『철학탐구』 31, 중앙대 중앙철학연구소, 2012, 126쪽.
41 황태연, 앞의 책, 132~134쪽.
42 關西倫理學會, 「感情と共同性」, 『倫理學研究』 39, 2009.

한편 공감은 로컬의 경계를 확장할 수 있는 대안이 될 수 있다. 구성원들의 관계를 특정 장소 내에만 머물게 하는 것이 아니라 이동이나 네트워크의 확대에 따라 장소와의 관계를 약화시킬 우려도 있으나, 공감은 오히려 강화시킬 수 있는 계기를 마련해 준다. 특히 장소상실의 주요 인인 이동이 장소를 감정적으로 체험하는 수행의 중요한 요소라는 점[44]은 주목할 필요가 있다. 그리고 장소를 매개로 한 정주나 뿌리내림만이 아니라 공감(감정)을 전제로 한 상호관계, 상호작용, 상호의존성 등 다양한 계기가 장소성 형성에 개입하고 있음을 보여준다.[45] 장소성 논의와 관련하여 공감은 장소정체성 형성과 달리 내부성뿐만 아니라 외부성에도 좀 더 많은 비중을 둘 수 있다는 점을 확인시켜 준다. 그래서 장소와 직접 경험이 없더라도 네트워크를 형성하게 하는 역할을 한다.

로컬로서 '공감장場'은 개체 혹은 구성원들로 하여금 반복적인 공감작용을 일으키고, 구성원들 사이의 상호공감을 통해 자아와 타아의 공감된 정서와 감정을 공유하는 공감대를 형성시키는 배경이 된다. 구성원들은 공감대의 확장을 통해 공감장場에 대한 일체감으로서 소속감, 귀속감을 형성시킨다.[46] 특정 공감장 즉 로컬을 매개로 형성되는 소속감, 귀속감이 장소성인 것이다.

이처럼 공감은 충동적인 감정작용으로, 구성원들의 이성적 노력으

---

43 공감장은 개인이 감성이 소통되고 공유되면서 대사회적인 긍정적 감성을 형성시킬 수 있는 유·무형의 공간을 말한다.(조태성, 「'부끄러움[恥]'의 역설, 감성의 동역학―단종복위운동과 임병양란기 시조를 중심으로」, 『시조학논총』44, 한국시조학회, 2016, 262쪽)
44 존 어리, 강현수·이희상 역, 『모빌리티』, 아카넷, 2014, 454쪽.
45 도린 메시, 박경환·이영민·이용균 역, 『공간을 위하여』(로컬리티 번역총서 H10), 심산, 2016, 346쪽.
46 황태연, 앞의 글, 242쪽.

로 내적동일화를 추구하는 정체성과 차이나는 부분이다. 공감은 결코 타인과의 동일화에 기초하지 않는다. 각자 독립된 차이를 지닌 개체가 익숙해져 있는 감정에 기초해 유사성으로 통합하기 위해 작동하는 행동방식이다. 공감은 개체의 차이를 유지하고, 독립성을 전제로 그 차이들을 하나로 묶어 줄 수 있는 방식이다. 그래서 공감은 다양한 차이를 하나의 운동성으로 승화시킬 수 있는 가능성을 지니고 있다.

공감의 부각은 이성 역할의 배제, 감정영역의 강조로 경도될 수도 있다. 우리는 근대의 경험에서 인간의 이성 능력의 장점과 단점을 확인할 수 있었다. 이성에 의해 가려져 있던 감정영역의 회복을 통해 인간의 조화로운 삶을 가능하게 할 것으로 보인다.[47]

5. 다양한 실험과 도전

이 글의 기본 목적은 로컬의 속성(장소성)을 읽어 내는 다양한 방법을 고민하는 데 있다. 로컬의 속성을 동일성으로, 차이성으로, 공감대로 읽어 나가면서, 로컬리티 연구에 조금이나마 도움이 될 만한 이론적인 모델을 제시해 보려고 하였다.

내적 동일성 논리를 추구하는 장소정체성은 장소를 움직이는 동력으로 기능하며, 인간의 안전망으로서의 가치를 지니며, 구성원의 상호작용을 통해 구성되고, 끊임없이 재구성된다는 점에서 우리가 탐색하

---

47 김경호, 앞의 글, 127쪽.

는 로컬리티와 유사한 지점을 가지고 있었다. 하지만 내적 동일성의 논리에 의해 망실되는 차이의 가능성이 배제되고, 글로벌화에 따른 획일화 과정에서 로컬의 다원주의화는 로컬리티 연구에서 장소정체성 논의가 지닌 한계를 부각시켰다. 그래서 동일성의 논리가 아닌 차이를 전제로 한 장소성 개념의 확장이 필요함을 제시하였다.

들뢰즈의 차이와 개체의 논리는 로컬과 로컬리티로서 장소성을 해명하는 주요한 방법으로 이해했다. 존재를 작동시키는 내적 본질로서 차이에서 로컬리티를, 차이를 지닌 실체인 개체를 통해 로컬의 작동메커니즘을 찾아보려고 하였다. 다양한 개체나 전체들 사이의 동등성에 대한 해명은 로컬이 지니는 고유한 속성과 가치를 지닌 존재임을 인식하게 하는 동시에, 근대의 논리에 대응할 수 있는 가능성의 공간임을 확인시켜 주었다. 하지만 끊임없는 차이를 만들어 내는 개체의 논리에서 당면한 우리의 현실을 극복할 수 있는 정체성과 다른 형식의 동일성이 필요했다.

이러한 필요를 위해 동양사상에서 강조한 '공감'을 대안으로 제시하였다. 이성보다 앞서는 충동적이고 본능적인 '공감감정'은 이 시대 우리에게 또 다른 에너지원으로서의 가능성을 보여주었다. 공감의 실천이 '선근후원'이라는 공간 관계가 얼마나 중요하게 작동하는가에 대한 해명으로 '공감장'을 로컬로서 제안하였다. 이를 매개로 한 공감(대)는 차이를 지닌 개체들의 통합이라는 장소성 개념의 확장에 중요한 시사점을 준다.

'정체성' '차이' '공감'은 로컬의 속성으로, 로컬리티를 읽는 방법으로서 각각의 의미를 지니고 있다. 로컬리티 연구는 과정에 있다. 다양한 실험과 도전이 필요한 시기이다. 완성된 학문영역이란 없다. 로컬리티 연구에서 가장 많이 언급된 단어가 '변화'와 '구성'이다. 지금 세 가지 방법으로 읽어보려는 논리에 추가적인 새로운 시도가 계속해서 등장하기를 기대한다.

참고문헌

關西倫理學會, 「感情と共同性」, 『倫理學研究』39, 2009.

김경호, 「슬픔은 어디에서 오는가?—신체화된 마음을 중심으로」, 『철학탐구』31, 중앙대 중앙철학연구소, 2012.

김창규, 「지식인의 분노—자유를 향한 여정」, 『인문과학연구』41, 강원대 인문과학연구소, 2014.

島内明文, 「スミスの道德感情說における共同性の問題—ヒュームとの比較を軸にして」, 『倫理學研究』(關西倫理學會)39, 2009.

도린 메시, 박경환·이영민·이용균 역, 『공간을 위하여』(로컬리티 번역총서 H10), 심산, 2016.

류지석, 「로컬리톨로지를 위한 시론」, 『로컬리티, 인문학의 새로운 지평』(로컬리티 연구총서 1), 혜안, 2009.

마루타 하지메, 박화리·윤상현 역, 『'장소'론—웹상의 리얼리즘과 지역의 로맨티시즘』(로컬리티 번역총서 H4), 심산, 2011.

부산대 한국민족문화연구소, 「로컬, 로컬리티 개념 정리」, 2011.

부산대 한국민족문화연구소, 『로컬리티의 인문학』, 2007.

浮田典良 편, 『(改訂版)最新地理學用語辭典』, 原書房, 2012.

에드워드 렐프, 김덕현·김현주·심승희 역, 『장소와 장소상실』, 논형, 2005.

오토 프리드리히 볼노, 이기숙 역, 『인간과 공간』(로컬리티 번역총서 L5), 에코리브로, 2011.

遠城明雄, 「場所をめぐる意味と力」『空間から場所へ—地理學的想像力の探求』, 古今書院, 1998.

이상봉, 「모빌리티의 공간정치학—장소의 재인식과 사회관계의 재구성」, 『대한정치학회보』25-1, 대한정치학회, 2017.

이석환·황기원, 「장소와 장소성의 다의적 개념에 관한 연구」, 『국토계획』32-5, 대한국토·도시계획학회, 1997.

이영재, 「현대공감이론을 통한 공맹철학의 재조명」, 『정신문화연구』35-2, 한국학중앙연구원, 2012.

이현재, 「"정체성(Identity)" 개념 분석—자율적 주체를 위한 시론(試論)」, 『철학연구』71집, 철학연구회, 2005.

임병조, 『지역정체성과 제도화』, 한울아카데미, 2010.

제러미 리프킨, 이경남 역, 『공감의 시대』, 민음사, 2010.

조태성, 「'부끄러움[恥]'의 역설, 감성의 동역학—단종복위운동과 임병양란기 시조를 중심으로」,

『시조학논총』 44, 한국시조학회, 2016.

조현수, 「들뢰즈의 '존재론적–윤리학'–들뢰즈의 '정동의 윤리학'과 그 존재론적 근거로서의 '존재의 일의성'」, 『동서철학연구』 78, 한국동서철학회, 2015.

_____, 「들뢰즈의 '차이의 존재론'과 '시간의 종합' 이론을 통한 그 입증」, 『철학』 115, 한국철학회, 2013.

_____, 「들뢰즈의 '차이의 존재론'과 신다윈주의의 만남」, 『철학연구』 104, 철학연구회, 2014.

존 어리, 강현수·이희상 역, 『모빌리티』, 아카넷, 2014.

차윤정, 「비동일성의 관점에서 본 로컬리티와 표상」, 『한국민족문화』 57, 부산대 한국민족문화연구소, 2015.

최병두, 「일본 외국인 이주자의 다규모적 정체성과 정체성의 정치」, 『공간과 사회』 35, 한국공간환경학회, 2011.

_____, 「자본주의 사회에서 장소성의 상실과 복원」, 『도시연구』 8, 한국도시연구소, 2002.

최재헌, 「지역정체성과 장소 마케팅; 세계화시대의 지역과 지역정체성에 대한 개념적 이해」, 『한국도시지리학회』 8-2, 한국도시지리학회, 2005.

황태연, 『감정과 공감의 해석학』 1, 청계, 2014.

혼종성 담론과 로컬리티 : 월경越境과 전복?

조관연

1. 왜 혼종성인가?

'68혁명'과 이후 진보적인 학문 연구의 여파로 1980년대부터 서구 사회에 확산되었던 이상주의적 낙관주의는 점차 약화하고 있으며, 신자유주의의 냉혹한 현실에 기반을 둔 경쟁과 효율성, 유용성, 혁신 등의 가치가 사회를 지배하고 있다. 세계적으로 우익들이 득세하고, 브렉시트와 트럼프 현상에서 볼 수 있듯이 각자 자기의 고치로 돌아가려는 애국주의가 다시 강화되고 있다. 여기에는 지구화된 환경에서의 대량 이주도 다른 요인들과 마찬가지로 중요한 역할을 하고 있다. 서구에서 고등교육을 받은 경제적 여유층은 지구화의 혜택을 주로 받고 있는데, 이들은 문화

간 상호공존과 이해 그리고 이주민과 소수자의 지위와 권리 향상에 아직도 우호적인 태도를 보인다. 하지만 이로부터 소외된 계층은 노동과 경제 그리고 복지시장에서 소수와 주변 집단, 특히 이주민 집단과 직접적인 경쟁 관계에 내몰리고 있으며, 이들 소외 계층은 이에 대한 대응으로 자신과 직접적 또는 잠재적 경쟁자를 타자화하고 배제하려는 경향이 심해지고 있다. 혼종성은 이상주의적 낙관주의가 한창 유행하던 시기에 일부 분과학문의 탈식민 이론 내에서 주로 논의됐다. 이처럼 새로운 환경은 혼종성 논의를 다시 짚어보고, 새로운 방향을 모색하게 한다.

포스트모던 후기 자본주의 시기 혼종성에서 가장 주목받는 특성은 문화적, 국가적 경계를 뛰어넘어, 대항적 문화 영역을 혁신적으로 번역하고, 표현한다는 점이다. 현재의 지구화 정국에서 다양한 문화적 기호와 의미 그리고 생각들이 활발하게 유통, 교류되고 있는데, 세계화와 이주의 다양한 힘은 빠르게 세상 모습을 재구성하고 있다. 혼종성을 중시하는 시각은 문화 간 일탈이나 위반을 통해 다양한 간문화intercultural 현상들을 설명하고 있는데, 이런 흐름은 1990년대 말부터 주류 학술 담론에서 유명세를 누리고 있다. 정부 지원을 받는 다문화 통합 프로젝트에 참여하는 일부 진보 진영도 사회에서 주변화된 이주 집단들의 문화적 자원을 전유하고, 수용함으로써 국가의 표상 또는 이미지를 개선하는데 참여하고 있다. 주류사회 안에서도 문화 소비의 새로운 양상들을 탐구하려는 시도가 퍼지고 있는데, 이 시도는 종종 적대적인 차이 구성과 고착된 스테레오타입에 기초하고 있다. 이 글은 위에 제시한 시각들을 기반으로 국가와 지역 그리고 경제 영역에서의 문화 혼종화를 이야기할 것이다.

현재 차별받는 소수자들의 주변화 된 문화 실천들이 종종 국가 자원으로 번역되고 있지만, 우월한 지위를 가진 국가에서는 식민지적 그리고 인종적 패턴들이 담고 있는 현재적 유산과 역동성에 대해서는 자주 이야기하지 않고 있다. 이런 형태의 혼종성은 주류 세력을 위해 정치적으로 이용될 수 있으며, 문화적 복속을 통한 경제적 착취를 확대할 수도 있다. 이런 의미에서 문화 혼종성과 국가 정체성은 개념적 대립 쌍이 아니라 기능적 관계이다. 국가나 지역은 이런 혼종성을 통해 자신의 이미지를 다채롭고, 즐겁고, 매력적인 모습으로 만들 수 있을 뿐만 아니라, 현대화할 수 있는 역동성을 모색할 수도 있다. 특히 지구화가 빠르고 폭넓게 진행되면서 개별 국가들과 지역들은 경제와 문화 부문에서 선두자리를 차지하거나 생존하기 위해 치열하게 경쟁하고 있다. 이들은 자신이 코즈모폴리턴하고, 이주민이 가지고 있는 경제와 문화 자본에 개방적이고 이들의 흐름에 우호적이라는 인상을 주기 위해 노력하고 있다. 또한, 이차산업에서의 경쟁이 한계에 봉착한 "선진국"에서는 문화산업의 역할이 주류사회의 시장에서 더 커지고, 중요해지고 있는데, 혼종성에 기반을 둔 초문화적transcultural 생산물은 창의성과 혁신을 통해 새로운 이윤창출의 기회를 제공하고 있다. 소위 "문화 번역"은 한계에 봉착한 시장에서 새로운 창의성을 제공하며, 이는 물질적 이윤을 창출하는데 점점 더 중요한 역할을 하고 있다. 지구화 시대의 이런 새로운 생산 양식은 문화 상징 그리고 의미 소비와 긴밀한 관계를 맺고 있다. 현재다른 문화에 대한 다양한 지식과 함께 혼종성은 새로운 사회적 트렌드가 되었을 뿐만 아니라 새로운 상품 생산 방식이 되고 있다.

2. 문화적 우성으로서의 혼종성

최근 세계 체제 안에서 문화와 종족의 혼종적 배치가 두드러지게 나타나고 있는데, 여기서 역사적 유산과 지배적 정치, 경제 권력들도 새롭게 등장하고 있다. 하지만 이와는 별개로 고삐 풀린 문화 정경과 경제 관계들이 개별 국가들과 지역들을 횡단하고 있는데, 여기서 문화들과 종족들은 창의적인 패치워크와 상호교류의 협상 장소로 변형된다. 이런 맥락에서 혼종성 개념은 사회적 크로스오버일 뿐만 아니라 새로운 문화 형태들의 형성에 대한 기대로 이어질 수 있다. 하지만 이는 기존의 모더니즘적 배제와 고정된 정체성을 통해서는 달성될 수 없다. 비판예술과 학문에서 이질적, 초국가적 문화에 대한 열망이 두드러지게 나타나고 있는데, 이는 후기 자본주의 경제에서 중요한 부분을 차지하는 대중문화에서도 마찬가지이다.

포스트모던 후기 자본주의에서 혼종성이 어떤 사회적, 문화적 함의를 가졌는지를 이해하기 위해서는 현재 문화가 어떻게 정의되고, 변화하고 있는지를 살펴보는 것이 필요하다. 오늘날 사회들에서 문화 영역은 점점 더 중요해지고 있는데, 이 영역은 정체성 또는 문화적 차이와 같이 까다로운 문제와도 깊게 연결되어 있다. 인문학과 사회과학은 이런 발전을 "언어적 전회linguistic turn"와 "문화적 전회cultural turn"라는 개념으로 설명하였다. 이 두 가지 전회는 문화가 역동적이고, 상호작용적이고, 다원적이고, 항상 변화한다는 공통 전제에서 출발하고 있다. 미국 문화연구자인 스티븐 베스트Steven Best와 더글러스 켈너Douglas Kellner는 새로운 패러다임을 찾아 나선 인식론적 변화를 "포스트모던 전회postmodern turn"

라고 불렀는데, 여기서는 상호매체성과 초문화주의적 혼종 표상들이 주요하게 등장한다.[1]

미하엘 바흐친은 크로스오버, 패치워크 그리고 유기적 혼종화를 모든 문화 발전의 본질이며, 이는 피할 수 없는 것으로 생각했다. 이런 사고는 이분법과 이로 인한 폭력을 경험한 서구 근대의 독특한 대응이다. 혼종은 고대 그리스어 히브리스hybris에서 나왔는데, 이는 신과 인간 사이의 위계적 경계를 위반하거나 거스른 오만을 뜻하는 말이었다. 서구 신화에서 혼종은 스핑크스, 카미이라, 고르곤과 같은 괴물성monstercity을 의미하고, 플라톤의 철학에서는 사회문화적 또는 종족적 병리를 뜻한다. 근대에 유럽 사상가들은 혼종성에 대한 이런 생각을 토대로 식민주의와 인종주의 이론의 뼈대를 만들고 사용했는데, 여기서 "인종적 사생아bastardization"와 문화적 크레올화가 등장했다.[2] 바흐친은 서구 문화 역사에서 혼종 또는 혼합을 공포나 경멸, 열등함, 죄악 또는 문화 위기라는 것들과 분리했다.

이로부터 문화와 사회에 다르게 접근할 가능성이 열렸다. 혼종성은 식민 모더니티에서 본질적인 부분을 차지하던 동질성에 대한 생각에 균열을 내었으며, 차이들을 새롭게 사유할 수 있는 틈새를 만들었다. 혼종성은 잡것impurity과 사이-안in-between 범주를 통해 사회와 문화 그리고 인간에 대한 문화 지도를 다시 그리게 하였다. 적층적multi-layered

---

1   Best, Steven and Kellner, Douglas, *Postmodern Theory. Critical Interrogations*, London : MacMillian Education, 1991.

2   Ha, Kien Nghi, "Hybride Bastarde. Identitätskonstruktionen in kolonialrassistischen Wissenschaftskontexten", In Eva Kimminich(Hg.), *Kulturelle Identität. Konstruktion und Krise*, Frankfurt a. M. : Peter Lang, 2003, pp.107~160.

도식인 혼종성은 포스트모던 접근과 친연성을 가지고 접합될 수 있었는데, 혼종성은 단일성과 전체성을 강조하는 모더니티 사고에 대한 대안으로서 다양성과 차이들의 환원 불가능한 지위를 강조한다. 또한, 혼종성은 이분법 모델 대신에 제3의 공간들과 경계 넘기(위반)에서의 역치적liminal 개념을 강조하기 때문에 혼합과 침투의 역동성을 지지한다. 현재 지구상의 많은 사람은 포스트모던 후기 자본주의 경제 속에서 살아가고 있는데, 이는 혼합과 (재)조립을 통한 예술적, 기술공학적 혁신을 요구하고 있다. 이런 새로운 세계에서 문화적 혼종성은 점차 기술공학적 낙관주의와 진보(발전)를 지향하는 시대의 표어가 되어가고 있다. 문화적 혼종성은 미학적 생산품의 새로운 양식을 제시하고 있는데, 이는 모던한 것과는 달리, 동질성, 표준화 또는 고독한 천재의 작업과 같은 신화를 토대로 하지 않는다. 이 대신에 배제 대신에 포함 그리고 이미지, 언어, 사운드, 주체들의 일탈에 기반을 두고 있다. 이런 혼합은 분명히 문화적 흐름을 풍요롭게 하고 있으며, 혼종성에 우호적인 사람들은 이런 흐름이 지구적 대중문화와 가치를 극적으로 변화시킬 것으로 기대하고 있다.

지구상의 대부분 국가 또는 지역에서 동질성과 순수성에 대한 집착이 아직도 완고하게 지속되고 있는 상황에서 혼종성에 대한 인식 전환이 광범위하게 일어나고 있는 것은 분명 놀라운 일이다. 특히 모더니티의 산실인 서구 사회는 혼종 또는 혼종성을 오랫동안 전반적으로 거부하고, 경멸하였는데, 최근 이십여 년 전부터 이런 부정적 믿음이 사회 전반적으로 점차 약해지고 있다. 주류사회의 일부 계층과 특정 문화영역에서는 혼종성이 바람직한 존재양식과 추구해야 할 가치로 받아들여지고 있다. 점차 혼종성이 문화적 우성이 되어가고 있으며, 이는 사회적 트렌드를 추동하고 있다. 신마르크스주의자인 제임스Frederic Jameson는 『포스트모더니즘, 또는 후기 자본주의의 문화적 논리Postmodernism, or, The Cultural Logic of Late Capitalism』에서 후기 자본주의와 포스트모더니티 사이의 계보 관계를 분석하였는데, 그는 혼종성에 대한 긍정적 인식 변화는 지배 세력들의 영향이 아니라 자본주의 발전 결과라고 파악했다. 그는 혼종적 트렌드를 가장 진보한 형태의 초국가적 포스트모더니티라고 진단하였는데, 이는 경제적, 문화적 지구화라는 조건 속에서 작동한다고 주장했다.[3] 영국 사회학자, 베리 스마트Barry Smart는 포스트모더니티의 특징을 ① 미래 지향적이고, 혁신적이며, 일시적인 상상력, ② 예술의 기존 제도, 조직 그리고 이데올로기에 대한 인습 타파적iconoclastic 공격, ③ 종종 도취에 취한 기술공학에 대한 낙관주의, ④ '고급예술high art'에 대한 도발로서 대중문화의 진흥을 꼽았다.[4] 스마트가 제시한 포스트모더니티의 특징을 현재 사회에 퍼져있는 혼종성에 대한 긍정적 생각에 적용하는 것은 그다지 어렵지 않다. 포스트모더니티와 혼종성은 모더니티를 극복하려는 혁명적 태도와 자신의 고유한 메타내러티브를 구축해서 새로운 세계를 만들어야 한다는 인식을 공유하고 있기 때문이다.

지난 이십여 년 동안 서구 사회를 중심으로 혼종성에 대한 인식변화가 있었는데, 실제로 일어난 결과는 무엇일까? 현재 권력관계 안에서 복잡한 불안정성이 상당히 증가하고 있다는 징후는 있지만, 서구의 주

---

3   Jameson, Frederic, *Postmodernism, or, The Cultural Logic of Late Capitalism*, London : Verso, 1991.

4   Smart, Barry, *Postmodernity. Key Ideas*, New York : Routledge, 1993, p.19.

도권이나 헤게모니 자체가 붕괴하고 있다는 증거는 거의 없다. 이런 모습은 자본주의 상품화의 현대화와 국민국가의 새로운 배치에 기인한다. 예전부터 지식 생산은 항상 다양한 권력 관계와 이들의 기저에 있는 힘들을 흔들고, 이동시켰다. 현재의 혼종성은 "타자성otherness" 과정과 지배세력의 문화주의적 세계관에 영향을 끼쳤지만, 혼종성이 문화들 사이에서 발생하는 문제들을 상당 부분 해결할 수는 없다. 아마 혼종성은 좀 더 개선된 문화적 지침과 사고를 만드는데 유용할 수 있다고 생각하는 것이 더 현실적일 것이다.

현재의 문화산업은 생존을 위해 끊임없이 창조적 혁신을 요구받고 있는데, 혼종성 또는 혼종적 요소는 새로운 트렌드나 유행을 만들고, 판매하는데 매우 유용한 도구로 간주하고 있다. 만일 비판적 담론이 혼종적 요소나 혼종성을 효과적으로 번역하거나, 비켜보거나, 적극적으로 이에 개입하지 않는다면 혼종성은 현재 권력구조들을 재배치하는 문화적 도구로 전락할 가능성이 높다. 이르멜라 슈나이더Irmela Schneider는 이미 이런 현상에 대해 "혼종은 위계와 헤게모니가 아니라 이항대립이나 양분법에 대한 대항개념이다"라는 말로 기존 혼종성 개념에 대해 우려를 표하였다.[5] 더글러스 켈너Douglas Kellner도 "포스트모던 문화연구에서 서술하는 혼종적 문화들과 정체성들의 형태들은 상품, 문화, 사람 그리고 정체성의 대규모 흐름이라는 지구화된 자본주의에 상응하고 있는데, 이는 글로벌과 지역뿐만 아니라 새로운 형식의 투쟁과 저항을

---

5   Schneider, Irmela, "Von der Vielsprachigkeit zur "Kunst der Hybridation". Diskurse des Hybriden", In Schneider, Irmela and Christian W. Thomsen (Hg.), *Hybridkultur : Medien, Netze, Künste*, Köln : Wienand, 1997, p.43.

재배치하고 있다"라고 하였다.[6]

후기 자본주의 포스트모던 양상에서 드러나고 있는 자본과 상업권력에 도전하기 위해서는 가끔 혼종적 배치가 보여주거나 약속하는 해방적 잠재력과 저항적 틈새를 찬양하기보다는 함정이나 흠결에 집중하는 것이 필요하다. 포스트모던 예술과 문화 프로젝트는 혼종성이 후기 자본주의의 유용성 논리와 어떻게 결합하고 작동하는지를 보여준다. 현재 예술에서 혼종은 효율성, 새로움, 매혹을 보장하는 것으로 종종 받아들여지며, 취향의 새로운 위계질서도 만들고 있다. 새로운 트렌드가 된 혼종적 예술을 접하기 힘든 곳에 살거나 이를 소비할 능력이 되지 않는 사람은 배제를 경험하게 된다. 반면에 이런 문화경제를 소비할 수 있는 여력이나 의지를 가진 사람은 여기서 흔치 않고, 신선하고, 매우 흥미진진한 것을 경험할 것이다.

한때 서구 근대사회에서 다수 주변인과 소수자 집단의 다름은 상대적 배제를 당했는데, 이제는 이런 다름 또는 차이가 고평가되면서 혼종성 붐이 조성되고 있다. 하지만 이런 혼종성의 변화는 점차 더 양가적이고, 불연속적으로 되어가고 있다. 현재의 글로벌 문화경제에서 글로벌 플레이어들global players[7]은 특출한 디자인 창조 능력에 따라 힙함hipness이 평가받고 있는데, 실제로 이들 사이의 경쟁력 상당 부분은 여기서 만들어진다. 1990년대 말부터 글로벌 플레이어들은 트렌디한 홍보 시장에 막대한 투자를 하였다. 예를 들어, 애플("다르게 생각하라")과 브라운("차이를

6　Kellner, Douglas, "Critical Theory and Cultural Studies", In Jim McGuigan(Hg), *Cultural Methodologies*, London : Sage, 1997, p.23.

7　전 세계적인 생산과 유통 능력 또는 브랜드를 가지거나 세분 시장(market segment)에서의 선도적 지위를 가지고 있으며, 전 세계 소비자 대부분에 의해 인정받는 회사나 기관

만들어내는 디자인")은 차이를 강조함으로써 시대에 맞는 자신의 이미지를 만들어냈다. 여기서 차이는 유일함, 즐거움, 매력 그리고 창의성의 원천이 되었다. 차이는 이제는 주변성과 배제의 장소가 아니라 우리가 동경하고 이를 위해 기꺼이 지불해야 할 대상이 되었는데, 혼종은 이런 차이를 만드는데 중요한 역할을 하고 있다. 차이 마케팅은 젊고 역동적이며, 고등교육을 받고, 부유한 사회 집단 출신 사람들을 끌어당겼다. 이들은 마케팅 전략에서 핵심 소비층이 되었고, 회사들은 "다름"에 대한 이들의 욕망을 충족시키고 확대하기 위해 차이를 더 적극적으로 사용하고 있다. 국제적인 마케팅 에이전시인 돌랜드Dorland는 문화 상품 시장에서 차이와 원하는 물건이 표상하고 있는 욕망을 이용함으로써 우월한 자아를 발명하고 확대하는 세일즈 전략을 폈는데, 이것이 "차이 판매selling the difference"이다. 이 전략이 던지는 메시지는 차이는 창의성을 결정하고 사회적 신분 상승의 중요한 요소이기 때문에 이를 소비하는 것이 유익하다는 것이다.

마케팅 전략과 대중문화가 사회적 리얼리티를 온전하게 반영하지는 않지만, 이 전략은 주류사회의 문화적 상상력과 차이와 타자에 대한 생각에 현저한 영향을 끼쳤다. 하지만 이런 차이의 "긍정적" 차별이 완전하고 조건 없는 인정이나 차별받는 사람들의 적극적인 고용개선으로 이어지는 것은 아니고, 또한 이 차이들이 놀이와 장식의 대상이 됨으로써 그릇된 표상으로 이어지고 있다. 차이를 전유한다는 것은 문화적 혼종성도 긍정적으로 인정한다는 이미지를 획득하고 유지하는 것을 가능하게 한다. 피상적으로 본다면, 이런 혼종적 이미지에서는 문화들이 서로 자기를 소개하고, 번역하는 것처럼 보이며, 이렇게 해서 경계와 갈등이 없는 글로벌 또는 코즈모폴리턴 문화가 가능할 수 있다는 상상도 할 수 있게 한다. 이런 관점에서 본다면 혼종성은 문화 번역의 가장 중요하고, 좋은 방안이며, 이를 집중적으로 추진하면 문화 간 상호소통과 이해가 달성될 것으로 보인다.

하지만 후기 자본주의 포스트모던 맥락에서 이런 기대는 신기루일 가능성이 높다. 현재 다양한 국제적 문화와 스포츠 행사들이 열리고 있는데, 이것이 매력적인 혼종적 스펙터클임에는 틀림이 없다. 하지만 이것이 이국적 정취exoticism를 느끼게 하는 것 이외에 문화 상호교류와 이해에 결정적인 기여를 하고 있다는 증거는 그리 많지 않다. 케이트 내시Kate Nash는 "글로벌 문화는 종종 포스트모던하게 보인다. 빨리 바뀌고, 파편화되고, 다원적이고, 혼종적이며, 혼합주의적syncretic이다"라고 했으며,[8] 존 허트닉John Hutnyk은 "자본주의는 현재 혼종인가?"라는 도발적인 질문을 던졌다.[9] 포스트모던 조건의 중요한 특질 중 하나는 생산 양식의 변형이다. 이전 단계와 달리 후기 자본주의에서는 물질생산보다는 문화생산이 중요하게 되었고, 이 과정에서 상품 대부분의 물질적 기능성이나 유용성은 이전보다 덜 중요해졌다. 현재 상품의 물질적 가치와 사용은 지속적으로 페티시 속성을 가진 포스트모던 문화 상품으로 대체되고 있다. 마이크 피더스톤Mike Featherstone은 이미 『소비자 사회와 포스트모더니즘Consumer Culture & Postmodernism』에서 상품과 재

---

8   Nash, Kate, *Contemporary Political Sociology. Globalization, Politics, and Power*, Oxford-Malden / Mass. : Blackwell, 2000, p.71.
9   Hutnyk, John, "Adorno at Womad. South Asian Crossovers and the Limits of Hybridity-Talk", In Pnina Werbner and Tariq Modood(Hg.), *Debating Cultural Hybridity*, London : Zed Books, 1997, p.128.

현이 어떻게 의미와 이미지 그리고 감정의 창작과 이동의 장소로 탈바꿈하는지, 이런 탈바꿈이 새로운 종류의 소비를 어떻게 가능하게 하는지를 보여주었다.[10]

산업 자본주의 사회에서는 (천연)자원과 인간의 욕구에 의해 생산과 소비가 상당히 제한을 받았지만, 포스트모던 후기 자본주의 사회의 문화영역은 가상적 상징과 기표가 중요하기 때문에 이런 제한은 상당히 사라졌다. 이 때문에 문화상품의 생산과 소비 사이클은 현저하게 빨라졌지만, 기존의 문화 자원과 상상력이 한계에 봉착하게 되었다. 여기서 문화적 혼종성은 새로운 형식 또는 형태의 미학을 생산하는데 돌파구가 되었다. 혼종성은 문화 영역에서 표현 가능성을 확장해 주는데, 여기에 문화기술이 접맥되고 차이의 반복과 혼합이 가세하면 그 가능성은 대폭 확장된다. 이런 가능성은 아직 발현되지 않은 소비 욕망을 일깨우고, 만들어낼 수 있는데, 차이의 반복과 혼합은 시장을 세분화하는 데도 기여를 한다. 탈식민 담론에서 혼종성 연구는 패러디와 흉내 내기 mimicry, 카니발 그리고 이들의 문화적 전복 잠재성에 집중되었다. 하지만 후기 자본주에서의 혼종성이 내거는 기치는 포스트모던 놀이의 최신판으로 "뭐든지 허용된다anything goes"이다. 현재의 문화산업은 예전의 강한 정치적 함의를 가진 "월경"을 탈정치화해서 컬러풀하고 오락적인 모습으로 탈바꿈시키고, 이를 대중문화에 접맥하고 있다. 새로운 종류의 이 산업은 트렌드를 만들기 위해 기존 다양한 문화요소들을 지우기도 하고, 조합하고 혼합해서 새로운 것을 만들어낸다. 혼종성에 기

---

10 Featherstone, Mike, *Consumer Culture & Postmodernism*, London : Sage, 1991.

반을 둔 이런 문화산업은 끊임없는 유연성, 혁신 그리고 변화 등을 기반으로 하기 때문에 신자유주의를 위해 만능 해결책을 제시하는 것처럼 보인다. 우리는 혼종성 모델을 기반한 문화산업의 초입을 이미 통과하였는데, 이런 의미에서 마이클 하트Michael Hardt와 안토니오 네그리 Antonio Negri는 『제국Empire』에서 "…… 혼종화는 생산과 유통의 순환에서 중심적 특성이며 조건이 되고 있다"라고 하였다.[11] 이 산업은 기존의 구조적 경계와 장애를 뛰어넘는 혁신과 개선된 적응 잠재력을 보이기 때문에 혼종성의 신조였던 개방과 일탈은 이제 문화적 의미들을 이윤이 나는 상품으로 치환하는 도구가 된다. 이런 태도는 '제도권 접근', '집단 이해관계', '누구를 위한 이윤인가?', '의사결정 과정', '정치 권리'와 같은 근본적인 정치적 질문도 소거한다.

3. 문화산업에서 새로운 생산양식으로서의 혼종화

산업자본주의 시기에도 문화산업은 시장을 창조하고 확대하려는 욕구가 있었다. 하지만 이 당시의 문화산업은 이질적 문화요소를 상품화하려면 언어를 번역하고, 이들과 맥락을 해당 문화에 접합하는 과정이 필요했다. 하지만 지구화된 포스트모던 후기 자본주의에서의 문화산업은 그 양상과 질이 대폭 변화하였다. 다양한 문화기술의 발전 덕분에 디지털 재생산 시대가 열렸으며, 문화산업과 시장은 저렴하고 빠르면서도 혁신적이고 핫한 콘텐츠에 목말라하고 있다. 해당 문화지식과 기

---

11 Hardt, Michael and Negri, *Antonio Empire*, Frankfurt am Main, 2002, p.328.

술은 이런 욕구를 혼합과 리믹스 등을 통해 쉽게 해결할 수 있게 되었다. 이런 모든 생산수단은 생산과 유통 사이클을 가속하고 산출물을 극대화하는 역할뿐만 아니라 새로운 시장을 창출하고 기존 시장을 확대하는 역할도 한다.

오늘날 문화산업 중에서 혼종화에 가장 많이 의존하고 있는 분야는 글로벌 음악 산업일 것이다. 특히 포스트모던의 "뭐든지 허용된다"는 원칙이 여기서 가장 적극적으로 활용된다. 다른(종족)음악의 일부분을 따오거나 재배치하면 기존의 사운드와 상당히 다른 리듬과 사운드가 만들어지는데, 여기서 이전 음악이 가지고 있던 사회적 메시지와 문화적 시공간의 장벽은 쉽게 사라진다. 특정 지역이나 종족과 관련된 음악이 특히 관심의 대상이 되는데, 특히 문화 접촉지대에서 생산된 혼종 음악은 모든 것을 멋지고, 즐겁게 느끼도록 만든다. R&B와 같은 미국 흑인 음악, 소울과 랩, 제삼 세계 출신의 월드뮤직이 한차례 유행하고 나서, 현재 서구 팝 문화는 Bhangra-pop, 라틴 소울, 그리고 오리엔탈 하우스 등의 크로스오버로 이어졌다. 하지만 이들 유행은 단기간 지속되기 때문에 음악 산업과 애호가는 이에 싫증을 느끼면, 또 다른 핫hot하고, 이국적이고, 활기찬 혼종 음악 사냥에 나선다.

다양한 음악 스타일의 혼합은 종종 종족적 차이와 "인종적" 섞임과 문화 간 상호 소통의 전형으로 확대 해석되고 있다. 여기에 코즈모폴리터니즘과 대중 팝 문화를 찬양하는 분위기가 조성되면 이전에는 원치 않던 주변화 된 이주민 지역 커뮤니티의 문화적 요소들도 이제는 핫하고 생생하고 가치 있는 자원으로 변모하고, 재평가된다. 문화기술을 통해 혼종성을 증진하면 다양성을 만들기 위한 선택 범위도 대폭 확대된다. 현재 샘플링, 믹스 그리고 리믹스는 음악 산업에서 비용이 적게 드는 효율적인 제작방법이다. 잘 알려진 오래된 음악이나 아카이브 자료, 알려진 리듬이나 사운드 패턴을 리사이클해서 수 없는 다양성을 만들어내는데 이는 다르거나 새로운 것으로 들린다. 차이를 약간 주고 반복함으로써 작품을 만들거나 새롭게 하는 것은 쓸모가 많은 방법이다.

가장 성공적인 이런 형태의 음악 그룹은 런던의 트랜스글로벌 언더그라운드Transglobal Underground인데, 이들은 아랍 보컬 스타일, 랩과 레게 간주곡, 테크노 음악에만 국한하지 않고 종종 서구 클래식, 라틴 그루브Latin groove, 아프리카 리듬 등등을 가지고 편곡한다. 이들의 절충적인 음악 콘셉트는 코즈모폴리턴적 혼종성인데 "100개국의 꿈Dream of 100 Nation", "국제적 시간들International Times" 그리고 행성 간 노심 용해Interplanetary Meltdown 등의 앨범 이름에서 볼 수 있다. 하지만 이들의 문화 혼합에 대한 감성적이고, 우호적인 태도는 문화산업과 이들의 막강한 이해와 권력관계를 막아내는데 큰 도움이 안 된다.

오늘날 문화시장은 혼성混性과 다인종 그리고 다양한 국가와 종족 그리고 지역적 맥락을 가진 이미지와 사운드를 혼합해서 상품을 만들면 혁신적이고 문화적 매력도가 높은 것으로 평가받는 경향이 강하다. 이 때문에 문화산업은 혼종성을 일반적인 마케팅 전략에서 더 적극적으로 이용하고 있다. 음악에서 본격화된 혼종성 선호 경향은 대규모 투자로 인한 위험 회피 전략이 필수적인 할리우드 영화에도 잘 드러난다. 할리우드 영화들은 간문화적 상황과 인종적 스테레오타입을 이용해서 영화 분위기를 풍부하게 하고 웃음을 끌어내고 있다. 하지만 이 영화 세계에서 타자와 유색인종은 진보적 이미지와 섹스어필을 위해 사용되는 경향이 강한데, 이것이 초래하는 부작용도 크다. 이것은 역설적으로 다양성을 통제하고, 주도권을 가진 지배세력이 즐길 수 있는 특정한 올바른 방식으로 다름 또는 차이를 재현하기 때문이다. 백인의 시각에서 본다면, 키아누 리브스Keanu Reeves는 혼종적이고, 번역할 수 있는 다름을 가지고 있어서 소외된 감정 없이 그와 자신을 동일시할 수 있다. 반면에 강한 "중국성"을 가진 황추생Anthony Wong은 미국 주류의 시각에서 본다면 종말에 처한 지구를 구하는 영웅 역할을 담당하는 것이 어울리지 않는다. 백인 주체는 이런 배치를 통해 자기효능감을 강화하고, 문화적, 인종적 경계(한계)의 외연을 확장할 수 있는 자유를 획득하게 될 뿐만 아니라 기존 특권을 공유하고 강화할 수도 있다.

문화적 횡단을 통해 형성된 다양한 정체성들을 배열하고 구성하는 것은 기존의 권력관계를 흔들지 못할 뿐만 아니라 오히려 지배 주체가 기존의 강제된 문화적 금기로부터 자유로워지면서 우월적 정체성이라는 지위를 획득하게 만든다. 또한, 본질주의적 정체성이라는 문화적 철장은 차이의 통합을 통해 커지고, 소수자와 주변인을 둘러싼 유희적 맥락은 주류세력의 다채롭고, 만족스럽고 가치 있는 자화상을 만드는데 동원된다. 저들과는 다르다는 지배적인 자화상은 문화 정체성 구성에서 구조적 차별의 역사가 있었다는 사실을 부정하거나 잊게 만든다. 이런 망각은 식민 시기의 역사적 질곡에서 벗어나 느긋하고 즐겁게 문화적 소비를 할 수 있는 토대를 만들어준다.

탈식민 이론 연구자들은 주변화된 주체들의 언술에서 지배적 기호들이 반복되고 전위되면서 전복적 효과를 낳고 있다는 사실을 혼종성에서 밝히고 있다. 호미 바바와 같은 탈식민주의 이론 학자들이 주장하는 문화적 전복과 서발턴 저항 과정으로서의 혼종성[12]과 '주변부 혼종 마케팅'을 위한 산업적 모델로서의 혼종성을 구별하는 것[13]이 필요하다. 상업적인 문화 혼종성은 이주민이나 주변인 또는 소수자의 본질화된 문화를 특정하게 멋진 모습으로 칭송하기 때문에 종종 이국적 취향의 형태로 나타난다. 탈식민 이론에서의 혼종성은 주변화된 집단의 지속적인 동일시 과정과 일상적 실천이 예술적 표현에 양가적으로 나타나는 것에 중점을 두고 있다. 주변부 혼종 마케팅은 지배 집단이 탈식민 담론의 혼종성을 용인하고, 멋진 다름을 소비하거나 전유하도록 하는데, 이를 통해 자기 효능감은 확대될 수 있다. 이 과정에서 배제된 주변인과 소수자는 전통주의자나 근본주의자로 인식되는데, 이들 개인이나 집단은 배제되거나 원치 않는 존재로 전락해서 침묵하거나 비가시적 존재가 될 것을 강요받는다. 따라서 탈식민 논의의 혼종성이 강조하는 일탈이나 전복 또는 월경이 후기 자본주의 시대에도 어느 정도 유효한지에 대해 의문을 제기할 필요가 있다. 즉, 과연 이 혼종성이 주류 사회의 이해관계, 사회적 위계 그리고 문화적 배제와 별개로 작동하는 것인지, 아니면 국가 기관에 의해 경쟁력 향상이나 오락의 대상으로 착취되고 있는 것은 아닌지 살펴볼 필요가 있다. 지배 주체들과 국가적 기획은 문화적 다양성과 다문화 관리가 제공하는 장점을 이용해서 이득을 보려는 의지와 이해관계를 어느 정도 가지고 있기 때문이다.

---

12 호미 바바, 나병철 역, 『문화의 위치』, 소명출판, 2012.(Bhabha, Homi, *The Location of Culture*, New York : Routledge, 1994)
13 Huggan, Graham, *The Postcolonial Exotic. Marketing the Margins*, New York : Routledge, 2001.

4. 국가와 지역 현대화로서의 혼종성

적지 않은 정치인과 행정가 그리고 학자들이 제3의 공간 안에서의 문화적 혼종성에 대해 새로운 메타 서사를 만드는 일에 관심이 있는데, 이 서사는 다양한 행위자들의 욕구 수요에 의해 발견되고 범주화된다. 일부 초국가적 이주민은 자신이 진짜 특별한 혼종적 존재로 거듭나려고 하는데, 이는 자기 홍보와 사회적 신분 상승의 드문 기회를 잡기 위해서이다. 또한, 혼종성에 대한 이들의 새로운 비전은 이전의 다문화주의가 포스트모던하게 재생된 것일 수도 있다. 왜냐하면, 이전의 담론과 마찬가지로 이 혼종성 담론도 본질주의적 가정과 종족 스테레오타입에서 완전히 자유롭지 않기 때문이다. 혼종성은 때때로 안정적이고 총체적인 국가나 종족 또는 지역 문화를 기반으로 한 문화적 혼합으로 간주되고 있는데, 이때 혼종성 내부의 차이는 고려 대상에서 제외된다. 이는 내적 문화적 차이와 사회적 대립이 (건강한) 문화정체성 형성을 억압하거나 이를 파괴하는 요소이고, 이런 차이와 대립은 국가나 종족 또는 지역을 초월해서 존재할 수 없다고 생각하기 때문이다. 이를 기반으로 한 대화적 상상력과 문화적 조화라는 새로운 패러다임인 혼종성은 현재의 폭력적인 인종주의와 젠더, 계급, 성적 문화적 정체성과 연관된 구조적 불평등을 은폐할 수도 있다. 따라서 이런 문화적 혼종성은 문화적 이분법이나 이항대립에 효과적으로 대응할 수도 있지만, 권력관계나 헤게모니를 크게 중시해서 다루지 않기 때문에 이를 강화할 수도 있다.[14]

---

[14] Ha, Kien Nghi, *Ethnizität und Migration Reloaded. Kulturelle Identität, Differenz und Hybridität im postkolonialen Diskurs*, Berlin : Wissenschaftlicher Verlag Berlin, 2004.

또한, 적지 않은 지배권을 가진 국가나 지방정부는 혼종성을 통해 자신의 새로운 이미지를 구축해서 글로벌 자본과 고급인력을 유치하려고 노력하는데, 이는 혼종성이 글로벌 경쟁에서의 경쟁력 확보에 결정적 요소이기 때문이다. 하지만 이와 동시에 국경과 국내 치안 부문에서 혼종적 존재에 대한 경찰 감시도 강화되고 있다. 현재 지구상의 일부 부유한 국가나 지역은 자신들의 복지와 사회적 안전을 유지하기 위해 노력하고 있는데, 외국인 대량 이주와 지구화의 부작용은 이들의 노력을 힘겹게 만들고 있다. 지구화가 상당히 진척된 상황에서 국제 정치의 불안정과 국지적인 무력갈등 그리고 남북 간의 경제적 불평등 심화는 새로운 여행경제traveling economy를 만들고 있는데, 여기서는 다양한 문화적 요소들이 조합되고 재조합되면서 신체와 기호 그리고 언어들이 새롭게 형성되고 있다. 이는 주로 특정 지역에서 벌어지고 있는데, 강한 공권력이 통제하고 있는 이 공간에서는 문화적 자유와 투과성 또는 문화적 일탈은 쉽사리 허용되지 않는다. 이 때문에 대부분의 경우 이 공간에서의 (정치적) 전복의 잠재성에 대해 이야기하기란 쉽지 않다.

1990년대 이후 문화연구와 탈식민 연구가 활기를 띠면서 혼종적 배치와 사이-안 범주는 인기 있는 주제가 되었다. 식민주의, 인종주의, 민족주의 그리고 파시즘이 모더니티와 위험하게 결합하면서 상상된 순수성과 친밀감은 폭력성으로 변질될 수 있는 기반을 갖게 되었는데,[15] 지금까지 간과되어온 제3의 공간에서의 월경 잠재력이 문화적, 정치적

---

15 Broeck, Sabine, "Das Subjekt der Aufklärung−Sklaverei−Gender Studies. Zu einer notwendigen Relektüre der Moderne", In Gabriele Dietze and Sabine Hark(Hg.), *Gender kontrovers. Genealogien und Grenzen einer Kategorie*, Königstein : Ulrike Helmer Verlag, 2006, pp.152~180.

과제로 새롭게 부각되었고 연구되었다. 하지만 문화적 차이들이 어떻게 만들어지고, 어떻게 전시되고 있는지에 대해서는 연구가 상당히 진척되었지만, 이들 차이가 어떻게 만들어지고, 교차하고, 횡단하면서 정치적 양가성이 만들어지는지에 대해서는 아직도 잘 알지 못한다. 이렇지만 이주민과 흑인 디아스포라 문화의 역동성이 새롭게 발굴되자 다수 연구자와 공공기관 그리고 다국적 기업이 이에 관심을 가졌다. 이때 이주민 커뮤니티는 국가경쟁력을 향상하기 위한 수단이나, 초국가적인 인적, 문화적 자본의 네트워크를 가진 존재로 인정받게 되었다. 이는 혼종 집단을 상품화하는 현재의 전형적인 방식인데, 이들 커뮤니티는 지배적 국민국가에 의해 틀이 만들어지고, 주류사회의 이해관계와 취향에 맞는 방식으로 자신의 다름을 증명해야 한다.[16] 이런 과정에서 눈에 보이거나 보이지 않는 새로운 위계와 경계가 만들어지는데, 주변화된 사람들 사이에서는 새로운 형식의 인정과 배제가 만들어진다. 지배적인 주류 사회 구성원의 눈에 '전통적'이라고 인식되는 사람들은 선량하고, 통합 가능한 존재로 보여야 한다는 압박을 받게 된다. 요구된 통합 이미지에 자신을 잘 맞춘 사람은 인정과 보상을 어느 정도 받게 되지만, 이에 부합하지 않거나 다른 방식으로 자신을 위치 지은 사람은 종종 그 대가를 치르게 된다. 이런 과정은 주체-객체 관계에 대한 주류 집단의 기존의 지위에 대해 의문을 제기할 수 없도록 할 뿐만 아니라 오히려 이를 강화한다.

---

16 Steyerl, Hito, "Gaps and Potentials. The Exhibition 'Heimat Kunst' —Migrant Culture as an Allegory of the Global Market", *New German Critique*, 92, Special Edition : Multicultural Germany : Arts, Performance, and Media : Cornell UP, 2004.

이외에도 혼종적 이주민과 이들의 디아스포라 문화는 낡고 쇠락하는 이주 국가를 현대화하라는 요청도 받게 된다. 독일의 경우 오랫동안 혼종적 이주민 수용에 매우 소극적인 태도를 보였으며, 국제 사회는 이주 국가로의 이행 실패 사례로 독일을 자주 꼽았다. 하지만 지난 십여 년 전부터 독일은 이주(이민) 국가로의 전환을 위해 열심히 노력하고 있다. 신규 이주민에 대한 주류사회의 인식도 우호적으로 변화하였는데, 이는 진보적 시민단체와 이주민의 자기 역량화뿐만 아니라 중앙과 지방정부 그리고 경제단체의 이해관계가 서로 맞았기 때문이다. 특히 중앙과 지방정부는 기존에 원치 않았지만, 필요했던 이주민을 이제는 독일을 다채롭고 역동적으로 만드는 존재로 재평가하고 있다. 또한, 이전에 부정되거나 거부되었던 이주민의 문화자원이 이제는 국가 경쟁력 확보의 원천으로 인정받고 있다. 이주민의 문화자원에 대한 관용은 독일의 코즈모폴리터니즘과 지구화 시대의 개방성을 외부의 홍보하는 역할을 하는데, 이는 독일에만 국한된 현상이 아니다.

미디어와 국제적인 스포츠 행사는 현재 서구에서 이주민에 대한 인식전환에 가장 긍정적인 역할을 하고 있다. 하지만 여기서 투사되는 이주민은 대부분 주류사회에 의해 제시된 미와 매력 그리고 건강함에 들어맞으면서도 적당히 오락적이고 대표성을 지닌 사람들만 선택된다는 점에서 문제가 된다. 또한, 이들 선택된 이주민에게는 종종 인종주의나 문화주의의 주장과 유사한 스테레오타입을 기반으로 역할이 분담되는데, 이는 문화주의와 인종주의의 사회적 인식을 부지 부식 간에 자연화할 가능성도 높다. 주류사회는 종족적 소수자에게 개방적이고 동등한 기회를 제공한다는 이미지를 만들 수 있지만, 수용자는 이들이 하나의 통일적이고 순수한 문화적 본질을 가지고 있으며, 삶의 집합적 양식 속에서 동질적으로 살아가고 있다는 인식을 부활시킬 수도 있기 때문이다. 국가적 기획 아래 추동되는 문화산업의 롤모델에 따라 선택된 혼종적 다름을 선호하는 것은 인종주의와 성적 스테레오타입을 강화할 수 있다. 혼종성을 옹호하는 다수의 국가에서는 종족적 소수자는 아직도 코미디언, 가수, 댄서 그리고 스포츠선수로만 자신의 존재 이유를 설명할 수 있으며, 이 기준에서 벗어난 이들에게는 침묵이 강요당하는 잉여 딱지가 붙고 있다. 이는 포스트모던 후기 자본주의 시대 소수 또는 주변부 혼종들이 겪고 있는 하나의 실재이다.

5. 새로운 혼종성 담론을 위해

혼종성 연구가 탈식민 담론을 기반으로 1990년대 이후 본격적으로 진행됐으며, 포스트모던 후기 자본주의 시대에는 학문 간 경계를 넘어서서 활발하게 연구되고 있다. 현재 지구화, 대량 이주, 문화산업, 국가와 지역의 경쟁력 확보와 효용성, 현대화에 대한 욕망 등은 혼종성의 존재 양상을 근본적으로 재구성하고 있다. 이와 같은 변화된 환경과 맥락이 혼종성 연구에서 좀 더 분명하게 고려되어야지만 이것이 갖는 다양한 모습과 한계를 발견할 수 있으며, 이를 기반으로 비판적 성찰이 가능하고, 혼종성의 새로운 존재 방식과 이의 가능성에 대해 새로운 상상력을 얻을 수 있다.

얀 네데르베인 피테르서Jan Nederveen Pieterse에 의하면, 혼종성에 대한 연구에는 혼종화의 발생을 고찰하는 것과 같은 경험적 시각, 혼종성을 하나의 분석 도구로 인식하는 이론적·시각 그리고 특정한 맥락 및 권력 관계에서 경계를 비판하고 혼합의 가치를 인정하는 규범적 시각이 있는데, 이들 세 가지 시각은 각기 다른 주장을 하고 있다.[17] 규범적 시각에서의 연구가 한 동안 활기를 띠었다면, 이제는 좀 더 다양한 사례를 기반으로 한 경험적 연구가 더 활발하게 진척되어야 할 필요가 있다. 또한, 이를 종합한 이론적 연구도 더 탄탄하게 구축될 필요성이 있는데. 인문학이나 사회과학은 궁극적으로 인간의 문제를 다루기 때문에 가치문제로부터 자유로울 수 없으며, 혼종성에 대한 규범적 연구도 이런 의미에서 중요하다. 하지만 이제 혼종성은 특정 분과학문의 전유물이 될 수 없을 정도로 복잡하고 다층적이 되었기 때문에 학문 간 연대와 공유는 더 중요하고 필수적이 되고 있다.

하지만 다수의 혼종성 연구는 아직도 사고를 구획하고, 구조화하고, 분류하는 방식을 취함으로써 현실의 복잡성을 위계화, 분리, 환원하는 경향이 있다. 이는 에드가 모랭의 주장처럼, 우리는 사고의 모호함과 난해함을 없애고 실재의 질서와 명료함을 추구하고, 실재를 지배하는 법칙을 밝힐 것을 요구당하고 있기 때문이다.[18] 하지만 그가 추구하는 복잡성 사고에 따르면 우리가 처한 곤란함과 불명료함, 즉 간단히 정의하는 것과 분명하게 이름 붙이는 것 그리고 우리의 생각에 질서를 부여하는 것은 불가능하다. 그럼에도 불구하고 우리는 현상과 사건, 인간의 맥락과 총체성, 다차원성과 복합성, 현상에 개입하는 우연성을 충실히

---

17 Pieterse, Jan Nederveen, *Golbalization and Culture. Global Mélange*, Oxford : Rowman & Littlefield Publishers, 2015(3th. edition), p.216.

18 에드가 모랭, 신지은 역, 『복잡성사고 입문』, 에코리브로, 2012, 7쪽.

읽어 내려고 노력해야 하는데, 인간의 삶과 사회적 실재는 전체의 의미가 파편화되고, 개별 정보와 사건이 분절된 상태에서 제대로 이해할 수 없기 때문이다. 복잡성 기반의 이해는 문제 해결의 구체적인 방안을 제시하지는 못하지만, 해결을 위한 전략 수립을 지원할 수는 있다. 이런 의미에서 복잡성 패러다임과 혼종성 문제의 접합은 의미 있다. 왜냐하면, 이 문제에는 이성으로 환원되지 않는 감정과 무의식 그리고 감각적인 것이 함께하며, 수많은 상호작용을 통해 형성되는 혼종적 활동은 결코 단순하고 명백하지도 않을 뿐만 아니라 종종 우연과 불확실함의 지배를 받기 때문이다.

혼종적 현상을 복잡성의 관점에서 포착한다는 것은 행위자 또는 주체로서의 인간과 사회적 존재로서의 인간을 접합하는 것이다. 이와 같은 접근방식은 인간과 사회를 단순성이 아니라 복잡성의 시각에서 볼 때 기능하다. 행위자로서의 인간은 사회적 동물이며, 사회는 이 사회구성원들의 개인적 상호작용으로 만들어진다. 사회는 조직되고, 조작되는 총체인데, 개인들의 사회화 또는 문화화는 사회에 되먹임feedback된다. 이런 식으로 개인은 그들 간의 상호작용을 통해 사회를 만들고, 사회는 사회를 만들어가는 개인을 역동적이고 열린 방식으로 주조한다. 통시적으로 본다면 이 과정은 나선형으로 순환하며 이루어진다. 이런 의미에서 사회는 질서와 무질서 그리고 조직의 혼합물이며, 사회구성원 또는 집단들은 서로 상보적이면서도 적대적이다. 이와 같은 시각에서 혼종성을 이해하려면, 인간과 사회의 복잡성과 모호성으로 인해 많은 어려움을 겪게 되는데, 참여관찰과 현지조사 그리고 다양한 문헌 연구는 심층적 이해를 돕는 유용한 수단이 될 수 있다.

참고문헌

김용규, 『혼종문화론』, 소명출판, 2013.

에드가 모랭, 신지은 역, 『복잡성사고 입문』, 에코리브로, 2012.

호미 바바, 나병철 역, 『문화의 위치』, 소명출판, 2012.

Bhabha, Homi, *The Location of Culture*, New York : Routledge, 1994.

Best, Steven and Kellner, Douglas, *Postmodern Theory. Critical Interrogations*, London : MacMillian Education, 1991.

Bhabha, Homi, *The Location of Culture*, New York : Routledge, 1994.

Broeck, Sabine, "Das Subjekt der Aufklärung—Sklaverei—Gender Studies. Zu einer notwendigen Relektüre der Moderne", In Gabriele Dietze and Sabine Hark(Hg.), *Gender kontrovers. Genealogien und Grenzen einer Kategorie*, Königstein : Ulrike Helmer Verlag, 2006.

Featherstone, Mike, *Consumer Culture & Postmodernism*, London : Sage, 1991.

Ha, Kien Nghi, "Hybride Bastarde. Identitätskonstruktionen in kolonialrassistischen Wissenschaftskontexten", In Eva Kimminich(Hg), *Kulturelle Identität. Konstruktion und Krise*, Frankfurt a. M. : Peter Lang, 2003.

Ha, Kien Nghi, *Ethnizität und Migration Reloaded. Kulturelle Identität, Differenz und Hybridität im postkolonialen Diskurs*, Berlin : Wissenschaftlicher Verlag Berlin, 2004.

Hardt, Michael and Negri, *Antonio Empire*, Frankfurt am Main, 2002.

Huggan, Graham, *The Postcolonial Exotic. Marketing the Margins*, New York : Routledge, 2001.

Hutnyk, John, "Adorno at Womad. South Asian Crossovers and the Limits of Hybridity-Talk", In Pnina Werbner and Tariq Modood(Hg.), *Debating Cultural Hybridity*, London : Zed Books, 1997.

Jameson, Frederic, *Postmodernism, or, The Cultural Logic of Late Capitalism*, London : Verso, 1991.

Kellner, Douglas, "Critical Theory and Cultural Studies", In Jim McGuigan(Hg), *Cultural Methodologies*, London : Sage, 1997.

Nash, Kate, *Contemporary Political Sociology. Globalization, Politics, and Power*, Oxford-Malden / Mass. : Blackwell, 2000.

Pieterse, Jan Nederveen, *Golbalization and Culture. Global Mélange*, Oxford : Rowman &

Littlefield Publishers, 2015(3th. edition).

Schneider, Irmela, "Von der Vielsprachigkeit zur "Kunst der Hybridation". Diskurse des Hybriden", In Schneider, Irmela and Christian W. Thomsen (Hg.), *Hybridkultur : Medien, Netze, Künste*, Köln : Wienand, 1997.

Smart, Barry, *Postmodernity. Key Ideas*, New York : Routledge, 1993.

Steyerl, Hito, "Gaps and Potentials. The Exhibition 'Heimat Kunst'─Migrant Culture as an Allegory of the Global Market", *New German Critique*, 92, Special Edition : Multicultural Germany : Arts, Performance, and Media : Cornell UP, 2004.

도시이론과 로컬리티 연구의
계보학적 관계

장세룡

1. 도시이론의 동향

로컬리티 연구는 기존의 도시와 지역city / urban and regional 연구와 도대체 무슨 차이가 있는가? 다시 말하면 도시와 지역 연구가 이미 활발하게 이루어지고 있는데 로컬리티 연구라는 새로운 영역을 설정한 이유가 무엇인가? 도시와 지역 연구는 로컬리티 연구가 이론적 정당성을 확보하는데 여전히 중요한 기반이다. 특히 도시는 전지구화 시공간에서 갈등하는 사회적 관계들을 집약해서 표상하는 공간이며 자본과 노동의 가장 치열한 활동 현장이며, 국가와 전지구화의 조건이 로컬local과 로컬리티로 호명하는 요소들과 상호작용하는 공간이다. 로컬리티 연구의 출발점은 전지구적 자본이 주도하는 공간의 재구성과 재편성이 기존의 도시와 지역을 이해하는 구조와 관계틀을 넘어 복잡한 다중공간규모multi-scalar로 작동하는 양상을 설명하는 개념의 필요성 인식에서 비롯되었다. 이런 인식은 기존의 도시와 지역연구에서도 나타났지만, 전지구화가 초래한 도시와 도시, 도시 내부들, 도시 내부와 외부의 관계 맺기를 새롭게 조망하려는 시도가 자극했다. 현재 도시연구는 크게 보면 세계도시론, 탈근대 도시론, 일반도시론 등이 설명력을 경쟁하고 있다. 모든 도시이론은 잠정적이지만 도시들의 공통적 측면을 강조하는 측면과, 모든 개별 도시들을 불가역적 특별 사례로 주장하는 입장으로 나뉜다.[1]

도시이론의 혁신에는 지난 세기말 앙리 르페브르를 계승한 데이비드 하비의 정치경제학적 도시이론과[2] 마누엘 카스텔의 네트워크 사회이론이 크게 기여했다. 전자가 자본의 공간생산 영역인 도시 내부의 공간 분할과 갈등을 검토했다면, 후자는 전지구화론자ultra globalist로서 자본의 초국적 이동성과 정보통신 및 컴퓨터 기술의 발달이 세계경제의 상호연계성 강화로 장소의 의미를 약화시켜 도시의 해체를 초래할 것으로 예견했다.[3] 이런 관점은 탈근대주의와 결합하여 장소성과 이동성

---

1 Allen J. Scott and Michael Storper, "The nature of cities : The scope and limits of urban theory", *International Journal of Urban and Regional Research*, Vol 39 No 1, 2014, pp.1~15.

2 David Harvey, Urban Experience, Blackwell, 1989; 초의수 역, 『도시의 정치경제학』, 한울, 1996; Spaces of Capital : Towards a Critical Geography, Edinburgh U. P., 2001.

3 Manuel Castells, The Informational City, Basil Blackwell, 1989; 최병두 역, 『정보도시─정보기술의 정치경제학』, 한울, 2001에서 IT와 접목된 자본, 정보, 서비스의 초이동성 흐름과 결절지(node) 생성 등의 현상을 무장소성(placelessness)과 초이동성(foot-looseness)의 허브(hub)와 결절지로서 위계를 갖는 연결망이 새로운 도시공간을 '흐름의 공간'이며 정보화 사회의 연결망이 자본의 흐름, 정보의 흐름, 조직적 상호작용의 흐름, 이미지·소리·상징의 흐름들을 가속화하며 출현하는 "시간을 공유하는 사회적 실천의

을 동시에 포섭하는 LA 학파의 탈근대도시론이 대두할 계기를 제공한 측면이 있다. 하비가 도시를 산업자본주의의 오랜 역사적 운동과 연관시켜 계급갈등을 도시 현상의 중심에 설정한 관점은 존 프리드먼과 괴츠 울프의 세계도시world city / global city 개념으로 전유되었다.[4] 곧 ① 도시의 구조적 변화는 세계경제와 도시의 통합 형식 및 정도와 연관 있다. 이는 앤서니 킹이 '역사적 축적의 공간적 패턴', 피터 마쿠즈 와 로날드 반 켐펜이 도시발전에 역사적 배경을 깊이 강조한 것과 연관 있다.[5] ② 일부 도시는 도시 지역을 공간조직 및 생산과 시장을 절합한 '기본 지점들'로 사용하며 전지구적 자본의 연계도구로서 '복잡한 공간적 위계'로 배치된다. ③ 뉴욕, LA, 파리, 런던, 사웅 파울로 같은 대도시의 구조적 변화는 세계도시와 도시의 통합 형식 및 통합정도와 연관되고 '세계도시'들의 기능은 생산 및 고용분야에서 금융업 중심의 후기산업경제, 탈근대적 문화의 구조와 역동성으로 표명된다. 자치조직 본부, 국제금융, 전 지구적 수송 / 통신, 고급기업의 집중은 전문직 고임금노동자와 주로 이민자로 구성된 저임금 노동자의 고용증대와 경제성

물질적 조직"이라고 규정. 한편 *The Rise of The Network Society*, Blackwell, 2000. 마뉴엘 카스텔, 김묵한 외역, 『네트워크 사회의 도래』, 한울, 2003, 536쪽, '흐름의 공간'에는 3층위 ① 극소전자, 원격통신, 컴퓨터 프로세싱, 정보기술 방송 시스템, 고속교통망 등을 포함하는 전자기술적 하부구조 ② 각 장소들은 허브나 결절의 연결망에서 위계적으로 조직되며, 이 위계는 수행되는 활동들의 진화에 따라 가변적 ③ 관리 엘리트의 공간조직에는 이들만의 특수한 현시공간을 만들어 자신들 만의 상징과 부동산 가격으로 차단된 공간에서 부족적 하위문화를 소유하며 각 지역의 역사성을 말살시킨다.

4 John Friedman and Goetz Wolff, "World City formation : An agenda for research and action", *International Journal of Urban and Regional Research*, Vol 6 No 2, 1982, pp.309~339.

5 Anthony King, Urbanism, Colonialism and World-Economy, Sage, 1991; Global cities, post-imperialism and the internalization of London, Sage, 1991. Peter Marcuse, Ronald van Kempen, "A changed spatial order", *Marcuse and van Kempen*, Globalizing Cities : A New Spatial Order? Blackwell, 2000, pp.249~275.

장에 기여한다. 세계도시는 정보, 뉴스, 엔터테인먼트 등 문화산업의 생산과 보급에 중심 역할을 수행하지만 동시에 소득 불평등이 빈부격차와 사회불평등을 심화시킨다.[6] 이런 평가는 LA 학파의 탈근대도시이론과도 여러 부분에서 겹치며 상호보완적으로 이론을 확장하는 측면을 보여준다.

잘 알려진 세계도시론자 사스키아 사센은 20세기 말 전 지구적 신자유주의 질서가 관철되면서 현대사의 가장 중요한 현상 가운데 하나로 각 지역의 국지적 경제가 단일 세계경제 체제로 통합된 점을 지적했다.[7] 프리드먼의 견해에 크게 힘입은 이 가설은 도시를 세계경제의 글로컬한 공간적 양상들과 연관시킨다. 반면에 미국의 인류학자 그레고리 스티븐스나 로저 샌젝 등은 '세계도시' 개념이 지방자치 및 자치조직의 이익을 초국적 기업 및 로컬기업의 이익에 유리한 발전전략 도구로 삼는다고 회의적인 입장을 취한다.[8] 한편 최근 세계도시 개념이 서구도시 중심의 경제주의, 종족중심주의 특히 발전주의를 표상한다고 비판하며, 탈식민주의 입장에서 도시들의 다양성을 강조하는 입장이 대두했다. 이들은 도시세계의 복잡한 시공간 순환과 다양성과 우연성으로 점철된 삶의 상호연관성을 강조하며 모든 도시는 '일반도시들ordinary cities'이라고 호명한다.[9] 도시의 독자적 개별성과 다양성을 강조하는 이 관점은 전지구화가 관철되는 도시들의 층위와 내부의 균열에 관심을 기울이는 세계도시

6 Mark Abrahamson, Global Cities, Oxford U. P., 2004, pp.121~138.
7 Saskia Sassen, *Mobility of Labour and Capital : A Study in International Investment and Labour Flow*, Cambridge U. P., 1990.
8 Gregory Stevens and Roger Sanjek eds., Race, Rutgers U. P., 1994.
9 Jennifer Robinson,"Global and world cities : a view from off the map", *International Journal of Urban and Regional Research*, Vol 26, 2002, pp.531~554.

이론과 탈근대도시이론이 과잉 표상이라고 거부하며 새로운 전망을 모색한다.[10] 이 장의 목적은 이들 도시이론에서 로컬리티 개념의 계보를 추출하고 필요한 주제들을 검토하여 연구의 정당성을 확보하는데 있다.

2. 포스트맑스주의 세계도시 이론과 로컬리티 개념의 출현

세계도시론은 크게 4가지 입장으로 구분가능하다. ① 포괄적encompassing 비교방법 : 프리드만, 사스키아 사센, 앤소니 킹 등 ② 개별화individualizing 비교방법 : 많은 사례연구 ③ 보편화universilizing 비교방법 : 에드워드 소우저 ④ 변수 발견variation-finding 방법 : 피터 마쿠즈, 로날드 반 캠펜, 자넷 아부-루고드 등의 연구가 그것이다.[11]

그럼 세계도시론은 카스텔의 네트워크 사회이론과는 어떤 차이가 있는가? 카스텔에게 도시는 전자미디어와 전자네트워크가 창출하는

---

10 세계도시 이론을 변호하는 입장은, Richard G. Smith, "The ordinary city trap", *Environment and Planning A*, Vol 45, 2013, pp.2290~2304. Michiel van Meetreren, "Can the straw man speak? An engagement with postcolonial critiques of 'global cities research'", *Dialogues in Hunan Geography*, Vol 6 No 3, 2016, pp.247~267. '일반도시들' 이론을 지지하는 입장 Ananya Roy and A. Ong, "Who afraid of postcolonial theory?", *International Journal of Urban and Regional Research*, Vol 40 No 1, 2016, pp.200~209.

11 Neil Brenner, "World city theory, globalization and the comparative-historical method : Reflections on Janet Abu-Lughod's interpretation of contemporary urban restructuring", *Urban Affairs Review*, Vol 37 No 1, 2001, pp.124~147. 세계도시론자 아부-루고드는 포스트포디즘과 전지구화를 강조하는 관점을 비판하고, 시간적 공간규모, 공간적 공간규모 및 근본적 사회발전 과정의 역사적 독특성으로 이해를 시도한다. Janet Abu-Lughod, *New York, Chicago, Los Angeles : America's Global Cities*, University of Minnesota Press, 2000.

극소전자 기반의 새로운 결절과 허브를 가진 정보사회에서 멀티미디어 시스템으로서 등장 한다. 경제든 문화든 중요한 것은 지식정보의 역할이 아니라 그 증가가 가져오는 사회적 결과 곧 자아와 사회 사이의 관계 변화이다. 어떤 기업이든 도시든 흐름의 공간과 초시간적 시간이 장소를 대체하고 시간을 소멸시키는 새로운 문화가 등장하여 네트워크의 활용 능력에 따라 자아는 물론 사회의 운명이 달라진다. 특히 네트워크 사회의 중핵은 신경제 네트워크 기업과 가상현실 문화에 두어진다.

> 지구상에 불균등하게 분포된, 다국적 기업들이 장악하고 있는 초국적 생산네트워크가 지구적 생산패턴 그리고 궁극적으로 국제무역 패턴을 형성한다.[12]

네트워크 사회이론은 정보기술혁명론→생산 방식 및 경제구조의 변화→정치적 과정 및 권력구조의 변화→생활양식 및 소비양식의 변화→문화변동을 가져온다는 선형적 인과관계를 제시한다. 네트워크 은유는 그것의 통합성과 분열성, 전 지구적 경제의 체계적 충만성에서 전지구적 자본주의를 묘사하여 결절지를 이동하며 연계하고 변경되는 내부적 구성과 배치를 함축한다. 결절지는 국가공간에서 전 지구적으로 구조화된 공간에서 다양한 경제활동으로 교차하는 장소이다. 이 전 지구적 경제의 결절지가 경제, 정치 및 문화적 권력의 결절지와 반드시 일치하지는 않는다.

---

12 Castells, *The Rise of the Network Society*, 2nd ed., Wiley-Blackwell, 2010, p.123.

카스텔은 흐름의 공간에서 새로운 결절지도 생성될 것을 전망한다. 특히 새로운 반주변부에 전지구적 경제를 대상으로 결정적 기능을 수행하며 지휘, 생산, 경영 등의 상위 기능, 미디어 통제, 진정한 권력과 메시지를 창조와 확산하는 상징적 능력이 결합된 1천만 인구 이상의 메가시티(북경, 서울, 뉴델리, 멕시코시티, 리우 데 자네이로 등)가 출현할 것이었다.[13] 이 도시는 세계도시와 유사한 측면이 있지만 카스텔은 오직 노동과 기술공학에만 집중하여 국가, 정부기관, 기업의 모든 활동을 초국적 생산 네트워크의 작동과정이며 그 네트워크들이 '분권화된 초국적 위치'를 강조한다. 그러나 도시들과 도시내부에서 주체의 분산, 탈중심화, 전자민주주의만 강조하고 그것을 추동하는 자본과 관리 권력 및 노동의 관계를 비롯한 복합적 불평등과 모순의 표출 시도가 미흡하다. 사회구조화에서 조직적 양상, 곧 비정부조직 기구와 대학조직 및 다국적 기업처럼 거의 대안공간화한 초국적 조직은 물론 도시의 질성 평가 기준도 네트워크에 포함 여부로만 관계를 설정하여 공간의 다공성과 주변성을 소홀히 다룬다. 그 결과 다양한 도시 내부의 권력 장악과 권력 행사가 성장의 집중과 불평등을 초래하는 양상을 이해하는 토대로 삼기에는 미진하다.[14] 또한 로컬리티의 다중공간성을 이해하는데 제한요소로 작용하므로 설득력이 한정된다.

프리드먼의 세계도시론은 이주 현상과 이민자 및 비공식 경제의 증

---

13 사회적 및 물리적으로 세계적 네트워크 또는 자신의 국가와 연결되지만, 내부적으로는 기능적 필요성이 없거나 사회적 문제를 야기할 가능성을 가진 지역주민들과는 단절된 새로운 도시 형태로서 공간적 파편들, 기능적 조각들 및 사회적 분절들을 불연속적으로 배열하는 것이 특징이다. 마뉴엘 카스텔, 김묵한 외역, 앞의 책, 527~530쪽.
14 최근 각광받는 '이동성(mobility)' 문제가 이와 같은 논리적 한계에 직면한다.

가[15] 및 초국적 경제 흐름과 그 결과로서 도시인구와 도시 공간에 끼치는 영향에 주목한다. ① 세계도시는 '국제자본의 집중과 축적' 장소로 작용한다. 일부 국가와 도시들이 발전의 혜택을 얻는 반면 다른 쪽은 자신들의 입지를 손상시킬 정도로 국제적 채무의 증가를 초래한다. ② 경제적 성장에도 불구하고 세계도시들은 산업자본주의의 모순, 특히 공간 및 계급의 양극화를 초래한다. 노동조합적 고용의 퇴위와 노동조합에 가입하지 않는 개인 / 소비자(가내, 상점, 식당, 엔터테인먼트)로 대체는 이들의 영업지대가 금융 / 기업 서비스의 영역과 병렬하므로 소득과 거주공간을 더욱 양극화시킨다. 이런 압력을 받으면서 중간급 수입자들은 숫자가 감소한다. ③ 그 결과 세계도시의 비용은 자주 국가의 재정능력을 능가하고 지방정부를 약화시킨다. 초국적 자본이 추동하는 욕망을 경제적 하부구조로 삼고 엘리트의 지지를 받는 사회적 재생산은 국가 정책 / 행동에서 지배적 힘들로 기여한다. 그러므로 '자본 축적의 짐은 정치적 최약자로 부터 가장 조직되지 않은 분야의 인구들로 체계적으로 전가된다. 자치조직 및 국가이익의 이름으로 경찰의 억압은 가난한 거주민들을 더욱 주변화 시킨다.[16]

사센의 '세계도시'는 과거의 일국적 대표도시로서 '세계도시world city'와는 무슨 차이가 있는가? 그것은 전지구적 차원에서 규정되며 몰역사적 개념이 아니라 공간적 차이에도 불구하고 신자유주의적 전지구화라는 현대의 지구적 자본주의의 특성을 갖는 도시를 일컫는다.[17] 강력한

---

15 Friedmann, "The World City Hypothesis", *Development and Change*, Vol 17 No 1, 1986, pp.69~83.
16 Friedmann, "Where we stand : A decade of World City research", *P. L. Knox and P. J. Taylor eds.*, World Cities in a World System, Cambridge U. P., 1995, pp.21~47.

세계도시에 은행, 금융, 기업의 기획 및 관리부문이 더욱 집중되면서 전세계적 부와 권력의 분포도 변화하고 도시체계의 구조와 기능, 도시의 사회적 삶의 본질에 엄청난 영향을 미친다. 뉴욕, 런던, 도쿄와 같은 정치, 경제 및 문화적 권력의 결절지인 세계도시의 부와 권력은 증가하고 있으며, 대량 생산과 대량 소비를 목표로 삼은 포드주의 시대 전통적 산업도시는 내부에 경제적 쇠퇴를 경험하고 있다. 거기서 우리는 핵심노동자와 주변노동자, 첨단기업과 전통기업, 중산층 거주공간과 하층 노동자 거주 공간, 여피yuppie문화와 근대적 계급문화 사이에 심화되는 양극화를 포착한다. 포드주의 시대의 경제활동의 지리적 분산은 이윤과 기업 소유의 분산을 초래했지만, 세계도시는 경제력 집중과 더불어 관리와 통제의 집중화가 더욱 필요한 한편 첨단산업의 혁신을 주도하는 생산 장소이자 소비 장소 역할을 감당 한다. 세계도시는 파리, 프랑크푸르트, LA, 마이애미, 시드니, 암스테르담, 밀라노, 홍콩, 두바이, 상하이, 싱가포르 등이 열거되며 계속 증가하는 추세이다. 이 도시들은 세계경제 활동의 운영과 관리에 필요한 고차적인 지식서비스 기능을 하는 기구와 디지털 원격통신 시설 등 역량이 혼합된 고임금 직장이 집중된 장소이다. 다국적 기업의 본사가 집적하며, 경제활동의 지리적 분산과 체제통합을 추동하는 세계화의 진행 결과 서로 결합 및 연동하는 네트워크에서 지속되는 경제활동의 통제 지점이다.[18] 세계도시가 후기산업사회의 선도 산업인

---

17 Saskia Sassen, *The Global City : New York, London, Tokyo*, 1991, Princeton University Press, 2ded., 2001, pp.258~284.

18 사센은 세계도시가 1990년대에 급속도로 증가했고 비록 그들의 주요한 글로벌 트렌드를 형성하고 새로운 도구를 발전 / 창조하는 능력 자체는 다양하지만 오늘날 100개 이상이 산재 한다고 평가한다. Sassen, "The Global City : Enabling economic intermediation and bearing its cost", *City and Community*, Vol 15 No 2, 2016, pp.98~99. Peter J.

금융업과 전문화 서비스업의 생산 장소이며, 기업과 정부가 금융상품과 전문화 서비스 활동을 구매하는 정보산업과 초국적 관계망 서비스 시장 역할을 수행한다.[19] 이 관점은 카스텔의 네트워크 사회론과 너무 비슷해서 과연 무슨 차이가 있는지 궁금하게 만든다. 그 차이는 다름 아닌 사센이 여전히 영토성territoriality과 장소성placeness을 중요한 공간으로 설정하는 점이다. 로컬리티 개념을 도출할 계기도 여기서 비롯한다.[20] 그 결과 도시는 자본주의 전지구화의 극명한 모순을 표출하는 장소place이며, 전지구적 관계망이 초지역적 공동체와 정체성을 형성하여 새로운 정치지형을 생성하는 공간으로 부각된다.

사센은 국가영토 안에서 전지구화의 진행 과정에서 초국적 시장공간으로 발전하는 세계도시의 스펙타클 건조 환경과 그에 부수되는 저임금 직장의 불평등 양상을 새로운 개념과 연구 전략으로 접근했다. 곧 신자유주의 전지구화가 특정 지역이나 도시에 세계경제 체제의 지배를 일방적으로 관철시키지는 않고 전지구화globalization와 지방화localization 라는 상이한 공간 차원에서 모순적 생산을 작동시키는 양상에 주목했다.[21] 곧 '글로컬화glocalisation'라는 용어로 전 지구적 차원과 지방적 차원이 중복해서 겹치는 사회적 공간을 드러내면서 단순히 국가의 한 부

Taylor and Ben Derudder, World City Network : A global urban analysis, Routledge, 2004, 2nd ed. 2016, pp.52~62.

19 Sassen, Cities in a World Economy, 1994, Calif. Thousand Oaks : Pine Forge Press, 3rd ed., 2006; 사스키아 사센, 남기범·이원호·유환종·홍만옥 역, 『세계경제와 도시』, 푸른길, 2016.

20 Sassen, *Territory, Authority, Rights : From Medieval to Global Assemblages*, Princeton University Press, 2006, pp.386~398.

21 Sassen, *Losing Control? Sovereignty in An Age of Globalization*, Columbia University Press, 1996, p.33.

분인 지방이 아니라 전 지구 및 국가와 연결된 로컬에서 표명되는 균열과 모순에 관심을 촉구했다.

한 주권국가의 영토에 자리 잡은 국가의 작동과정이나 구성요소의 실체는 그것이 반드시 국가적 과정이나 실체를 의미하지는 않는다. 그것은 전지구화의 국지화나 국가적인 것의 탈국가화 사례로 볼 수 있을 것이다. 대부분의 그런 실체들과 과정들이 국가적인 것으로 보일지라도 물질성에서부터 상상력에 이르기까지 그렇지 않은 사례들을 확립하려는 경험적 연구의 필요성이 점증하고 있다. 오늘날 우리가 국가적인 것으로 계속 해독하는 것들도 정확하게 살펴보면 실제로는 지방화(localization)나 또는 탈국가화(denationalization)의 사례일 것이다.[22]

자본이 추동하는 '전지구화'가 가속화 되면서 지구촌이라는 보편적 공간 의식의 증대와 함께, 그에 상응하여 '장소'로서 '로컬'에도 관심이 역시 증가했다.[23] 이 때 로컬은 기본적으로는 자본생산과 이동의 결절지로서 도시를 중심으로 사유를 출발하지만 광역도시권metropolitan, 도시집결체urban assemblages 등 다중공간규모multi-scalar 등의 복합도시공간이 생성되는 점에 착안한다. 여기서 글로컬이나 로컬이라는 용어는

---

22 Sassen, "Introduction : Deciphering the Global" in Sassen ed., *Deciphering the Global : Its Scales*, Spaces and Subjects, Routledge, 2006, p.2.

23 Mattias Middel and Katja Naumann, "Global history and the spatial turn : from the impact of area studies to the study of critical junctures of globalization", *Journal of Global History*, Vol 5, 2010, pp.149~170. Donald Mitchell, Cultural Geography : A Critical introduction, Blackwell, 2000; 돈 미첼, 유제헌 외역, 『문화정치, 문화전쟁』, 살림, 2011, 163쪽.

국가적 차원을 배제하는 것처럼 보일 수 있다. 그러나 비록 전지구화가 '탈국가화' 과정이기도 하지만, 여전히 국가가 조절하고 작동하는 제도와 관계망은 이 글이 목포로 삼는 전지구화 시대 로컬리티 공간의 지형도 이해에 중요하다. 이 관점에는 곧 국민국가 공간을 중심에 두고 전지구화 공간과 로컬 공간이 시차를 둔 재편성을 급속하게 진행하면서 영토화와 탈영토화를 거듭하는 현실을 설득력 있게 설명할 과제와 직면한 것이 작용했다.

'초국적 도시이론'을 표방하는 마이클 스미스의 경우는 카스텔의 '네트워크 사회이론'은 물론 사센의 '세계도시' 이론이 국가적 경계와 정체성이 점차 중요성을 상실하고 있다는 전망에서 전지구화와 국민국가를 서로 배타적이며 적대적 개념으로 범주화한다고 비판한다.[24] 특히 '세계도시론'이 전지구화라는 구조적 과정을 지나치게 강조한다고 비판하며, 여전히 국가들의 경계와 정책 및 정체성을 중시하며 도시를 국민국가적 실천과 초국적transnational 실천이 상호작용하는 사회구성체로 평가한다. 그것은 국민국가 내부에서 개별 및 집단행위자가 정치적·사회적 실천에서 공간규모 도약jumping scales을 감행하는 의사소통 행위와 정치적 기획 목표를 공유하는 역할에 초점을 둔다. 도시들은 서로 교차하는 초국적 의사소통 회로와 서로 관통하는 지역적·초지역적·초국적인 사회적 실천 곧 특정 시기에 특정 장소에 '수렴된' 실천들의 결과 장소 만들기, 권력적 차이의 사회적 특수성, 개인과 그룹, 국

---

24 Michael Peter Smith, *Transnational Urbanism : Locating Globalization*, Blackwell, 2001; 마이클 피터 스미스, 남영호 외역, 『초국적 도시이론—지구화의 새로운 이해』, 한울, 2010, 93쪽. "세계도시 담론이 교차하는 초국적 연계망을 위계적으로 포개놓으며 세계도시들에 경제적 질서체계를 부여하여 전 지구적 도시위계를 구성 한다."

가적·초국가적 정체성, 그것들의 차이가 만드는 사이공간과 도시 밑바닥에서 비롯된 역동성과 행위성이 정치적 쟁점을 만들어낸다.[25] 초국적 도시이론은 도시에서 사회경제적 기회, 정치적 구조 혹은 문화적 실천 행위와 연관되므로 문화적 은유의 측면도 부각시킨다.

주목할 점은 스미스가 LA의 도시성 탐색을 시도하며 도린 매시를 전유하여 로컬 공간과 장소를 담론과 문화적 맥락에서 발견하는 것, 그리고 그 요소들을 전지구적인 것과 지역적the local인 것이 접합한 산물로서 로컬리티locality라고 호명한 사실이다.

> 로컬리티와 공동체의 인식들은 어떻게 상이한 시공간의 배치에서 담론적으로 구성되는가? 이런 인식들에서 생겨난 이해들이 어떻게 내면화되고 존속하는가? 로컬리티들 내부에 정치적으로 현저한 차이가 생성되는 데는, 로컬리티들이 상호의존성을 갖게 하는 그들 경계 '바깥' 세계와의 문화적·정치적·경제적 연관들이 어떤 역할을 수행하는가? 지구적·지역적 대중매체는 사회적으로 구성된 공동체들과 그들이 구성해놓은 타자들의 영역들에서 그 이해와 실천이 형성되는데 어떤 틀을 제공하는가?[26]

도린 매시가 '로컬' 공간은 항상 '전지구적' 힘들의 생산물이었다고 지적한 것은 전지구화가 로컬의 경제와 문화를 회유와 폭력을 결합하여 포섭하거나 로컬이 이에 맞서 비틀기와 저항을 시도하며 재구성 및 재편성되는 양상에 주목한 것이다.[27] 알튀세주의자 매시는 공간을 기

---

25 마이클 피터 스미스, 남영호 외역, 앞의 책, 24쪽.
26 위의 책, 195쪽.

본적으로 차이 특히 성별gender, 인종 또는 계급을 표명하는 구성물로 서 규정하는 사회구성주의 입장에서, 상징적 가치와 특수한 공간과 장 소들을 상호관계의 산물이고 다원적인 것들이 공존하는 다중성의 장으 로 규정한다. 그리고 그것이 언제나 구성중이며 미완성의 것으로서 변 화에 열려 있다고 진단한다. 흔히 전지구화는 공간, 자본, 역사, 행위주 체성과 연결시키는 반면에, 장소는 노동, 전통, 여성, 하위집단 및 빈민 나아가 로컬문화와 연결시키고 전지구화의 불가피한 희생물로 묘사되 는 경향이다. 그러나 매시는 권력이 작동하는 동시성의 장으로서 다중 공간을 상상하는 것이 가능하도록 주도적 담론들을 더욱 폭넓은 문화 적 맥락에서 발견할 것을 강조했다.

로컬을 전지구화의 산물로 상상하는 것은 아주 일반적인 일이다. 하지만 그 반대의 산물 곧 즉 전지구화를 로컬 구성원의 산물로 상상하는 것은 쉽 게 무시된다. 일반적으로 로컬 장소들은 전지구화의 생산물로 이해된다. 이때 로컬 장소는 국민국가이거나 도시이거나 아니면 작은 규모의 로컬리 티가 될 수 있다. (…중략…) 로컬─글로벌 정치는 장소에 따라서 상이하게 구조화된다. 하물며 전지구적 제도조차도 그런 특수성을 인정하는 것이 필 요하다.[28]

이와 같이 다중공간으로서 로컬의 위상이 설정되면서 그 역할을 두

---

27 Doreen Massy, *Space, Place and Gender*, Cambridge U. P., 1994: 도린 매시, 정현주 역, 『공간, 장소, 젠더』, 서울대 출판문화원, 2015.

28 Doreen Massy, *For Space*, London : SAGE, 2005: 도린 매시, 박경환·이영민·이용균 역, 『공간을 위하여』, 심산, 2016, 197, 201쪽

고 다양한 평가가 이루어졌다. 아리프 딜릭은 신자유주의적 전지구화의 맥락 안에서 장소로서 '로컬'이 지니는 잠재적 행위주체성을 강조했다. 이것은 로컬리티 연구를 고무시킨 중요한 명제 가운데 하나이다.[29] 로컬을 흔히 자본주의를 비틀고 맞서며 대립하는 '진정한 공동체'의 장소로 보는 관점을 어떻게 평가할 것인가? 데이비드 하비의 경우 포스트모던 정치가 강조하는 '타자성'과 '권역적 저항'이 어떤 특수한 '장소'에서 번성할 수는 있다는 측면을 어느 정도 인정한다. 하지만 그들은 실제로는 보편적으로 파편화된 공간을 조정하는 자본의 능력과 '그들 가운데 어떤 특정한 것의 범주 바깥에 놓여있는' 자본주의의 전지구적인 역사적 시간의 행진에 너무 자주 종속되어버린다고 비관적으로 평가했다. 곧 로컬리티를 대변하는 운동들이 승리한 사례가 소수 있긴 하지만 결국 자본에 종속으로 귀결되고 만다는 평가인 셈이다. 사실 카스텔도 '흐름의 공간'에서 로컬을 경제 및 기술적 재편에 포위되어 소멸위기에 처한 문화 및 정치적 의미들을 지키는 사회운동 공간이라고 묘사한 바 있다.[30] 도린 매시는 이런 견해가 '장소옹호' 담론 곧 전지구화에 맞서 로컬을 정치적으로 옹호하는 담론 안에 머물러 있다고 비판적으로 평가했다. 그 대신 전지구화는 관계적인 것이며 거기서 '장소'는 폭넓은 '권력의 기하학'이 교차하는 지점이자, 장소 그 자체와 '전지구적인 것'을 구성하는 요소이다. 공간을 지속적 변화 과정에 있는

29 cf. Arif Dirlik, *Global Modernity —Modernity in the Age of Global Capitalism*, Paradigm Publisher, 2007; 아리프 딜릭, 장세룡 역, 『글로벌 모더니티 – 전지구적 자본주의 시대의 근대성』, 에코리브르, 2016.

30 David Harvey, *The Condition of Postmodernity : an enquiry into the origins of culture change*, Blackwell, 1989. 데이비드 하비, 구동회·박민영 공역, 『포스트모더니티의 조건』, 한울, 1994, 2006; 카스텔, 『네트워크 사회의 도래』, 한울, 527~530쪽.

권력 지형의 개방적 산물로 이해하는 관점에서, 로컬 장소는 단순히 전지구적인 것의 희생물인 것은 아니고 그렇다고 전 지구적인 것에 대항 가능한 정치적인 것도 아니라는 말이다.[31] 한편 마이클 스미스는 도린 매시에 대한 자신의 지적 채무를 인정하면서도 그의 로컬리티 이론이 로컬을 초국적 흐름과 연관성을 온전히 드러내는 작업이 결여된 채로 그들을 전지구화의 진행과 단절이나 고립된 장소성의 요소 또는 희생자로 묘사할 뿐 아니라, 더 나아가서 초국적 공간에서 사회적 행위자들을 '아래로부터below' 본질화 하는 경향이 있다고 비판한다.[32] 이것은 로컬리티 연구가 장소성의 이름으로 지역화된 공동체주의 곧 '공동체로서 로컬리티' 논리에 쉽게 빠져들어서 수많은 경계초월자들의 사회문화 및 정치적 행동에 내재한 복합적 함의를 간과하기 쉽다는 지극히 적실성을 가진 비판인 셈이다.

3. 탈근대주의 도시이론과 로컬리티의 전체화 가능성

탈근대 도시이론이 성립된 주요 배경 도시는 잘 알려진 흔히 LA로 약칭되는 로스엔젤리스이다. LA는 1970년대 이후 캘리포니아 선벨트 지역 도시들이 급성장하고 자동차가 도시내부 이동에 본격적으로 이용되면서 발달한 대표적인 도시이다. 특히 많은 교외도시가 발달하여 광역대도시권metropolitan area을 이루고 미국 제2의 도시로 등극했다.[33]

---

31 도린 매시, 『공간을 위하여』, 심산, 198쪽.
32 마이클 피터 스미스, 『초국적 도시이론―지구화의 새로운 이해』, 한울, 189쪽.

LA는 흔히 미국사회에서 20세기는 물론 21세기 메트로폴리스의 패러다임을 보여주는 도시로 평가 받는다.[33] LA를 세계도시로 개념화한 사센과 비슷한 입장은 포스트모던 지리학자 에드워드 소우저에서도 목격한다. 소우저는 데이비드 하비등과 함께 앙리 르페브르를 계승하는 포스트맑스주의 정치경제학적 공간이론가이지만, 또한 장 보드리야르, 미셸 푸코, 프레더릭 제임슨, 자크 데리다 등을 원용한 포스트모더니즘을 도전적으로 받아들여 마이크 데이비스와 함께 탈근대주의의 전제들을 도시연구에 수용했다.[35] 소우저는 LA가 영화산업을 전지구적 문화로 확장하는 중심지 곧 대중문화의 선도지역이라는 측면 뿐 아니라 정치경제적 전지구화가 급진적으로 전개되는 차원에서 세계도시라고 이해한다. 동시에 그는 또한 오늘날 지구상의 도시는 비록 정도의 차이는 있지만 모두 탈근대도시라고 선언했다.[36] 그 배경에는 국가제도를 기반 삼아 거대한 자본 활동이 구축되며 계층화된 삶이 전개되는 집중화

---

33 Truman A. Hartshorn et al., *Interpreting the City : Un Urban Geography*, John Wiley & Sons, 1992 : Academic Internet Publishing Inc, 2007, p.71.

34 James Curry and Martin Kenny, "The Paradigmatic City : Postindustrial illusion and the Los Angeles school", *Antipode*, Vol 31 No 1, 1999, pp.1~28. Torin Monahan, "Los Angeles studies : The emergence of a speciality field", *City and Society*, Vol 14 No 2 2002, pp.155~184. 시카고, LA, 뉴욕은 종족, 공간 배치, 사회적 문제에서 비교되는 도시성장의 역사로 말미암아 도시이론의 출현에 기여했다. Janet Abu-Lughod, "Grounded Theory : Not abstracted words but tools of analysis", *Dennis R. Judd and Dick Simpson eds., The City Revisited; Urban Theory from Chicago*, Los Angeles, New York, University of Minnesota Press, 2011, pp.27~44.

35 cf. Mike Davis, *City of Quartz : Excavating the future in Los Angeles*, Verso, 1990. 그렇지만 LA를 탈근대도시로 설명한 것은 아니다.

36 Edward W. Soja, "Taking Los Angeles apart : Some fragments of critical human geography", *Society and Space*, Vol 4, 1986, pp.255~272; "Heterotopologies : A Remembrance of Other Spaces in the Citadel-LA", in *Thirspace : Journey in Los Angeles and other real and imagined places*, Blackwell, 1996, pp.186~236.

된 '형식 공간'으로 규정되는 근대도시 곧 포드주의 효율이 강조되는 생산도시, 중앙 집중적 권력이 관철되는 기술 관료적 도시, 계급갈등이 대치하는 계급도시 등이 재구성 되는 현실에 있었다. 탈근대 도시공간은 생산보다 문화와 소비의 요소, 체제와 제도의 힘보다 주체와 일상의 의미를 중심으로, 중앙집권적 위계가 아니라 탈집중화 되며 분산적이고 타자와의 동등한 관계를 형성하는 '탈형식적 공간'이다. 기본적으로 이들은 주체들 사이의 기호적 관계들을 중심으로 구성되는 공간이다. 각 공간은 '주체 공간'이지만 동시에 차이를 지닌 '타자들의 공간'들로 존재한다. 탈근대도시에서 공간의 양상은 ① 초공간hyper space ② 역공간liminal space 무엇보다 ③ 사이버 공간cyber space 등 까지도 포함하는[37] '공간적 콜라쥬spatial collage'의 다원적 공간을 구성한다.

기본적으로 탈근대 공간은 현실 분석이 아니라 비평의 차원에서 위계와 체계, 중심과 집중의 공간 역학보다는 차이와 분산, 로컬과 개체의 미학적 공간으로 변용되며 탈중심적 개체 중심 공간으로 설명된다. 근대도시가 정치경제 중심으로 구조화 되어 독점자본의 관리 기능이 집중되고 노동자 계급의 재생산을 위한 집합적 소비가 주거지별로 차별적으로 실현되는 공간구조라면, 탈근대 도시는 공간의 내포적 깊이가 주체적 공간과 초공간적 수준으로 심화된 양식을 갖는다. 이런 공간의 전형이 전자통신 매체에서 정보와 상징의 흐름으로 형성된 공간이

---

37 ① 초공간(hyper space) - 실제의 방향감각이 상실된 채 현실과 가상이 혼재하는 공간인데 예로서 쇼핑센터에서 느끼는 인공장식 공간이 그것이다. ② 역공간(liminal space) - 공간의 속성 경계가 불투명한 전이 공간으로서 전철역 공간과 매장공간이 혼합된 듯한 백화점 입구가 그것이다. ③ 사이버 공간(cyber space) - 전자정보 네트워크에 구성된 가상공간으로서 인터넷을 통해서 형성된 상호작용의 망이 그것이다.

며, 주체들 사이의 물리적 거리가 초월된 공간 즉 초현실 공간인 '사이버 공간'이다. 정보통신과 IT기술의 급격한 발전은 심미적 체험의 급진화와 다원화를 가져왔다. 도시에 대한 인식도 보다 유연하고 절충적이며 다원적인 정체성을 지닌 도시적 실체로 이해하게 되었다. 이 실체는 물리적 실체가 아니라 '구조와 개체의 구성적 맥락, 즉 공간'의 개념으로 접근하는 실체이고, 구조주의 공간에서 탈근대 공간론으로 이행을 의미한다.[38] 그 공간은 코드화된 계급관계, 제도적 규준, 사회적 이념 중심의 진행이 아니라 문화적 상징, 소비규범, 이미지와 담화 등을 중심으로 의미가 엮어진다.[39] 탈근대 도시 또한 건축물과 건축물의 집합군, 거리의 구성방식, 도시의 색깔과 기호체계와 같은 표현적인 구조물이나 양식, 일상, 생산-소비, 문화, 정치 등 모든 분야를 새로운 감수성으로 담론화 하는 '행위자 공간'space of agent이고, '인지 지도그리기cognitive mapping' 공간이다.[40] 곧 탈근대 정체성을 획득하는 다양한 형태와 기능의 장소들이 기호적으로 중층적으로 포개진 스펙타클 '공간'이다.[41] 또한 위계적 배열과 포섭이 관철되는 생산 공간의 의미가 약화되고, 개체의 정체성에 관한 욕망을 충족시키는 개별공간의 차별성을 허

38 Micheal Dear and Steven Flusty, "Engaging postmodern urbanism", *Urban Geography*, Vol 20 No 5, 1999, pp.412~416; Michael Dear ed., *From Chicago to LA. : New York and Los Angeles : Making Sense of Urban Theory*, Sage, 2002. 그러나 사센은 전지구적 경제가 국가, 지역 및 도시에 따라 차이를 보이는바 시카고와 LA를 유별나게 구분하는 것이 바람직하지 않다는 입장이다. Saskia Sassen, "Re-assembling the urban", *Urban Geography*, Vol 29 No 2, 2008, pp.113~126.

39 Paula Geyh, Cities, citizens, and technologies : urban life and postmodernity, *Routledge*, 2009, pp.167~178.

40 Nan Ellin, *Postmodern Urbanism*, Blackwell, 1996, pp.122~132.

41 Guy Debord, *La Société du spectacle*, Buchet-Chastel, 1967; 기 드보르, 이경숙 역, 『스펙타클의 사회』, 현실문화연구, 1996.

용하는 다원화된 공간이며 주거, 레저, 쇼핑과 같은 소비 공간의 의미가 강하다. 탈근대 도시 개념에는 다국적 자본이 재구성한 도시 스펙타클이 소위 '진정한' 지역문화라고 불려온 것들을 대체할 것이라는 전망이 함축되어 있다.

탈근대 도시이론에서 LA는 더 이상 시카고학파가 모색했던 계급, 자본, 중심권력, 민족과 같은 하나의 단일 기제로 환원되지 않는 도시, 분절과 차이의 탈중심화 개체적 공간이 부단히 유동하며 존재하는 도시로 부상했다.[42] 일상공간도 자유롭고 개방된 듯하지만, 여전히 그 내부에는 배제, 억압, 차별화의 논리가 치밀하게 관철되고 푸코가 예견하듯 몸의 미세한 욕망 공간까지도 연구 대상으로 삼는다.

　　권력은 모두 공간적인 방식으로 작용한다. 권력은 특히 육체들 사이의 미세한 관계망을 통해 치밀히 그러면서도 전면적으로 침투하고 있어, 오늘날 우리는 공간을 통해서 미시적인 감시와 처벌이 일상화되는 삶을 살고 있다.[43]

삶은 더욱 공간화 되는 동시에 공간화 방식을 통해 권력의 다양한 억압과 모순을 강제 받는다는 것, 삶의 해방은 이젠 공간적 실천, 즉 공간적 해방을 통해서만 가능하다. 탈근대 도시에서 해방의 전망은 어떻게 제시되는가? 도시의 주체가 자본과 노동의 관계 가운데서 출현한 계급

42　Michael J. Dear, "The Los Angeles school of urbanism: An intellectual history", *Urban Geography*, Vol 24 No 6, 2003, pp.493~509.

43　Michel Foucault, *Surveiller et punir : naissance de la prison*, Gallimard, 1975; 미셸 푸코, 오생근 역, 『감시와 처벌―감옥의 역사』, 나남출판, 1994.

적 주체였으며 사회적 규범과 코드가 규정한 사회적 주체였고 주체의 해방은 제도와 구조의 변혁을 전제했던 근대도시와 달리, 생산부문의 분화가 초래한 계층구분에 인종·성별·세대·문화집단에 따른 계층구분이 복합적으로 첨가된다. 블루칼라 중심의 노동자 중산층이 감소하고 신중산층인 정보금융 전문직 종사자, 관리자, 예술연예활동 종사자, 미디어 종사자, 전문서비스업 경영자 등이 급성장한다. 노동시장에는 비공식부분 종사자, 탈기능화 된 임시직 노동자, 여성노동자, 외국인노동자 등 신하층 집단이 급팽창한다. 계층분화는 도시의 일상과 문화 구성에서 소득, 언어, 라이프 스타일을 중심으로 계층 이질화와 차별화가 심화된다. 그 결과 예술, 사업, 정치에서 '창조적 혼합, 지적이고 다계급적 결속'을 가져오는 측면과 '절망, 인종간 / 계층간 갈등' 범죄, 폭력을 촉발하는 도시문화적 경관이 동시 출현한다.[44] 구조화된 생산과 계급 및 정치를 해체하고 주체형성의 준거점을 탈중심화 된 환경, 여성, 소비, 문화 등으로 다양하게 설정하고 주체를 타자화 하여 각자 자율적인 존재가치를 긍정하는 다원적인 상호주체를 설정한다. 가장 상징적 주체는 소비주체이다. 소비주체들은 기호와 의미의 사물로 구성된 자본이 순환되는 도시경관에 미학적이며 감성적으로 반응하고, 벤야민의 산보자flaneur, 세르토의 보행자pedestrian처럼 긴박한 도시적 삶의 흐름에 역행하면서 내면을 성찰하며 일상의 미학화를 추구한다.[45]

---

44 Soja, Thirdspace : Journey to Los Angeles and other real-and-imagined places, pp.154~163.

45 Walter Benjamin, *Das Passagen-Werk*, GS Vol. 1·2, Shurkamp Verlag, 1982; 발터 벤야민, 조형준 역, 『아케이드 프로젝트』, 새물결, 2002, M. de Certeau, L'invention du quotidien, t. I, Gallimard, 1990. 장세룡, 『미셸 드 세르토, 일상생활의 창조』, 커뮤니케이션북스, 2016 cf. 장세룡·공윤경, 「탈근대 도시성의 탐색-부산의 도시성 이해를 위하

탈근대 도시에서 특징은 계층 차별의 외면적 모습이 잘 드러나지 않는 점이다. 그 배경에는 제도적 폭력과 도덕적 장악이 아니라 이미지와 담론과 스펙타클을 이용하여 권력의 불평등한 배분을 정당화하기 때문이다. 거기서 권력은 자유와 평등의 허상을 앞세워 일상의 미시적 영역에서 타자라고 불리는 주체의 욕망을 자극하고 조종한다. 노동자들도 욕망에 매몰된 이익집단으로 전락하고, 그 대신 환경, 주거, 소비, 여성운동이 모순을 제기하는 역할을 맡는다. 탈근대 도시의 실체는 탈근대성이 구현되는 과정인 '포스트모더니티의 도시화' 분석으로 확인할 수 있다. 기호적이고 담론적인 산업화의 진전과 인구구성과 도시형태의 유동화는 도시계층구조를 재편한다. 소우저는 기술집약적 하이테크 산업과 신규제조업, 불법이민노동자 고용을 이용한 의류 및 가구산업 등을 바탕으로 도시경제 발전을 가속해온 LA를 분석의 중심에 두고 그 양상을 6개 담론으로 종합했다.① 포스트포드주의postfordism 산업도시[46] ② 세계도시cosmopolis의 세계시민주의[47] ③ 도시광역화postmetropolis 외연도시Exopolis[48] ④ 사회구조 양극화bipolarization와 파편화 도시fractal city[49]

여」, 『한국민족문화』 34호, 2009.7, 335~368쪽.

[46] Edward W. Soja, "Postmodern urbanization : the Six Restructurings of Los Angeles", in *Sophie Watson and Katherine Gibson*, Postmodern Cities and Spaces, Blackwell, 1995, pp.125~137; Postmetropolis: Critical Studies of Cities and Religions, Blackwell, 2000, pp.157~188. 노동과정의 분절화·자율화·외부화 하는 유연생산체계로 공간 재구성, 기존 계층구조나 공간분화 패턴 변화, 기업 네트워크 분업 심화, 다기능 노동자 출현, 생산-소비 관계 전반 재편. 서비스업 확산으로 상품생산과 상품구성에 디자인, 정보, 상징 등 기호적 요소의 투입 확산.

[47] B. Hooper, "Los Angeles school of post-modern urbanism", *International Encyclopedia of Human Geography*, 2009, pp.293~297. 전지구화를 수행할 인력과 조직, 기구와 정책, 공간구조를 갖추고 정보흐름, 상품 생산의 분업과 시장거래, 금융거래, 문화 활동, 정치 협상 등에서 중심 역할. 전지구화에 상응하여 자본, 노동, 문화의 로컬화로 일상과 사회적 구성의 다원화와 이질화로 도시주체들은 계급적 주체나 국민국가의 공민보다는 '전지구적 시민사회' 자아정체성 획득.

⑤ 요새도시the carceral archipelago⁵⁰ ⑥ 가상도시simcity⁵¹가 바로 그것이다. 이런 다종 다기한 속성은 도시이론 보다는 차라리 다중공간성을 강조하는 로컬리티 개념으로 접근하는 것이 더 유용할 것이다.

LA 학파는 집단적인 연구로서 LA의 도시성 규정을 시도했고 그 가운데서 소우저를 비롯한 일군의 학자들이 도시현상 자체에 주목했다면⁵² 또 다른 대표적 연구자 마이클 디어는 비교도시주의라고 불릴 정도로 지정학적 분석을 시도했다. 마이클 디어는 LA가 일단 자동차와 주차장이 필요하고 다수 여성이 노동 시장에 편입되면서 출현한 현상으로 도시의 환상고속도로와 중심과 측면도로의 교차지대에 자리 잡은 '외곽거점 도시edge city'로 규정한다. 그리고 가옥 소유자들의 결사로서 관리되는 공동-이익 개발CIDs에 바탕을 둔 개인 가옥이 발달한 '개인 중심 유토피아privatopia'로 규정한다. 주민들의 삶의 태도와 양식에서

48 Soja, *Postmetropolis : Critical Studies of Cities and Religions*, pp.233~263. 도심재생으로 도시기능 강화, 도심근방에 전문자유직 주거지 출현, 소규모 생산 활동 확산, 신주거 빈곤층 확산. 직업 활동, 구입가능 주택, 대중교통 접근성을 비롯한 도시생활 기회의 재배분으로 계층, 인종, 세대의 사회적 분화 심화로 도시의 공간 / 지역 간 엄격한 위계나 밀도형태가 해체되어 '다중심화 및 유동화'된 문화위락 및 쇼핑중심지 분산 출현.

49 Soja, *Postmetropolis : Critical Studies of Cities and Religions*, pp.264~297. 기술 집약 산업과 노동집약 상업의 동시 발달에 따른 고용구조 변화로 자본가-노동자 중심의 계급구분이 약화되고 민족, 인종 등 사회집단들의 임금격차 유발로 양극화 심화.

50 Soja, *Postmetropolis : Critical Studies of Cities and Religions*, pp.258~322. 공적공간의 사유화로 출입통제와 무장순찰 일망전자감시체제, 인텔리전트 빌딩 관리, 주거지별 경비시스템으로 통제 관리 강화. 도시의 일상이 외면상 개방에 내면상 철저한 감시와 통제. 도시일상을 시장이 장악한 심상과 기호적 상품을 소비하는 스펙타클 장소화.

51 Soja, *Postmetropolis : Critical Studies of Cities and Religions*, pp.323~348. 광고공세, 비디오 매체를 통한 허상의 유포, 일상이 상징, 담론, 허상의 초현실적 심상을 계속 제공 받음. 가상현실을 연출하는 하이테크 건물, 쇼핑몰, 기호학적 건물배열, 일상화된 광장축제, 인터넷 사이버 공간 확산이 도시 전체를 스펙타클 가상현실로 연출.

52 Allen J. Scott & Edward W. Soja eds., *The City : Los Angeles and Urban Theory at the End of the Twentieth Century*, Uni. of California Press, 1996.

라틴계, 멕시코원주민, 아시아인, 동유럽인 등 소수자 주민이 급속하게 증가하여 혼합된 정체성을 가진 도시, 세계에서 가장 '이종적인 도시 hetrotopia'이다.[53] 그 결과 이종적-건축물들이 다수 출현하고 건조환경이 유동적이고, 활력에 차있으며, 심지어 계획되지 않은 천박함까지 보여준다. 로스엔젤리스 시민의 삶이 원본 없는 복제품 곧 '시뮬라크르'의 삶이라는 것이다. 또한 안전에 대한 강박관념을 강요받는 결과 풍요한 지역을 보호하는 경찰이 범죄화한 빈민과 전투하는 지역이 요새로 변형되고 있다. 도시 전역에 하이테크 감시망을 설치한 로스엔젤리스는 '금지 공간interdictory space'이 되었고 도시 경관은 파편화되었다. 마이클 디어는 소우저와 마찬가지로 산업체제의 변화에 주목하여 동북아시아로부터 은행과 부동산 자본이 과잉 유입되고, 실리콘 밸리로 대표되는 첨단 하이테크 산업과 멕시코와 중미에서 유입된 이주자를 고용한 고강도 노동 제조업이 공존하는 양상에 주목한다. 그럼에도 그는 기본적으로 LA에서 자본축적과 생산양식에서 포스트포드주의 체제로 변화를 강조한다. 사회적 통제를 강화하여 복지국가 체제에서 후퇴를 조장한 결과 사회경제적 양극화가 급속하게 진행되는 LA는 전지구화의 패러다임이 진행되는 견본이라고 못 박는다.

그러나 마이클 디어는 LA를 탈근대 도시라고 못 박지는 않는다. 소우저 보다는 더욱 신중하게 LA에서 '원형적-포스트모던' 도시화 과정이 진행되고 있다고 평가한다.[54] 그가 정리한 포스트모던 도시성은 내용이

---

53 Michael J. Dear, "Comparative urbanism", *Urban Geography*, Vol 26 No 3, 2005, pp.247~251.

54 Michael J. Dear, *The Postmodern Urban Condition*, Blackwell, 2000, pp.143~150.

다음과 같다. ① 전지구화에 따른 세계도시world city의 양상 ② 빈부격차, 서로 다른 인종 종족, 종교에 따른 양극화된 이중도시dual city의 양상 ③ 관습적 공동체는 무너지고 잡종문화와 공간을 포함하는 잡종도시hybrid city ④ 정보화 시대의 도전에 따른 사이버도시cybercity가[55] 그것이다. 여기서 이론적 분석의 성격이 강한 소우저의 평가와 경험론적 고찰의 성격이 강한 마이클 디어의 분석은 대체로 일치한다. 다만 소우저가 LA를 탈근대가 진행된 도시로 본다면 디어는 '원형적-탈근대'로 규정하여 아직 먼 길의 시발점에 서있다고 평가하는 것이다.[56] 탈근대 도시이론은 일관성이 결여 되어있고 무엇보다 증명할 만한 방법론이 결여되어 있다는 비판은 이와 연관이 있다.[57] 2008년 에드워드 소우저의 정년퇴임식에서 마이클 디어는 LA 학파의 지속과 유지를 요청했지만 학파 내부 특히 디어와 다른 구성원들 사이의 견해는 일치하지 않았다. 심지어 소우저는 다른 포스트맑스주의자 도시이론가들 처럼 LA를 '정의도시' 문제로 접근하는 저술까지 발표했다.[58] 이것은 LA학파가 당대의 공간이론가, 마누엘 카스텔, 데이비드 하비, 무엇보다 앙리 르페브르를 소홀히

---

55 Dear, *The Postmodern Urban Condition*, p.160. LA학파이지만 Allen J. Scott와 Michael Storper는 전문화, 도시집적, 양극화, 경제적 역동성과 포스트포드주의 양상에 더 주목한다. "The Nature of cities : The scope and limits of urban theory", pp.1~15.

56 Dear, Andrew Burridge, Peter Marolt, Jacob Peters and Mona Seymore,"Critical responses to the Los Angeles school of urbanism", *Urban Geography*, Vol 29 No 2, 2008, pp.101~112.

57 Daniel Z. Sui, "Postmodern urbanism disrobed : or why postmodern urbanism is a dead end for urban geography", *Urban Geography*, Vol 20 No 5, 1999, pp.403~411.

58 E. Soja, *Seeking Spatial Justice*, University of Minnesota Press, 2010. 사센이 세계도시에서 평범한 이들이 세계경제와 도시에서 변두리로 축출되는 현실에 주목한 깃과도 상통한다. Sassen, *Expulsions : Brutality and complexity in the global economy*, The Belknap Press of Harvard U. P., 2014; 사스키아 사센, 박슬라 역, 『축출 자본주의─복잡한 경제가 낳은 잔혹한 현실』, 글항아리, 2016.

다루었다는 비판[59]에 반론적 답변이라고도 볼 수 있다. 사실 탈근대 도시논쟁에서 데이비드 하비나 프레더릭 제임슨은 후기 자본주의의 정치경제적 기반 위에서 도시를 개발하는 전형적인 방식을 두고 무슨 완전히 새로운 패러다임을 가진 탈근대 도시 곧 탈현대적 메트로폴리스를 상상하는 것은 담론의 과잉에 불과하다고 비판해왔다.[60] 그러나 스미스는 이들의 비판이 '시대구분'이나 '비평'의 차원이 아니기를 요청한다. 그리고는 도시계획의 이론과 실제에서 탈근대, 건축, 문학, 예술에서 패러디와 혼성모방 같은 '스타일'로서 탈근대를 구분하여, 후자를 자신의 사회구성주의적 초국적 도시론의 기반으로 삼기를 요청했다. 마이클 스미스는 소우저가 제시한 포스트모던 도시론을 다음과 같은 공통주제로 정리한다.

다국적 자본이 만든 도시 스펙타클이 '진정한' 지역 문화를 대체하고 (…중략…) 신비화된 소비사회가 도시생활자들의 잠재의식에 스며들어 지역공동체의 문화적 실천을 부정하는 것으로 간주한다. 또한 정치적으로 무분별한 '가상공간'의 난립은, 일반인들이 자본주의의 패권적 효과에 저항력을 신장 시키기는 커녕, 도리어 자신이 처한 상황의 파악력을 저하시켜, 사회적 및 정치적 의식을 파편화 시킨다"[61]

---

59 Mark Gottdiener, "Urban analysis as merchandising : The L. A school and the understanding of metropolitan development", *John Eade and Christopher Mele eds., Understanding the City : Contemporary and future perspectives*, Blackwell, 2002, pp.157~181.
60 David Harvey, "The urban process under capitalism", *The Ways of the World*, Profile Books, 2016, pp.59~72. Frederick Jameson, Postmodernism, Or the Cultural Logic of Late Capitalism, Duke U. P., 1991.
61 스미스, 『초국적 도시이론-지구화의 새로운 이해』, 한울, 216쪽.

마이클 스미스는 포스트모던이라는 용어가 인간적 실천의 교차로로서 도시를 상상하는 새로운 도시이론을 제공할 수 있다고 인정한다. 그러나 그것이 이론의 차이를 뭉뚱그려 모호하게 만드는 일종의 전체화 장치를 사용하는 경향을 우려한다.[62] 사실 소우저가 제시한 탈근대 도시 명제는 LA를 경험적으로 관찰한 바탕에서 일반화된 이론틀을 제시했던 것이다. 그러므로 전지구화, 양극화, 정보통신 발달, 가상공간의 발달 등에 주목하여 도시형태, 도시공간구조, 도시내부 사회구조의 변화를 설명하는데 설득력이 있었다. 그러나 생활공간의 속성을 분석하는 작업에는 성공했지만 도시발달의 역사적 과정에서 구조적 변화의 패턴을 분석하고 사례들을 종합하여 일관된 이론적 틀을 제공했는지 여부는 심히 의문스럽다.[63] LA의 현상이 세계의 다른 지역, 심지어 미국에서라도 재출현할 수 있는가? LA의 지정학적 조건을 유럽 특히 아시아의 대도시에 적용하는 것이 가능할까? 하물며 제3세계의 중소도시에는 어떠하랴! LA는 도시발달사에서 공간적 제한이나 장애를 별로 겪지 않고도 많은 독립된 교외도시를 포함한 광범한 대도시권 형성이 가능했다. 또한 기술지약적 상업과 노동집약적 상업이 동시에 발달하면서 그에 따른 고용구조 변화가 사회구조의 양극화를 유도했다. 게다가 나프타NAFTA 체결 이후로 멕시코에서 불법이민이 끊임없이 유입하여 하층민을 형성하는 독특한 조건을 제공했다. 과연 전지구화의 영향 아래 여러 도시에서 출현한 공간구조의 현상을 세계도시라고 하든, 탈

62　위의 책, 218쪽.
63　Natalie Cherot & J. Murray Martin, "Postmodern Urbanism : Reality or Fantasy", *Urban Affairs Review*, Vol 37 No 3, 2002, pp.432~438.

근대 도시라고 말하든 하나의 경향이나 패러다임 도시 현상으로 일반
화하는 것이 설명력이 있는가?[64] 이런 의문은 일반도시론이 나타날 계
기로 작용했다.

4. 탈식민주의 '일반도시들' 이론과 로컬리티의 다양성

일반적으로 현대 도시의 변화를 탐색하는 입장은 자본주의와 민주주
의를 중요한 두 요소로 설정한다. 그러나 전지구화 공간의 형성에서 경
제적 효과와 정치적 결과들을 통합한 단위들로 결합시키는 추동력으로
서 자본주의와 함께 탈식민주의가 수행하는 역할이 '전지구적 남반부
global south'에서 주목받고 있다. 앞서 보았듯이 탈근대 도시이론은 에드
워드 소우저의 경우에는 세계도시 이론과 중첩된다면, 마이클 디어의
경우는 지정학적 도시 개념과 연관되어 있다. 지정학적 도시 관점은 세
계도시 개념이 서구의 도시들만을 중심으로 사유하는 경제주의, 종족중
심주의 특히 발전주의라고 비판하고, 도시들의 다양성multiplicity를 강조
하는 입장의 출현을 자극한 측면이 있다. 이들은 서구 세계를 넘어서 존
재하는 온갖 도시 세계의 복잡한 시공간 순환과 다양성과 우연성으로
점철된 삶의 상호연관성으로 구성된 도시들에 '일반도시들ordinary cities'
이란 위상을 부여한다.

'일반도시들' 이론은 세계도시론 비판에서부터 출발한다. 곧 모든

---

64 Jan Nijman, "Paradigmatic City", *Annals of the Association of American Geographer*, Vol 90
No 1, 2000, pp.135~45.

도시들의 독자적 개별성과 다양성을 강조하고 전지구화가 관철되는 도시의 층위와 내부의 균열을 구분하는 것은 과잉 표상에 불과하다고 거부한다. 제니퍼 로빈슨은 포스트맑시스트의 정치경제학적인 코스모폴리탄 도시연구에 도전하며 탈식민주의에 근거하고 질 들뢰즈의 '차이와 반복' 관념을 원용하며 일반도시들 개념을 규정한다.[65] 그는 세계도시 또는 글로벌 도시 연구가 세계를 계서화 하여 많은 장소들을 무의미한 운동선수player로 배제하거나, 기껏해야 글로벌 도시들에 '복종을 통해서 연관된' 로컬적 존재로 규정한다고 비판한다. 그 맥락에서 사센의 세계도시 이론을 넘어서 소도시든 아니면 광역대도시든 막론하고 도시 자체의 고유성과 정체성을 강조한다. 이런 측면에서 전 지구적 도시화의 기본적인 구성요소에서 역사적인 차이, 특히 '전 지구적 남반부global south' 도시들의, 호미 바바적 의미에서 제3의 혼종적 문화공간으로 내재하는 차이[66]에 주목한다. 이와 같이 서구세계 바깥에 존재하는 도시들의 정체성에 주목한 탈식민주의적 도시이론에는 제니퍼 로빈슨의 관점이 크게 공헌했다. 그는 세계도시론자 토마스 프리드만의 '세계는 평평하다'는 입장 뿐 아니라, 도린 매시, 곧 모든 공간을 하나의 축에 두려는 대규모 전지구화 구조 틀이 관철시키는 '패권적 효과'를 인정하는 관점[67] 또한 거부한다. 세계는 단일한 접근방식으로는 알 수 없다는

---

65 Robinson, "Thinking cities through elsewhere : Comparative tactics for a more global urban studies", *Progress in Human Geography*, Vol 40 No 1, 2016, pp.3~29.

66 AbdouMaliq Simone, "No longer the subaltern : refiguring cities of the global south", *Tim Edensor and Mark Jane eds., Urban Theory beyond the West : A world of cities*, Routledge, 2012, pp.31~46. Homi K. Bhabha, The Location of Culture, Routledge, 1994; 호미바바, 나병철 역, 『문화의 위치』, 소명출판, 2002.

67 Thomas Friedman, *The World is Flat, N. Y., : Farrar, Strauss and Giroux*, 2005, p.469; 도린 매시, 박경환·이영민 역, 『공간을 위하여』, 심산, 162~163쪽.

것, 곧 공간의 능동적 다양성을 강조하는 관점이 그것의 이론적 출발점
이다. 이 관점은 장소와 공간의 다양한 정체성을 탐색해온 로컬리티 연
구와 접점 지대가 넓다.

제니퍼 로빈슨은 기존의 도시연구 곧 '근대' 또는 '원초적(저발전)',
전 지구 또는 '비-전 지구(이제는 잊혀진 방식)' 또는 핵심 대 주변의 축에
바탕을 둔 전 지구적 계서제에 입각한 연구 방식을 신랄하게 비판한다.
이런 개념적 이분법은 '통상 북반부로 불리는 부유한 국가의 도시들에
게서 혁신과 역동성 또는 근대성의 표상을 계속 부여하는 반면 남반부
로 불리는 빈곤 국가들이 근대화의 허구에 몰두하게 만들 뿐이다. 그가
강조하는 것은 기존에 익숙하게 받아들여 온 발전주의 관점을 잘라낸
truncate 도시이론을 지향할 필요성이다. 무엇보다 그는 발전주의란 다
름 아닌 서구가 그것의 '타자들', 외양에서 근대적인 것으로 보이지 않
는 도시와 주민들을 자기들의 방식대로 '정의' 내리는 폭력이라고 비판
한다. 곧, 각자가 도시를 이해하는 의미심장한 방식을 동원하여 잠재적
인 장sites 들을 배제시키는 관점에서 산출된 것일 뿐이라고 비판한다.
도시연구 분야에서 이런 구분들을 논박하면서 그는 도시들을 '계서제
적 구분 보다는 다양성으로서의 차이'를 인정하는 도시이론, 곧 탈식민
도시주의 기획을 수립하자고 제안한다.[68]

제니퍼 로빈슨의 '일반도시들' 명제는 전지구화의 전개 과정에서 도
시를 이해하는 방식의 모색과 직결되어 있다. 곧 도시에서 전지구화를
관철 시키면서 작동하는 다양한 공간규모scale의 정치를 폭로한다. 이

---

68 Jennifer Robinson, *Ordinary Cities: Between modernity and development*, Routledge, 2005,
    pp.2~4.

는 '로컬' 차원에서 작동하는 도시를 전 지구적 자본주의 관계의 맥락에서 초-유연한 장소로 다루는 공간면적scalar 상상력 및 담론을 채용함으로써[69] 로컬리티의 성찰과 연구의 계기를 제공한 것과도 상통한다. 본래 '세계도시' 연구는 1970년대 경제위기에 따른 경제적 질서 재구성과 그에 따른 노동의 국제 분업 맥락에서 도시의 공간 배치, 이주민 노동의 증가, 복잡한 의사소통 기술공학의 흥기를 이해하려는 시도로서 '전지구화 논의의 중심 주제와 내용'으로 이용되었다.[70] 그 결과 강조하는 것이 관계적으로 구성된 장소들의 연결 끈으로 작용하는 시장 관계의 우위성 문제이다. 교환관계의 관계망에서 중심 결절지 곧 사람, 물자, 및 지식의 흐름으로 구성되는 결절지와 주변부로 구성되는 로컬들locales로서 도시들 사이에 관계의 연결망과 지배의 연결망이 제공되는 양상에 주목하는 것이다.[71] 여기서 도시는 희소자원을 두고 경쟁하여 승자와 패자가 갈리는 우열승패의 장소이다. 승자가 초국적 기능을 수행하는 장소를 차지하면서 은유적 대도시 곧 글로벌 도시, 세계도시들 등의 지위가 부여 된 것이다. 반면에 여기서 밀려난 패자가 차지한 장소는 전지구화의 드라마가 확산되는 과정에서도 노동 분업의 배치에 그다지 중요하지 않은 역할을 감당한다. 이 장소들은 도시화의 이해도(지형도), 도시주의(삶의 방식) 또는 전지구화가 어떤 '근거에서' 발생하는지 실제 관계 구성여부를 탐색하는 지적 지도 작성에서 중요한 자리

69 David Harvey, *The Condition of Postmodernity : An Enquiry into the Origins of Cultural Change*, Blackwell, 1989; 데이비드 하비, 구동회·박영민 역, 『포스트모더니티의 조건』, 한울, 1994.
70 Jennifer Robinson, Ordinary Cities, p.21.
71 D. Smith and M. Timberlake, "Hierarchies of dominance among World Cities : A network approach", S. Sassen ed., *Global Network, Linked Cities*, Routledge, 2002, pp.117~141.

를 차지하지 못한다.[72] 소수의 글로벌 도시들은 전 지구적 경제의 명령과 통제의 중심지로서 큰 주목을 끄는데 비해서 대부분의 도시들은 전 지구화를 추동할 역능도 없고 산출된 후속 결과도 없다. 대부분의 도시들은 전지구화의 추동 공간 역할에 관심이 제한적이므로 세계도시 분석은 일부 도시에게만 타당하고 대부분의 도시에는 유효성이 떨어진다는 것이 로빈슨의 입장이다. 물론 한편 전 지구적 자본의 흐름을 유지하는 사회경제적 관계망들이 지리적 영역을 더욱 확장하여 배제된 장소들로 침투하며, 그들이 소지한 자원들을 이들 자본의 관계망과 연계를 가속화 시키고 있는 것도 현실이다. 그 결과 사스키아 사센이 '중심성의 지리학'이라고 말한[73] 것을 형성하는데 중요한 역할을 하는 도시들이 점점 증가하게 된 것도 인정한다.

그러나 세계도시론의 입장, 곧 도시를 서열로 질서 지우고 일부 도시 장소들이 근대적이고 다른 장소는 발전의 필요가 있다는 관점은 일정 범위의 잠재적 개입을 정당화하는 더욱 깊은 정치적 함축을 포함한다. 이것은 암묵적이든 노골적이든 이들 다른 장소들은 전지구화가 전개하는 상황에 창조적인 대응 역량이 결여된 집단이 점유하고 있다는 의미를 함축한다. 곧 저개발의 빈곤한 대도시 중심부inner-city가 진정 근대적이려면 이미 성공한 이웃 도시의 능력과 문화적 실천을 모방하여 건축할 필요가 있다는 모방도시론으로 개념화 되는 장소이다.[74] 반면에

---

72 J. Robinson, "Global and world cities : A view from off the map", *International Journal of Urban and Regional Research*, Vol 26 No 3, 2002, pp.531~54.

73 Sassen ed.,*Global Networks*, Linked Cities, Routledge, 2002, p.2.

74 J. Fraser, J. Lepofsky, E. Kick and J. Williams, "The construction of the local and the limits of contemporary community-building in the United states", *Uran Affair Review*, Vol 38 No 3, 2003. pp.417~445.

일반도시들 이론은 도시의 이해에 점점 많은 수의 도시들이 중요한 장을 차지하게 된다고 강조한다. 곧 '모든' 도시들이 나름대로 도전의 장인 동시에 장벽으로서 역할을 감당하며 혁신적이고 역동적인 양상을 보이는 장소로 규정한다. 거기서 모든 도시들은 혁신도시와 모방도시 이분법으로만 설명하는 것은 불가능하다. 뿐만 아니라 모든 도시들은 세계의 서로 다른 부분들에게 식민지적 방식으로 사고하고 활동한다. 이는 탈식민을 성취한 근대국가들이 여전히 식민지적 국가틀을 유지하는 것과 같다. 이와 같은 비판은 동시에 종속이론과 세계체제 이론이 근대화론에 입각하여 도시문제에 접근한 방법론을 비판한 것이다. 로빈슨은 지금까지 수많은 도시이론이 발전주의에 치중하여 도시의 여러 장소들에서 자원의 동원과 불균등 접근에만 주로 초점을 맞추었다고 비판한다.

> 발전의 기획은 서로 다른 진보 단계에 있고 있다고 가정되는 도시들 사이의 차이들과, 그리고 도시들 가운데서 관계들에서 관하여 깊이 자리 잡은 계서제적 가정들을, 국제적 공간규모에서 도시들에 관한 분석들에만 주목한다.[75]

제니퍼 로빈슨은 일찍이 시카고학파가 도시발전을 시골과 대비하여 근대성을 구현하는 장으로 이해하고, 근대성의 개념화를 "진보의 관념과 더불어 역사적으로 특수한 사회구성체"로[76] 배치한 관점에 주목한

---

75 Robinson, Ordinary Cities, p.5.
76 ibid, p.14.

다. 그는 서구 도시들의 근대성을, 저발전의 시공간이며 다른 시공간에 존재하는 것으로 간주되는 장소들의 근대성과 동등시할 계기를 일단 여기서 끌어낸다. 그리고 시간성을 공간성으로 번역하지만 그것이 공간의 다양성 혹은 공간의 공재성coexistance, 곧 전근대, 근대 또는 탈근대성의 요소를 숨기는 한계를 지적한다. 그리고는 "근대성의 개념과 전통의 공존과 상호의존에 관한" 설명방식의 가능성을 실현하는 것을 두고 고심한다.[77] 도시에서 삶의 차이와 다중성을 강조하고 그와 같은 것이 가능하게 만드는 '차이'는, 계서제적 질서부여 또는 통약불가능성보다는 더 다양한 형식으로 설명가능하다는 것, 뿐만 아니라 보편적 도시 이론이 가능하다는 제안을 하지 않고도, 다양성이란 이름으로 끌어모을 수 있다는 것을 강조 한다.[78] 그러나 한편 로빈슨은 시카고학파가 도시-시골 분석으로 존재의 장소들을 분리시켰고, 맨체스터 학파는 그 구분을 수용하여 도시와 시골의 상호연관성을 숨기는 결과를 가져왔다고 비판한다. 그는 탈식민주의 도시이론이 아프리카 도시들의 다양한 주민들이 과거에는 도시 삶의 영역 바깥에 있다고 알려졌던 문화적 실천을 도시근대성과 결합시켰다고 긍정적으로 평가한다.[79] 그 도시들은 부분적으로 트랜스-로컬 관계망에서 나오는 도시 상호간inter-urban의 관계로 특징 지워진다. 물론 이런 움직임에서는 제국주의가 보유했던 역동성을 비롯한 당대의 교역과 국제금융체제를 포함하는 광범한 구조적이고 경제적 힘들이 일부 도시에서 장소잡기에 중요한 역할을 수행

---

77 ibid, p.28.
78 ibid, p.41.
79 ibid, p.52.

할 가능성도 크다.[80] 그러나 로빈슨은 공간의 다양성을 일선적 연대기로 대체하는 것은 비록 설명력 확보에는 중요하지만 근본적이고 유일한 도시 이론화 방식은 아니라고 반론한다.

그 대신 그와 같은 방식을 이해하려면 도시건조 환경이 제공하는 의미를 탐색할 필요성을 권고한다. 세계의 서로 다른 부분에서 도시 건조물에 관한 정보의 초국적 순환을 고찰하면 도시 근대성은 어디서나 채용되고 창조되며, 관념과 스타일의 유통을 통하여 일종의 '창조적 적응'이 있다.[81] 모든 도시 건조물은 차용되고 채택된 요소이다. 필요한 것은 다음과 같은 인식이다.

> 근대적이 될 권리를 요구하면서, 모든 종류의 도시들은 광범하게 다른 장소에 어떤 도시의 상호종속성 인식을 감소시키거나, 도시들에서 경제적 부 와 하부구조 역량과 경제적 권력에 명백한 차이에 관심을 손상시켜서는 안 된다.[82]

전통도시 대 근대도시라는 탐색이 가져오는 중요한 한계는 도시의 장소들 분석에서 근대적 전통과 전통적 근대성들에게 유리하도록 내버려져야하는 것이다. 일반도시들 이론의 핵심은 도시의 고유한 정치문

---

80 ibid, p.62.
81 전진성, 『상상의 아테네, 베를린, 도쿄, 서울─기억과 건축이 빚어낸 불협화음의 문화사』, 천년의 상상, 2015은 근대 수도의 계보학에서 상상과 현실 간에 괴리를 빚었던 문화의 이식과 변이를 다루면서 저자는 특정한 기억을 공간적으로 재현했지만 최초의 기억과는 전혀 다른 기억의 장소로 변모하는 도시정체성이 출현한다고 밝힌다. 이것이 과연 '창조적 적응'이었는지 여부는 더 논의할 필요가 있다.
82 Robinson, op. cit., p.76.

화적 요소를 부각시키는데 있다. 곧 도시를 일단의 경제적 활동분야라는 협소한 선택 단위로 삼거나 광범한 경제활동으로 상호연관 관계로 삼기를 넘어서 이해하기를 요구한다. 또 중요한 것은 문화적 지위가 전 지구적 장소를 만든다는 문화정치적 접근을 강조하는 것이다. 그는 사센이 강조한 글로벌-로컬 이분법은 인정하지만 그것이 경쟁을 빌미로 중요한 전지구적 결정을 내리는 도시 지도자들의 발전기획에서는 실제로는 로컬의 관계가 작동하지 않는 비의도적 결과들을 초래한다고 비판한다. 탈식민도시주의는 세계도시론의 한계를 드러내고, 그와 관련시켜 도시내부의 불평등에 초점을 두고 대안적 의제를 제시하며 다수의 근대성 개념에 개방성을 보이는 적합한 방식일 것으로 판단한다.

> (탈식민도시주의는) 도시 발전 주도권의 정치에 더욱 강력한 초점을 두는 것은, 글로벌 도시 및 세계도시 분석의 도구에 유용함을 발견하는 이들의 야심이 지향하는 이익의 범위와 한계를 드러낼 것이다.[83] 강한 의미에서 도시의 잠재적 역동성과 창조성 없이, 아마도 미래를 발전주의자가 개입한 산물인 제한된 상상력에 가두어 둠으로써 도시의 미래에 관한 상상력을 절단하는 과오를 저지르지 않고, 또는 경제의 전지구화 분야들에만 초점을 맞추지 않아야 한다.[84]

탈식민주의 도시이론은 모든 도시들은 다른 장소들과의 관계에서 어떤 권력의 위치에 자리 잡든 막론하고 독자적 미래를 형성할 권리를

---

83 Robinson, op. cit., p.113.
84 ibid, p.142.

가져야 한다는 관점을 표방한다. 이것은 국가와 지방의 도시 지도자들만이 아니라, 도시의 각 부분을 구성하는 다양한 주민들에게도 해당한다. 장소-특정적 사회, 정치 및 경제적 관계들은 확장된 연결망을 따라서, 경제적 자원들의 개발에 서로 다른 조망을 가져온다. 예컨대 초국적 자본가 계급과 소수의 도시 엘리트에 유리한 로컬 조건을 창조하는 경쟁적인 도시 접근과는 아주 다른 것을 함축한다. 그렇다면 제니퍼 로빈슨의 일반도시들 이론은 서구 세계 바깥의 모든 도시가 일반도시들이라는 뜻인가? 반드시 그런 것은 결코 아니다. 그는 다양한 경제 조건을 가진 일반도시들 개념이 도시이론의 한 부분으로 인정받으려면 도시 내부와 계속 전지구화 하는 세계에 그들의 연관성과 대안의 방식들을 인정받고자 투쟁하고 서로 같은 투쟁을 공유할 것을 요청한다.

그러면 도시들의 역사성과 차이를 강조하는 탈식민주의 도시이론은 개체주의적 입장인가? 비록 그런 측면이 있지만 탈식민주의 도시주의가 모든 도시들을 근대성의 장으로 인정하고 수용한다는 의미에서는 세계시민주의적이다. 그렇다고 이 관점이 전 지구를 횡단하는 관계망으로 연결된 장소들의 강고한 차이를 축소시키지 않고, 도시들이 불균등 발전 패턴과 불평등한 자원의 결과로서 직면하는 상이한 도전들을 무시하지는 않는다. 다만 이런 차이들이 계서제적 질서를 위한 토대로 작용하거나 동원할 필요는 없다는 것이다. 그렇다고 일반 도시들이 근대성의 장으로서 더 특권을 지닌 장소라는 말도 결코 아니다. 전 지구적 남반부의 도시들을 격세유전적이거나 원초적인 것으로 묘사해서 근대성의 모든 증거로 삼는 방식 곧 공간의 다양성을 거부하거나 숨기고, 모든 장소들에 단일한 알려진 도시형성의 궤적만을 부과하여 다수의 도시를 이해하는 방식에서 불리한 효과를 가져 온다는 지적이다.[85] 사실 그것 자체가 일부 주민들과 장소들에게 제국주의에서 발생한 문제에 의문을 제기하며 개입할 필요성을 나타낸다. 끝으로 그것은 모든 장소들에서 생산된 지식들을 심각하게 받아들이는 형평을 유지하는 공정한 도시들의 발전을 향한 길을 두고 논쟁하게 만든다. 만일 도시들의 생성이 다수의 길과 다양한 경로를 가진 것으로 이해된다면, 만일 이들 상상력의 전개를 허용하는 가능성의 정치가 실현되도록 한다면 로빈슨의 견해는 논리적 설득력을 획득하는 중요한 출입구가 될 것이다.

탈식민주의 도시이론은 서구세계 바깥에서 도시와 도시의 조건들을 연구하려는 모색이다. 어떤 측면에서는 또 다른 패권주의적 접근이라는 평가도 또한 가능하다. 나는 이 경우 개별 도시들을 차이의 정체성을 담지한 로컬에서 생성되는 로컬리티로 설명하면서 다양한 공간규모에서 정체성 담론과 문화적 맥락을 결합하여 성찰할 가능성이 열린다고 판단한다. 그러나 탈식민주의 도시이론은 도시에서 로컬적 정체성을 구성하는 요소에만 집중하고, 권력 집중, 통제, 명령하는 공간의 편차와 층위, 모순과 갈등을 드러내지 못할 문제점을 지적받는다.[86] 이에 맞서 제니퍼 로빈슨은 세계도시론자들이 부분을 전체로 환유하며, 연결망 지향의 세계를 권력의 위계로 설명한다고 반론한다.[87] 로빈슨의 연결망 지향의 관점은 어떤 측면에서는 마누엘 카스텔의 네트워크 사회론에 입각하지 않는가? 그런 측면도 있지만 기본적으로 도시의 독자

85 ibid, pp.169~171.
86 R. G. Smith, "The ordinary city trap", pp.2290~2304.
87 Robinson, "Theorising the global urban with 'global and world cities research' : Beyond cities and synechdoche", *Dialogues in Human Geography*, Vol 6 No 3, 2016, pp.268~272.

적 정체성을 긍정하려는 또 다른 종류의 도시이론으로 판단해 볼 수도 있다. 그런가하면 일반도시이론이 도시 현상을 자본주의 또는 탈식민주의 한 측면만을 강조하여 경제적 요소나 정치적 요소로만 연역하는 방법론은 통합된 전지구화 과정에서 도시상황의 복잡다단함을 놓치지 쉽다는 지적도 나타났다.

아시아의 홍콩, 두바이, 싱가포르, 상하이 등 주요 도시들이 세계도시화wordling cities하고 있거나 세계도시급world-class이라는 연구들은 탈식민주의 도시 개념의 적용 대상이 세계도시 개념으로 확장되는 양상을 함께 성찰하기를 요청하는 것[88]으로 판단 한다. 먼저 현실에서 도시의 서열과 도시의 힘을 강조하는 것은 도시 발전과정과 분리 불가능한 정치적 진술이다. 아시아 · 아프리카의 도시들은 자본의 활동이나 또는 탈식민주의 행동주의 측면으로만 볼 수 없다. 이 도시들은 현재도 지속적으로 생성 중이다. 특히 전지구화가 추동하는 도시변화는 삶의 양식이나 국가적 관심을 두고도 도시하부구조, 투자, 지속가능한 기준, 정치적 삶 또는 미학적 가치 등은 행동의 영역에서 다양한 문제를 제기한다. 그러므로 공통점이라곤 전혀 없는 이종적인disparate 연관성에 근거하여 도시가 계획되거나, 심지어 국가적 세력이나 전 지구적 투기세력들의 노리개 감도 된다. 둘째로 메트로폴리스는 고정된 로컬리티로 볼 것이 아니라 특정 문제들을 해결하고자 다양하게 끌어낼 수 있는 특수한 상황 및 초국적 관념들, 제도, 행위자들 및 실천의 측면으로서도 보

88 Aihwa Ong, "Introduction : worlding Cities, or the art of being global", *Ananya Roy and Aihwa Ong eds., Worlding Cities: Asian experiments and the art of being global*, Wiley-Blackwell, 2011, pp.1~27.

아야한다. 그리고 특정 맥락을 재주형하는 과정에서 물질, 기술, 담론적 요소들을 재절합하고 재결집해야 한다.

나는 포스트맑스주의 세계도시 개념이 과학기술 공학에 기반 한 발전전략에 입각하여 장소 만들기, 도시브랜드화, 상업적 교류 강화와 같은 도시정책의 관철 과정에서 로컬의 내부적 층위와 갈등과 균열을 드러내는 측면을 여전히 중요하게 인정한다.[89] 동시에 탈식민주의적인 '일반도시들' 개념이 도시 삶의 역사적 차이와 다양성을 강조하면서 협상하는 개별성을 강조한 것은 다양한 구체성을 가진 로컬 공간과 로컬리티 개념을 끌어내는데 유용한 측면을 대폭 인정한다.[90] 그럼에도 세계도시론이 도시들을 구분하고 선도적 세계도시를 모방할 필요를 인정하는 모방도시론이 서구 중심주의를 벗어나지 못한데서 한계를 발견한다. 그러나 '일반도시들' 이론이 도시 내부에서 작동하는 갈등과 균열을 차이와 다양성으로만 이해하는 것은 마치 탈식민주의적 접근이 본래의 취지와 무관하게 식민주의를 긍정하도록 귀결된 한계와 흡사하므로 이를 극복하는 관점이 필요하고 로컬리티 연구가 개별 도시 연구를 시도할 경우에 직면하는 난관은 이들 도시이론이 직면하는 난관과 거의 같다고 판단 한다.

---

89 Thomas J. Sigler, "After the 'World City' has globalized : Four agenda towards a more nuanced framework for global urban research", *Geography Compass*, Vol 10 No 9, 2016, pp.389~398.

90 Slaomíra Ferenčuhová, "Accounts from behind the curtain : history and geography in the critical analysis of urban theory", *International Journal of Urban and Regional Research*, Vol 40 No 1, 2016, p.117.

5. 도시이론에서 끌어내는 로컬리티 연구의 전망

이 장은 본 연구단의 연구 주제 대부분이 로컬리티 연구를 명분으로 해항도시, 개항장 도시, 관문도시, 제국 / 식민도시 등의 이름으로 도시를 대상으로 삼은 측면에 착안했다. 로컬리티 연구는 일정한 다중공간에서 정치경제적 진행이 우연적이며 복합적으로 경합하는 체험적 질문의 대상이며 현실에서 담론적 실천으로 생산되고 유지되는 매우 유동적인 공간 지식이라고 말 할 수 있다. 나는 이와 같은 지식체계의 성립 가능성을 모색하는 하나의 방법론으로서 대표적인 도시이론체계인 '세계도시론'과 '탈근대 도시론' 그리고 '일반도시들' 이론을 소개하면서 상호비교를 시도했다. 그 이유는 로컬리티 연구가 이론적 기반을 도시와 지역연구에서 도출했지만 그것을 더욱 확장하고 질적 성취를 이루는 데는 도달하지 못했고 심지어 제대로 된 학적 구분조차도 성취하지 못한 한계를 인정하기 때문이다. 이에 최근 주목받는 주요 도시이론들을 비교·평가하며 도시연구와 로컬리티 연구의 상호관계를 드러내어 로컬리티 연구의 논리적 타당성 확보를 모색했다.

나는 먼저 '세계도시' 이론이 과학기술공학에 기반을 둔 발전전략에 입각하여 장소 만들기, 도시브랜드화, 상업적 교류 강화와 같은 도시정책을 관철시키는 과정에서 도시 내부의 층위와 갈등과 균열을 드러내는 측면에 주목한 것이 다중공간성으로서의 로컬리티 개념을 생성시키는데 기여한 측면을 중요하게 인정한다. 한편 자본의 정치경제학적 공간 재구성을 새로운 공간이라고 진술해온 탈근대도시론은 논리에 감성을 덧붙인 화려한 묘사와 설득력에도 불구하고 과잉 표상으로서 전체화하는 협의가 짙은 것을 발견한다. 탈근대 도시성 이론은 그것이 현실 분석 보다는 실제로는 비평 담론의 성격이 강하다는 사실을 염두에 두는 비판적 수용이 필요하다. 한편 탈식민주의적 '일반도시들' 개념은 특히 제3세계도시에서 영위되는 일상적 삶과 행정관리의 역사적 차이와 다양성을 강조하며 호미 바바가 말한 협상하는 개별성을 강조한다. 이는 로컬리티 개념의 운용에 다채로운 유용성을 제공한다. 특히 도시들 사이에 위계를 설정하지 않는 것은 로컬리티 연구가 수용할 만한 전제인 동시에 현실을 왜곡하는 한계로 작용한다. 곧 도시 내부에서 작동하는 갈등과 균열을 '차이'와 '다양성'으로 설명하며 정당화하는 것은 마치 탈식민주의적 접근이 본래의 취지와 무관하게 '협상'의 이름으로 식민주의를 긍정하는 논리로 귀결되고, 국민국가의 사회적 모순과 갈등을 제대로 드러내지 못한 것과 유사한 한계와 직면한다. 이는 마치 로컬리티 연구 방법론의 큰 틀을 주도한 문화주의가 '차이'를 강조하면서 악셀 호네트, 낸시 프레이저, 찰스 테일러에서 보듯 '정체성의 정치' 및 '인정의 정치'로 귀결되어 버린 것, 그 결과 경제적 재분배와 정치적 대표성의 문제를 소홀하게 된 것과 유사한 한계로 평가하는 것이 가능하다. 나는 도시들의 고유한 역사적 정체성을 긍정하는 '일반도시들' 이론이 전지구화와 상호작용하며 로컬리티 공간 내부에 위계와 갈등을 가속화하는 양상에 주목하는 세계도시론의 전망과 상호적인 관계를 맺고 비판적으로 수용할 때 더욱 설득력을 가질 것으로 이해한다. 그 지향점은 권력과 의미 및 정체성이 작용하는 로컬리티를 간파하여 초국적 관계망의 절합이 갈등과 모순을 생성하는 장소의 정치를 드러내는 것이다.

참고문헌

기 드보르, 이경숙 역, 『스펙타클의 사회』, 현실문화연구, 1996.

사스키아 사센, 남기범·이원호·유환종·홍만옥 역, 『세계경제와 도시』, 푸른길, 2016.

데이비드 하비, 구동회·박민영 공역, 『포스트모더니티의 조건』, 한울, 1994, 2006.

_____, 초의수 역, 『도시의 정치경제학』, 한울, 1996.

도린 매시, 박경환·이영민·이용균 역, 『공간을 위하여』, 심산, 2016.

_____, 정현주 역, 『공간, 장소, 젠더』, 서울대 출판문화원, 2015.

돈 미첼, 유제헌 외역, 『문화정치, 문화전쟁』, 살림, 2011,

마뉴엘 카스텔, 김묵한 외역, 『네트워크 사회의 도래』, 한울, 2003.

_____, 최병두 역, 『정보도시―정보기술의 정치경제학』, 한울, 2001.

마이클 피터 스미스, 남영호 외역, 『초국적 도시이론―지구화의 새로운 이해』, 한울, 2010.

미셸푸코, 오생근 역, 『감시와 처벌―감옥의 역사』, 나남, 1994.

발터 벤야민, 조형준 역, 『아케이드 프로젝트』, 새물결, 2002.

아리프 딜릭, 장세룡 역, 『글로벌 모더니티―전지구적 자본주의 시대의 근대성』, 에코리브르, 2016.

장세룡, 『미셸 드 세르토, 일상생활의 창조』, 커뮤니케이션북스, 2016.

장세룡·공윤경, 「탈근대 도시성의 탐색―부산의 도시성 이해를 위하여」, 『한국민족문화』 34호, 2009.7.

전진성, 『상상의 아테네, 베를린, 도쿄, 서울―기억과 건축이 빚어낸 불협화음의 문화사』, 천년의 상상, 2015.

호미바바, 나병철 역, 『문화의 위치』, 소명출판, 2002.

Abrahamson, Mark, Global Cities, Oxford U. P., 2004.

Abu-Lughod, Janet, *New York, Chicago, Los Angeles : America's Global Cities*, University of Minnesota Press, 2000.

_____, "Grounded theory : Not abstracted words but tools of analysis", Dennis R. Judd and Dick Simpson eds., *The City Revisited; Urban Theory from Chicago, Los Angeles, New York*, University of Minnesota Press, 2011.

Benjamin, Walter, *Das Passagen-Werk*, GS Vol. 1·2, Shurkamp Verlag, 1982.

Bhabha, K. Homi, *The Location of Culture*, Routledge, 1994.

Brenner, Neil, "World city theory, globalization and the comparative-historical method : Reflections on Janet Abu-Lughod's interpretation of contemporary urban re-structuring", *Urban Affairs Review*, Vol 37 No 1, 2001.

Castells, Manuel, *The Informational City*, Basil Blackwell, 1989.

_____, _____, *The Rise of The Network Society*, Blackwell, 2000.

_____, _____, *The Rise of the Network Society*, 2nd ed., Wiley-Blackwell, 2010.

Certeau, Michel de, *L'invention du quotidien*, t. I, Gallimard, 1990.

Cherot, Natalie, & J. Murray Martin, "Postmodern Urbanism : Reality or Fantasy", *Urban Affairs Review*, Vol 37 No 3, 2002.

Curry, James, and Martin Kenny, "The paradigmatic City : Postindustrial illusion and the Los Angeles school", *Antipode*, Vol 31 No 1, 1999.

Davis, Mike, *City of Quartz : Excavating the future in Los Angeles*, Verso, 1990.

Dear, Michael J., and Steven Flusty, "Engaging postmodern urbanism", *Urban Geography*, Vol 20 No 5, 1999.

Dear, Michael J., ed., *From Chicago to LA. : New York and Los Angeles : Making Sense of Urban Theory*, Sage, 2002.

_____, "The Los Angeles school of urbanism: An intellectual history", *Urban Geography*, Vol 24 No 6, 2003.

_____, "Comparative urbanism", *Urban Geography*, Vol 26 No 3, 2005.

Debord, Guy, *La Société du spectacle*, Buchet-Chastel, 1967.

Dirlik, Arif, *Global Modernity : Modernity in the Age of Global Capitalism*, Paradigm Publisher, 2007.

Ferenčuhová, Slaomíra, "Accounts from behind the curtain : history and geography in the critical analysis of urban theory", *International Journal of Urban and Regional Research*, Vol 40 No 1, 2016,

Foucault, Michel, *Surveiller et punir : naissance de la prison*, Gallimard, 1975.

Fraser, J., J. Lepofsky,, E. Kick and J. Williams, "The construction of the local and the limits of contemporary community-building in the United states", *Uran Affair Review*, Vol 38 No 3, 2003.

Friedman, John and Goetz Wolff, "World City formation : An agenda for research and action", *International Journal of Urban and Regional Research*, Vol 6 No 2, 1982.

Friedmann, John, "Where we stand : A decade of World City research", P. L. Knox and P. J. Taylor eds., *World Cities in a World System*, Cambridge U. P., 1995.

Friedman, Thomas, *The World is Flat*, N. Y., : Farrar, Strauss and Giroux, 2005,

Geyh, Paula, *Cities, citizens, and technologies : urban life and postmodernity*, Routledge, 2009.

Gottdiener, Mark,"Urban analysis as merchandising : The L. A school and the under-standing of metropolitan development", John Eade and Christopher Mele eds., *Understanding the City : Contemporary and future perspectives*, Blackwell, 2002.

Harvey, David, *Urban Experience*, Blackwell, 1989.

_____, *The Condition of Postmodernity : an enquiry into the origins of culture change*, Blackwell, 1989.

Harvey, David, *Spaces of Capital : Towards a Critical Geography*, Edinburgh U. P., 2001.

_____, _____, "The urban process under capitalism", *The Ways of the World*, Profile Books, 2016.

Hooper, B., "Los Angeles school of post-modern urbanism", *International Encyclopedia of Human Geography*, 2009.

Jameson, Frederick, *Postmodernism, Or the Cultural Logic of Late Capitalism*, Duke U. P., 1991.

King, Anthony, Urbanism, Colonialism and World-Economy, Sage, 1991.

_____, *Global cities, post-imperialism and the internalization of London*, Sage, 1991.

Marcuse, Peter, Ronald van Kempen, "A changed spatial order", Marcuse and van Kempen, *Globalizing Cities : A New Spatial Order?* Blackwell, 2000.

Massy, Doreen, *Space, Place and Gender*, Cambridge U. P., 1994.

_____, *For Space*, London : SAGE, 2005.

Meetreren, Michiel van, "Can the straw man speak? An engagement with postcolonial critiques of 'global cities research'", *Dialogues in Hunan Geography*, Vol 6 No 3, 2016.

Middel, Mattias and Katja Naumann, "Global history and the spatial turn : from the impact of area studies to the study of critical junctures of globalisation", *Journal of Global History*, Vol 5, 2010.

Mitchell, Donald, *Cultural Geography : A Critical introduction*, Blackwell, 2000,

Monahan, Torin,, "Los Angeles studies : The emergence of a speciality field", *City and Society*, Vol 14 No 2 2002.

Nijman, Jan, "Paradigmatic City", *Annals of the Association of American Geographer*, Vol 90 No

1, 2000.

Ong, Aihwa,, "Introduction : worlding Cities, or the art of being global", Ananya Roy and Aihwa Ong eds., *Worlding Cities : Asian experiments and the art of being global*, Wiley-Blackwell, 2011.

Robinson, Jennifer, "Global and world cities : a view from off the map", *International Journal of Urban and Regional Research*, Vol 26, 2002.

Robinson, J., "Global and world cities : A view from off the map", *International Journal of Urban and Regional Research*, Vol 26 No 3, 2002.

Robinson, Jennifer, *Ordinary Cities : Between modernity and development*, Routledge, 2005.

Robinson, Jennifer, "Thinking cities through elsewhere : Comparative tactics for a more global urban studies", *Progress in Human Geography*, Vol 40 No 1, 2016.

Robinson, Jennifer, "Theorising the global urban with 'global and world cities research' : Beyond cities and synechdoche", Dialogues in Human Geography, Vol 6 No 3, 2016.

Roy, Ananya, and A. Ong, "Who afraid of postcolonial theory?", *International Journal of Urban and Regional Research*, Vol 40 No 1, 2016.

Sassen, Saskia, *Mobility of Labour and Capital : A Study in International Investment and Labour Flow*, Cambridge U. P., 1990.

_____, *Cities in a World Economy* (1994), Calif. Thousand Oaks : Pine Forge Press, 3rd ed., 2006.

_____, *Losing Control? Sovereignty in An Age of Globalization*, Columbia University Press, 1996,

_____, *Territory, Authority, Rights : From Medieval to Global Assemblages*, Princeton University Press, 2006.

_____, *The Global City : New York, London, Tokyo* (1991), Princeton University Press, 2d ed., 2001.

Sassen, Saskia ed., *Deciphering the Global : Its Scales, Spaces and Subjects*, Routledge, 2006.

_____, "The Global City : Enabling economic intermediation and bearing its cost", *City and Community*, Vol 15 No 2, 2016.

_____, "After the 'World City' has globalized : Four agenda towards a more nuanced framework for global urban research", *Geography Compass*, Vol 10 No 9,

2016.

Scott, Allen J., & Edward W. Soja eds., *The City : Los Angeles and Urban Theory at the End of the Twentieth Century*, Uni. of California Press, 1996.

_____, and Michael Storper, "The nature of cities : The scope and limits of urban theory", *International Journal of Urban and Regional Research*, Vol 39 No 1, 2014.

Simone, AbdouMaliq, "No longer the subaltern : refiguring cities of the global south", Tim Edensor and Mark Jane eds.,*Urban Theory beyond the West : A world of cities*, Routledge, 2012.

Smith, D., and M. Timberlake, "Hierachies of dominance among World Cities : A network approach", S. Sassen ed., *Global Network, Linked Cities*, Routledge, 2002.

Smith, Michael Peter, *Transnational Urbanism : Locating Globalization*, Blackwell, 2001.

Smith, Richard G., "The ordinary city trap", *Environment and Planning A*, Vol 45, 2013.

Soja, Edward W., "Taking Los Angeles apart : Some fragments of critical human geo-graphy", *Society and Space*, Vol 4, 1986.

_____, "Postmodern urbanization : the Six Restructurings of Los Angeles", in Sophie Watson and Katherine Gibson, *Postmodern Cities and Spaces*, Blackwell, 1995.

_____, "Heterotopologies : A Remembrance of Other Spaces in the Ci-tadel-LA", in *Thirspace : Journey in Los Angeles and other real and imagined places*, Blackwell, 1996.

_____, *Postmetropolis : Critical Studies of Cities and Religions*, Blackwell, 2000.

_____, *Seeking Spatial Justice*, University of Minnesota Press, 2010.

Stevens, Gregory and Roger Sanjek eds., *Race*, Rutgers U. P., 1994.

Sui. Daniel Z, "Postmodern urbanism disrobed : or why postmodern urbanism is a dead end for urban geography', *Urban Geography*, Vol 20 No 5, 1999.

Taylor, Peter J., and Ben Derudder, *World City Network : A global urban analysis*, Routledge, 2004, 2nd ed. 2016.